远眺

当代世界文化创意产业经典译丛

亚洲城市的新经济空间
面向文化的产业转型

New Economic Spaces in Asian Cities
From Industrial Restructuring to the Cultural Turn

彼得·W. 丹尼尔斯（Peter W. Daniels）
何康中（K. C. Ho）
托马斯·A. 赫顿（Thomas A. Hutton） 编

周光起 译

上海财经大学出版社

本书由上海文化发展基金会图书出版专项基金资助出版

图书在版编目(CIP)数据

亚洲城市的新经济空间:面向文化的产业转型(英)丹尼尔斯(Daniels,P.W.),(新)何康中(Ho,K.C.),(加)赫顿(Hutton,T.A.)编;周光起译.—上海:上海财经大学出版社,2016.7

(远眺·当代世界文化创意产业经典译丛)

书名原文:New Economic Spaces in Asian Cities:From Industrial Restructuring to the Cultural Turn

ISBN 978-7-5642-2327-4/F·2327

Ⅰ.①亚… Ⅱ.①丹… ②何… ③赫… ④周… Ⅲ.①文化产业-产业发展-研究-亚洲 Ⅳ.①G130.4

中国版本图书馆 CIP 数据核字(2016)第 016180 号

□ 责任编辑　刘　兵
□ 书籍设计　张克瑶

YAZHOU CHENGSHI DE XINJINGJI KONGJIAN
亚 洲 城 市 的 新 经 济 空 间
——面向文化的产业转型

[英]彼得·W.丹尼尔斯
(Peter W.Daniels)

[新加坡]何康中　　　　编
(K.C.Ho)

[加拿大]托马斯·A.赫顿
(Thomas A. Hutton)

周光起　译

上海财经大学出版社出版发行
(上海市武东路 321 号乙　邮编 200434)
网　　址:http://www.sufep.com
电子邮箱:webmaster @ sufep.com
全国新华书店经销
上海华教印务有限公司印刷装订
2016 年 7 月第 1 版　2016 年 7 月第 1 次印刷

710mm×960mm　1/16　21 印张　272 千字
印数:0 001—3 000　　定价:58.00 元

图字：09-2015-161 号
New Economic Spaces in Asian Cities
Peter W. Daniels, K. C. Ho, Thomas A. Hutton
ISBN：978-0-415-56773-2

© 2012 Peter W. Daniels, K. C. Ho and Thomas A. Hutton editorial matter; individual chapters the contributors

The right of Peter W. Daniels, K. C. Ho and Thomas A. Hutton to be identified as the authors of the editorial material, and of the authors for their individual chapters, has been asserted in accordance with sections 77 and 78 of the Copyright, Designs and Patents Act 1988.

All rights reserved. Authorised translation from the English language edition published by **Routledge, a member of the Taylor & Francis Group.** 本书原版由 Taylor & Francis 出版集团旗下 Routledge 出版公司出版，并经其授权翻译出版。

Shanghai University of Finance & Economics Press is authorized to publish and distribute exclusively the Chinese（Simplified Characters）language edition. This edition is authorized for sale throughout Mainland of China. No part of the publication may be reproduced or distributed by any means, or stored in a database or retrieval system, without the prior written permission of the publisher. 本书中文简体翻译版授权由上海财经大学出版社独家出版并限在中国大陆地区销售。未经出版者书面许可，不得以任何方式复制或发行本书的任何部分。

Copies of this book sold without a Taylor & Francis sticker on the cover are unauthorized and illegal. 本书封面贴有 Taylor & Francis 公司防伪标签，无标签者不得销售。

2016 年中文版专有出版权属上海财经大学出版社
版权所有　翻版必究

远眺·当代世界文化创意产业经典译丛
编辑委员会

编委会主任　　黄磊　赵咏

编　委　　　　刘兵　林谦
（按姓氏笔画顺序）
　　　　　　　周光起　赵咏

　　　　　　　夏申　曹建

　　　　　　　黄磊

策　划　　　　刘兵

总　序

中国文化产业的发端,恰好处在世界文化产业初兴与我国改革开放开启的历史节点上,可谓生逢其时。根植于五千年的灿烂文化,我国文化产业迅速完成了它的结晶过程,并在全面走向伟大民族复兴的奋斗进程中,历史性地担负起前沿产业的战略角色。

我国的文化产业研究,从敏锐关注文化产业的初生萌芽,到紧密联系与主动指导文化产业的实践发展,可以说,是从默默无闻中孕育产生的一个新兴学科,它凝聚了来自各种学术背景的第一代拓荒者的情怀和心血、信念和执著,走过青灯黄卷般的学术寂寞与安详,迎来春色一片、欣欣向荣的好局面,以至于有人戏言文化产业已近乎一种风靡全国的时髦"显学"。我们相信,中国文化产业的发展,将是对人类历史贡献至伟的一场实践。我国文化产业的理论探索和建设,也必将负起时代要求,任重而道远。

较之于国际文化产业的全面兴起,我国文化产业的出现并不过于太晚。这种特定的发展特征,既给了我们历史的借鉴,又给了我们赶超的机会。我们策划翻译这套《当代世界文化创意产业经典译丛》,欲帮助人们更多汲取世界文化产业的研究成果,为促进我国文化产业的加速发展贡献一份力量。这也是这套译丛的缘起和目的。

这套译丛的规划,注重把握几个方面:一是面向我国文化产业的现实需要,按照行业分类,旨在学以致用,选择实用性强的权威著作;二是选择顺应发展趋势的前沿性研究的最新成果;三是注重选择经典性的基础理论著作。为此,我们搜索了国外上千种相关出版物,选取了百余种备选小书库,拟不断调整充实,分批推出。在翻译要求上,力求在忠实原作基础上,注重通顺易读,尽量摒弃"洋腔洋调"。

  一个文明社会的形成必须以无数文明个人的产生与存在为前提。倘若天下尽是熙熙攘攘地为追逐钱财而罔顾其他一切,不仅与马克思所言之"人的全面解放"状态无疑相去极远,更与人性完全相悖。现代社会不仅意味着人们在物资生活层面的丰富,更加要求精神生活层面的提高。今天,文化的发展已经成为众所公认的一个急迫任务,各文化事业单位、相关高等院校和专业则理所应当地属于攻坚克难的先锋。文化的开放是文化发展的前提之一。为此,当下和未来,我们均需大量能够体现世界文化创意产业先进水平和最新进展的教辅与参考资料。围绕着文化创意产业之主题,本丛书将精选全球各主要出版公司的前沿专著和教材,从这里眺望世界,犹如登高望远,愿您有别样的视野和收获。

远眺·当代世界文化创意产业经典译丛 编委会

撰稿人

赵美慧(Mihye Cho) 新加坡科技与设计大学助理教授,讲授城市社会学和文化政策研究。她的研究课题包括文化政治、创意产业和城市可持续发展。目前,她正从事于创意城市、城市复兴以及以东亚城市为重点的有效的文化政策等问题的研究。

珍妮弗·柯里尔(Jennifer Currier) 目前是伦敦纽汉区(London Borough of Newham)的设计顾问,她在那里承担过大量大型的伦敦东城和2012年奥运会重建与开发项目。她的研究方向包括文化复兴战略、创意地区和当代中国的城市规划。在伦敦大学学院(University College London)完成了城市地理学的硕士学业后,她便开始了北京艺术区的研究,从此在国际上显露头角。她接受过建筑师的培训,曾在美国和法国多个建筑公司工作过。

彼得·W.丹尼尔斯(Peter W. Daniels) 伯明翰大学地理教授。他出版过《服务领域:人、组织、技术》(2004,与 J. R. Bryson 和 B. Warf 合作)、《服务业和亚太城市:新发展轨迹》(2005,与何康中和托马斯·赫顿合作)、《服务业前景和亚太地区的发展》(2007,与 J. W. Harrington 合作)和《服务业手册》(2007,与 J. R. Bryson 合作)等书,以及在杂志上发表了有关英国、欧洲、北美和亚太地区先进服务业的兴起及其在全球化和国际贸易中的作用的文章。

后藤和子(Kazuko Goto) 日本琦玉(Saitama)大学经济系公共财

政和文化经济学教授。她毕业于京都大学科学系和经济学研究生院。她的研究方向是文化的公共政策、城市和包括税收优惠的创意产业、版权,其主要著作有《艺术和文化的公共政策》[劲草书房(Keiso Shobo),1998]和《文化和城市的公共政策:为创意和创意产业打造空间》(Yuhikaku,2005)。她是《文化政策:法律、经济学和管理》一书的编辑(Yuhikaku,2001)。她还是国际文化经济学协会的执行董事(2006～2012年)。

何康中(K. C. Ho) 新加坡国立大学艺术和社会科学系副主任(研究)和副教授。作为一名训练有素的城市社会学家,何博士的研究方向在于城市的政治经济学、经济转型和亚地区发展,以及地域打造和社区发展。他是《全球经济中的国家和城市:新加坡和中国香港的产业转型》一书的共同作者(Westview,1997)和《文化和东亚城市》(牛津,1997)、《东南亚城市的批判性反思》(Brill,2002)、《服务业:城市和亚太地区的发展轨迹》(Routledge,2005)的共同编辑。

托马斯·A. 赫顿(Thomas A. Hutton) 英属哥伦比亚大学人类聚落研究中心教授。2008年,劳特利奇出版社(Routledge)出版了他的专著《内城的新经济》。他共同编辑了(与彼得·丹尼尔斯和何康中)《服务业和亚太城市:新发展轨迹》一书,由劳特利奇出版社于2005年出版。2011年,牛津大学出版社出版了《加拿大城市地区:增长和变化的轨迹》,由 Hutton, Larry S. Bourne, Richard Shearmur 和 Jim Simmons 共同编辑。当前,他与阿姆斯特丹大学的 Leonie Janssen-Jansen 合作,对米兰、斯图加特、阿姆斯特丹、温哥华和波特兰等城市和地区可持续发展的地区规划作比较研究;与 Trevor Barnes 合作,对新文化经济地理进行考察;与 Jamie Peck、Trevor Barnes 和 Elvin Wyly 合作,对温哥华的规划模型提出质疑。

纳姆吉·荣格(Namji Jung) 康奈尔大学工业与劳工关系学院

研究员荣格博士的研究方向是经济、社区和公共政策。她最近的研究课题是，创新型地区的劳动力作用和企业就业实践；亚洲发展型国家的改革及其对技术集群形成的影响。她在康奈尔大学获得博士学位，还担任首尔市政府的公共政策研究员，领导了有关绿色交通和可持续城市设计的各项研究项目。

卡伦·赖(Karen Lai) 新加坡国立大学地理系的助理教授，作为一名训练有素的经济地理学者，她的研究着眼于货币和金融地理学、全球城市、市场和知识网络。她在国际一流杂志《环境和 A 级规划》(*Environment & Planning A*)、《地理论坛》和《经济地理杂志》发表文章，是《变化中的新加坡景观》一书(麦格劳—希尔，2004)的共同作者。

劳伦斯·刘伟武(Laurence Liau Wei-Wu) 香港大学副教授和注册建筑师，他的研究包括当代中国城市规划、类型学的变化、城市生态学、城市基础设施、新兴城市化和后通属城市(post-generic cities)。他是《AD：中国新城市》(Wiley，2008)和《世界建筑：中国香港的优、劣和丑，1997～2007》(清华，2007)的客座编辑。他还在"*FARMAX：KWC FAR 12*"(010，1999)、《上海新城镇》(010，2010)和《后奥运时期北京的城市化》(306090，2010)上发表文章。他与英国广播公司(BBC)合作研制了有关珠江三角洲的迅速城市化(1997 年)的节目，他的研究成果还在国际上展示，包括 2006 年威尼斯建筑双年展和 2010 年上海世博会。

科妮莉亚·斯道兹(Cornelia Storz) 法兰克福大学经济和企业管理系日本经济教授和现代东亚研究部学术主任。她的研究集中在政治经济、比较体制分析、体制变化、创新制度和产业兴起(industry emergence)上。她最近的文章发表在《研究政策》、*ZfB* 和《日本社会科学杂志》上。她是《日本和中国的体制多样性和创新：持续性模式和新兴模式》(Routledge，2011)的共同作者，是《东亚的体制多样化：正式和非正式的协调模式》(Edward Elgar,2011)和《新产业的竞争性：日本、美国和德国信息技术中的体制框架和学习》(Routledge,2007)的共同编辑。她还是国际主流杂志若干特稿特刊(《研究政策》/《社会经济评论》)的共同编辑，以及网络Q"亚洲资本主义"(Network Q "Asian Capitalism")活动的共同组织者。

赛利娜·K.谭(Serene K. Tan)　多伦多约克大学地理系的博士生。她的论文探索了东南亚的唐人街现象。她的研究方向包括民族主义和身份认同、全球性和移民社群、后殖民主义和城市空间性。

安·沃格尔(Ann Vogel)　新加坡管理大学社会学教授。作为一名训练有素的经济社会学家，她的研究方向包括对组织的研究以及规范经济中的组织的代理和互动作用，其研究的范围包括慈善的基础和电影节。她在《英国社会学》、《组织》、《公民权研究杂志》、若干手册和百科全书中发表过有关慈善和公民社会的文章。她正在进行研究和写作的一部书稿，是探讨电影节在电影全球商品链上的整合和对20世纪电影节全球扩展的地理学研究。

钟盛(Sheng Zhong)　新加坡国立大学东亚研究所的访问研究员。钟博士的专业是城市规划和公共政策。她的研究方向是内城的变迁和发展、产业集聚和城市的创意/文化经济、全球城市形成、中国的城市化和地区经济发展。她新近完成了对于上海的产业转型和新经济空间形成的博士课程研究。

序 言

我们在早先编选的《服务业和亚太城市：新发展轨迹》一书中(2005)，着力于突出广义的亚太国家在城市改革过程中服务业所显示出的日益重要的作用。早先那部著作的出发点在于，随着半个世纪以来主要亚洲国家制造业的加速发展，服务业——具体指中介服务或"生产商"服务——在城市—地区经济的转型中发挥了更为中心的作用。它们不再仅仅作为出口型制造业的支撑功能。东京、首尔、上海、香港、新加坡和其他大城市的先进服务业已经高度专业化，其中某些服务已经进行交易（虽然我们最初的观察显示，第二次世界大战后的发展时期，多数亚洲国家是服务产品的净进口国）。而且，至少在某些方面，由于追随欧洲和北美的早期经验，这些城市的服务业以及诸如中央商业区的公司综合大楼和国际机场等特定的具有战略规模的综合体，都影响了城市结构的重塑和土地的利用。也就是说，除了监管模式普遍较弱以外，大多数亚洲国家的治理制度、政策和规划制度与"大西洋国家"形成了鲜明的对照，尤其是像日本、韩国和新加坡（以及1978年后的中国）那样著名的"发展型国家"的模式。最后，服务业和劳动力的普遍增长使亚洲城市和社会的就业结构和社会构成发生变革，产生了新的社会认同和行为方式，并使政治价值和从属关系发生了转变。

在这本后续的著作中，我们决定集中论述亚洲城市—地区发展中的下一个阶段，通过其国民经济中的重要创新进行表述，具体来说，通过正在重构城市空间和地域(place)的新产业、新制度和新劳动力进行表述,其中包括由技术、文化和地域属性(attribute of place)审慎交集所形成的"重组"产业,这种现象自20世纪90年代以来已在西方后工业化城市的转型中大显身手,并有伦敦、巴黎、米兰、巴塞罗那、纽约和旧金山等城市的著名实例为佐证。而且,这些新兴产业的发展轨迹还产生了大量有关"新经济"、"文化经济"和"创意经济"的增长潜力及其社会经济影响的研究文献(并充满激烈争议)。主要的参与者包括查尔斯·兰德里(Charles Landry)、艾伦·斯科特(Allen Scott)、迈克尔·斯道帕(Michael Storper)、杰米·佩克(Jamie Peck)、爱德华·格莱泽(Edward Glaeser)等诸多人士,还包括由本书编辑负责的一个重要工作机构。特别是现在,文化经济在许多西方大都市的城市经济中占了主要的份额,在伦敦、柏林、纽约和芝加哥,也许3/4的最大部门都是文化经济部门。

在东亚,制造业仍然是许多城市—地区经济中的最大部门,大多数以办公室为基础的(office-based)生产商服务仍然是新兴的重要增长部门,也许文化产业还未如同欧洲、北美那样在整个经济中赫然显现。但是,我们认为,首先,这些创新型、知识型产业仍然在领头或首要城市的发展中起到越来越大的作用;其次,它们可能在今后10年及更远的时间里经历大幅增长。而且,除了新产业和就业形成产生的直接影响外,新兴的文化产业和技术集约型产业正在明显地重塑亚洲的城市空间,以及重构城市地域(urban place)和本地化想象(localized i-maginaries),其方式表面上类似于西方城市;既与新的社会、空间和技术分工相关联,包含对生活方式、住房和消费偏好的要求;又刺激了新政策模式和实践的实验。例如,东京、首尔、北京、上海、香港、新加坡和曼谷现在都是全球文化经济的重镇,并且成为行政、生产、销售、管理和高等教育的重要中心。这种新的使命有利于亚洲城市形态的比较复杂的空间性,并鼓励了一大批生机勃勃的创意工作者。亚洲主要城市的发展轨迹和文化还存在着时间上的巧合,本文集内卡伦·赖对上海金融部门的研究,以及钟盛对上海废弃的工业区创意空间(主要是苏州河这一标志性的案例)十分不同的结构、空间性和表象所做的描述都表明了这点:每一种现象都对亚洲城市的发展有所助益,正如萨斯基亚·萨森(Saskia Sassen)所述,它们可能是城市化领域的典范,就像芝加哥是上个时代城市发展和20世纪学术成就的典范那样。

尽管在主流的城市研究杂志上必定有论述亚洲研究中新经济的重要论文,但我们相信,把研究全世界增长和变化的主要舞台上发生的最新经济创新故事的若干重要理念和问题的论文编选成书,则是对该研究领域做出的及时贡献。在与劳特利奇出版社的安德鲁·莫尔德(Andrew Mould)的初次讨论中,我们建议,要编选一本包括研究新兴产业及其空间和社会影响的新论文集,而征集若干"新声音"的稿件十分重要——从事亚洲城市研究的年轻学者将为论文集带来全新的视角和理念,同时本文集也包括该领域若干著名学者的论文。十分欣慰,劳特利奇出版社完全赞同我们的这个方法,而且我们很幸运地吸引了一些年轻一代中最具创新能力、著述丰富的亚洲城市学者为本文集投稿。因此,我们相信,《亚洲城市的新经济空间:面向文化的产业转型》将提供令人振奋的新的叙事方法,从而进一步丰富了发展中的(在某些重要方面是与众不同甚至独特的)、以东亚和东南亚城市—地区规模为基础来描述变革的文献资料。

英国伯明翰大学 彼得·丹尼尔斯
新加坡国立大学 何康中
加拿大英属哥伦比亚大学 托马斯·赫顿

致　谢

编选本文集这一项目所需要的努力和合作,远远超过了编辑和撰稿作者之所能。我们还是那句老生常谈的话,要把所有在本文集的规划、推进和实施过程中施以援手的人——一列出并表示感谢往往是无法胜任的,我们的团体还必须包括我们每个人所赖以工作的伯明翰大学、新加坡国立大学和英属哥伦比亚大学共事的工作人员。

向劳特利奇出版社的同事们表示深切的感谢,义不容辞,在2005年出版的论文集《服务业和亚太城市》以及编选本文集的整个过程中,他们始终是我们热情的支持者和良师益友。该出版社的高级责任编辑安德鲁·莫尔德(Andrew Mould)对于前后两本文集都给予了热心的支持,他对每一本书的修改和润饰都毫无保留地提出了自己的建议,确保了每本书都更有分量、更令人满意。我们还要向劳特利奇出版社的费伊·利林克(Faye Leerink)表示谢意,在整个编选准备阶段,他对我们既循循善诱又积极鼓励,给了我们行家的指导;约翰·霍奇森(John Hodgson)以他极大的耐心和我们一起确定书稿,并严格遵循编选和出版的时间表。

我们要向撰稿作者表示最衷心的谢意,他们来自不同的研究领域,以他们专业的洞见大大增添了全书的知识含量。而且我们目睹了每一位作者那种孜孜不倦的工作精神以及对目标时间和修订要求的遵从,对此,我们表示诚挚的感谢。我们希望,这本文集会使他们每一个人都满意,就像我们那样如愿以偿。

彼得·丹尼尔斯
何康中
托马斯·赫顿

目　录

总序/1
撰稿人/1
序言/1
致谢/1

1. 亚洲城市面向文化的产业转型的具体背景
　　彼得·丹尼尔斯　何康中　托马斯·赫顿/1

第一部分　处于文化转型中的亚洲城市

2. 变化中的服务业景观和亚洲城市的转型
　　彼得·丹尼尔斯/19
3. 亚洲的文化转型和城市发展
　　托马斯·赫顿/34
4. 文化经济和城市空间的再分层
　　何康中/53

第二部分　新文化经济和亚洲城市空间的重建

5. 亚洲城市的电影节
　　安·沃格尔/69

6. 手工艺和创意：京都的新经济空间

　　后藤和子/92

7. 新产业创新模式的多样性："酷日本"的案例

　　科妮莉亚·斯道兹/111

8. 新经济空间、政策和社会参与者：江南地区从城市边缘向新经济和关系治理中心的发展

　　纳姆吉·荣格/126

9. 首尔弘大地区的蓝图：不稳定的新经济空间？

　　赵美慧/143

10. 从"东方的巴黎"到"亚洲的纽约"？上海金融中心的（再）发展

　　卡伦·赖/162

11. 新经济空间，新社会关系：M50和打造中的上海新艺术界

　　钟盛/178

12. 以艺术营销地域：北京798艺术区的创建

　　珍妮弗·柯里尔/197

13. 深圳的城市规划：从白手起家到创意型、后工业化的联合国教科文组织设计城的演变

　　劳伦斯·刘伟武/218

14. 发展型国家的文化经济：新加坡中国城和小印度区的比较

　　何康中　托马斯·赫顿/239

15. 文化遗产的打造与营销：东南亚的中国城

　　赛利娜·谭/258

16. 结束语：理论、政策和规划实践的意义

　　彼得·丹尼尔斯　何康中　托马斯·赫顿/277

参考文献/290

1. 亚洲城市面向文化的产业转型的具体背景

彼得·丹尼尔斯　何康中　托马斯·赫顿

引言：工业化、部门转型和亚洲的发展

半个世纪以来，由国家及其职能部门扶持（在有些情况下是指导）的工业化为第二次世界大战后亚洲国家的增长和发展打下了基础。这个诱导的或在有些情况下加速的工业化轨迹是产品部门渐进发展的过程，从一开始的低价值产品和相对原始的生产技术，发展到汽车制造和电子产品，然后是半导体，最终几乎囊括了所有最发达国家需要的最终产品。逐渐地，满足国内消费者的工业生产份额增加了，但工业产品的主要去向仍是出口市场，特别是发达"西方"国家富裕的消费市场。由此产生的销售收入需要投入到国家和社会发展的基础设施上。

这种统领一切的工业化就亚洲国家而言，是一种使命，反过来它又产生了一系列物质的、空间的和社会经济的成果，它们包括：城市—地区工业综合体的发展；工业劳动力的形成［包括实质性地体现有利于亚洲地区工业化的新国际分工（福禄贝尔（Frobel）等人），以及由内

生力量推动的劳动力形成];贸易和交通的基础设施和体系;社会阶层的改革;空间、地域和景观的重塑。在不长的时间里,东亚和东南亚诸城市和地区的土地与地方服务空间都打上了"世界工厂"的所有重要印记。大量文献对因此而形成的政策范例、仿制行为和实验进行了探索。

亚洲舞台上的工业化不能简单地与西方经历的过程划等号;政治、社会和文化的发展条件,无论在局部、地区或全国范围而论,都会对两种经济造成重要差别。正如布鲁克和梁(Brook and Luong, 1997)所述,东亚在塑造独特的资本主义形式的过程中,文化因素始终产生着作用,在国家层面上,其典型特征就是利用儒家和伊斯兰观念提倡特殊的经济观。在地区和社区层面上,我们可以看到大量受文化影响的例子:东南亚国家家族式企业和依赖个人间的信任关系的情况十分明显,或是中国乡镇企业、越南陶瓷企业和韩国出口加工区中的劳资关系文化(Brook and Luong, 1997)。此外,尽管西方工业经济(和城市)是作为一种"附属"行业,由于国家多半行使监管作用,所以在过去的半个多世纪中,对于亚洲的每一个高增长国家,工业化在国家的发展愿望和意识形态中都占据了核心地位。

其结果,从社会角度看,产业工人在民族国家(nation states)的阶级结构内都处于中枢地位。日本的家长式制造文化,结合国家承担的福利义务;在中国共产党话语里,城市产业工人已提升为发展的主力军;直至20世纪70年代和80年代,诸如中国台湾和中国香港这样的新兴工业化地区以及泰国这样的准工业化国家,(熟练和半熟练的)福特式的生产劳动扩大了。

然而,这种结构并非一成不变的。1978年以来,由企业家、贸易商和先进服务业工作者形成的"新阶级"在中国主要地区和城市开始出现,日本大多数制造业的空心化不可避免地削弱了蓝领阶级。新加坡先进服务经济的增长为方兴未艾的"新中产阶级"的崛起打下了基础,在某种程度上复制了西方后工业社会的从属关系、行为和偏好(Ho,

2005),而文化产业的扩展也标志着推定的(putative)创意阶级在众多亚洲城市的形成。

产业发展和社会转型的过程是不平衡的。继日本之后,东亚的韩国、中国台湾、中国香港和东南亚的新加坡从20世纪60年代至70年代成了低成本制造业的平台(Clark and Kim,1995)。到了20世纪80年代,马来西亚、越南,最重要的是中国进入了工业时代,不断地从新兴工业化国家挤占制造业份额。这个产业转型的过程伴随着诸产业在地理上的重新分布,东亚和东南亚的主要城市在服务业的生产和销售中扮演了日益重要的角色,成了创新活动的集中地,随着制造业在其经济中份额的下跌,消费和休闲活动发展了。

亚洲城市现代化过程中的工业化和创新

亚洲工业化的传奇还在继续。工业化自始至终需要国家有高度发达的生产能力、产业政策不断调整和对竞争优势不屈不挠的追求。而且,在横跨20世纪末和21世纪初的二十多年里,在工业化的长期进程中还增添了其他发展动力,最引人注目的是服务业的迅速发展,包括诸如银行、金融、商业和贸易等专业化的中介服务(Daniels,Ho and Hutton,2005)。西方国家在20世纪70年代和80年代先后进行了全面转型,产生了后工业主义,标志着工业城市和工业社会的消失,而一些亚洲国家与此相反,它们达到了"行业吻合发展"(coincidental sectoral development)阶段,制造业和服务业同时持续增长。

也就是说,服务产业和服务职业(service industries and occupations)显然已在日本、新加坡和中国香港等主要经济体占据支配地位,而制造业已相对(或甚至是绝对)衰落。其他地区已进入第三产业化(tertiarization)的初期阶段。日本工业产能和劳动力的"空心化"就是这种转变的最有说服力的例子,而且产业转型和劳动力外流已日益成为该地区其他经济体的特征。东亚国家的技术发展也有益于重塑经济空间，随着科学园区的大量增加和老工业园区在技术上的"重新装备"，像新加坡的裕廊(Jurong)仍在继续发展。因此，亚洲国家以创新和转型两种手段同时重塑着更广阔的发展图景。在某些方面，这种现象符合全球化的要求，但它同时也蕴含着强烈的国家甚至地方特征。

全球化和竞争的加剧使东亚徒增了提升工业生产体系和劳动力水平的压力，城市—地区经济产生了高度的活力，又造成了它的不稳定，从而有效地压缩了发展/再发展的周期。这样，尽管在某些人眼里，在新兴工业国家或新兴工业经济中，新加坡仍然是屈指可数的，在许多方面，先进的服务业是其经济增长的"领头羊"；但是，像泰国和马来西亚那样的竞争对手有既定的计划在专门化的服务业上进行竞争（最初在价格上，但及时地又在质量上）。因此，新加坡不断地进行政策调整和实验活动，不仅努力维持其在关键的生产和贸易部门的地区竞争优势，而且在金融、知识、IT和文化发展等21世纪初全球城市地位的有决定意义的平台上与最发达的西方国家并驾齐驱。尽管新加坡常常被视为该地区经济政策创新的"领头羊"，但其他亚洲国家和地区(韩国、中国台湾)也在实行他们各自的计划，同时大都会城市和城市—地区(包括大阪、首尔和北京)同样在进行政策实践，以在这个竞争性的世界里使其产业发展潜力最大化。至少在内涵上，这些愿望还包含着相应的社会规划（和成果），如住房、消费、阶级和身份认同(class and identity)。因此，亚洲是一个对各种以城市为基础的新经济空间具有吸引力和充满活力的场所，它反映在：

● 制造业运营的日益高端化，出现了新的地区总部、运输和物流服务，以及研发活动。

● 进入了工业发展并伴随着服务增长时期，不仅支持地区性和全球性生产网络的跨国服务企业得以增长，而且随着当地企业的充分发展，当地的服务业也得以发展。

● 东亚二十年的迅速发展造就了一个有教育的、见多识广（well-travelled）的城市中产阶级，他们热衷于维持显赫的生活方式；这为许多文化产品的推出提供了重要的消费基础，促进了消费性服务业的发展和广告、金融及媒体服务业的增长。

● 一批知识面广的优秀青年成了电影创作、新媒体技艺的实践者和企业家的新的、充满活力的人才基础。

作为城市—地区发展轨迹的"新文化经济"

当时，我们还提出，亚洲城市型新经济空间的出现与新兴文化经济的观念相一致。这些观念和实际都植根于西方社会，像弗罗里达（Florida,2002）那样的倡导者认为，城市文化经济及其构成的产业、机构和劳动力是占支配地位的发展动力。有关文化经济的论文已涉及比较重要的理论内涵（Scott,1997,2000;Hall,2000），甚至包括一些比较尖刻的批判性研究，它们把"创意"当作又一个新自由主义的万灵药（Peck,2005）。正如在先进的"生产商"服务业早期发展阶段（Daniels,1985），文化经济的规划被置于城市和地区的集群政策（policy cluster）中，创意产业在媒体和公众想象力中也占据了主要地位。可以肯定，越来越多的城市将积极地把文化部门作为地域打造（place-making）、地域营销（place-marketing）和"重新品牌化"（re-branding）的关键机构进行部署。

"新文化经济"的兴起并不表明要全面打破城市的传统文化基础（也不是要取消后工业化城市主要的服务业劳动力），认识到这点是很重要的。更确切地说，还应包括以下几个关键的差别：(1)创意产业持续吸收生产和通信的新技术，反映了竞争市场内对创新的重视；(2)创意生产中多元文化影响混合的倾向，反映了异源城市的跨国文化基础，与直源城市"纯"文化基础的表现相反；(3)在正式的文化生产体系中征召当地的艺术家，例如平面设计和电子游戏生产领域；(4)文化经济领域新的分工,包括艺术家和设计师、"新手艺"工人、创意的自由职业者、网络设计师、技术性企业家和大量的技术辅助人员——安置在普遍比中介服务业中细分的办公室场所"更为扁平化"的组织模式内;(5)全球—地方的互动及固有的紧张关系在创意部门的表现,其佐证是,在工业区和工业场所内,文化和制造业集聚在一处,同时出现更为延伸的文化生产的外包、销售和招募网络,从而可能打破集群形成中局部的投入—产出关系;(6)城市的文化生产、消费和住宅市场的基本界面;(7)当代文化和创意产业在一系列国家政策和规划指引下的聚合,包括经济发展、地方重建、教育和培训、城市的地域打造和地域营销。

文化、发展、空间性和地域

文化和经济间复杂的协同作用形成了现代发展研究的轴心。历史的角度把发展和信仰体系、意识形态与社会实践联系在一起,它可能超越特定的地域(paticular place)——国家、地区和地方性。然而至少一个世纪以来,也许重视特定空间和地域的文化基础的发展研究的丰富传统都浓缩在马歇尔到马库森(Markusen)的著述之中了。阿尔佛雷德·马歇尔关于工业区发展作用的重要著作引发了有关特定地域的大量专著的出版;他的"地域"('place')概念包括了国家(nations)、地区、城市和工业区的等级制度,其中,"地方层次(local level)似乎只是一个基本单位"(Bellandi,2004:245)。根据马歇尔的经典解释,工业生产的地方化(localization)具有三类供方利益,包括:(1)个别参与者的知识溢出;(2)获得共同的生产要素,主要是土地、劳动、资本、能源和交通;(3)生产率的提高来自于专业化。

这些论述今天仍然有效,但人们已经提议,工业区模式需进行重大改进(或重新制订),这些提议包括:熊彼特阐释的创新在地区生产体系中的重要性;熊彼特对佩罗(Perroux)的"推进型产业"("propulsive industry",industrie motrice)概念的影响,和通过投入—产出关系产生的"正反馈系统";由迟易词(Chinitz)、胡佛(Hoover)和弗农(Vernon)所做的有关产品周期的研究工作。所有这些论述都被吸纳在班内特·哈利森(Bennet Harrison)的经典论文《工业区:新瓶装老酒?》以及其后强调共同生产实践的信任和接受所起的至关重要作用的研究之中。这些学术上的后继者还包括格兰诺维特(Granovetter)有关社会嵌入性(social embeddedness)的重要著作(1985),皮奥里(Piore)和萨贝尔(Sabel)的《第二次工业分工》中先进的原始模型(1984),以及马库森提出的重要的工业区分类学(1996)。

20世纪末对于工业区及其支柱的文化基础的要求强调扩大企业的地区规模,分析单位常常包括多重地方和工业/劳动综合体。工业区的基本概念能简单地应用在大都市的研究上,这个课题主要是由彼得·霍尔(Peter Hall)和艾伦·斯科特(Allen Scott)等人开发的。大都市空间—经济的演变(特别在西方文献中)包括专业化生产和劳动中形成的持久的结构,这从城市工业化的早期阶段可以发现这样的例证(例如,Hall,1962)。这些工业区和企业的本地化生产系统中的复杂安排(complex arrangement)还以其他方式影响了大都市的发展,主要在塑造住宅社区和城市的社会形态、在社会和机构联系的特定体系的持续发展,以及重建城市空间等方面。这些生产关系、空间和阶级相关性的概念为芝加哥(社会生态学)学派提供了工业城市主义另类的学术叙述,该学派认定,社区结构、构成和社会形态是城市结构、系统和增长动力的基础性因素。

然而,20世纪70年代和80年代,在作为《后工业社会来临》(Bell,1973)象征的新生代信息工作者的引领下,许多工业综合体在大都市结构变化的转型过程中已一扫而空。大都市空间—经济的后续因素包含新兴的服务业两极和集群(service poles and clusters),特别是中央商业区的公司办公综合楼,而且还包括近郊的二级商业中心、零售中心和公共部门综合体(Daniels,1975)。这就形成了后工业时期城市经济的中心,当然,一些高价值的制造业和辅助产业保留了下来,特别在大都市的边缘地区,以及伴随着一些内城等地方的前福特式的"遗迹"和福特式的"残余"。

过去的 20 年经历了一连串的产业创新和转型的新时期,定期地复制着大都市的空间—经济和生产景观。它们包括 20 世纪 80 年代的"朝阳"产业、20 世纪 90 年代新经济时期的知识型和技术密集型产业和城市"新文化经济"的兴起,我们已在前面叙述了其重要的特征。每一段进展都在大都市空间—经济的重塑中留下痕迹,例如,彼得·霍尔和曼努埃尔·卡斯特(Manuel Castells)描述的城市—地区的"技术极",乔尔·加罗(Joel Garreau)论述的"边缘城市",以及在城市—地区的近郊和远郊空间中迅速增加的比较普通的科学和商业园区。

对此,我们还可以加上当代城市文化经济的印记,它们已经为城市的全部职能部门提供了大量新的空间——包括生产、交换、展示和消费的空间(Hall,2006)。这些新兴的文化空间还为大都市经济内部结构的继续专业化进一步提供了示范(Scott,1988)。这些空间的新颖性和多样性对空间形成了至关重要的相互依赖性,上述每一项都有助于为城市文化活动场所定位的新命名法的形成。这些城市文化空间的空间、结构和功能包括以下几点,尽管不甚全面:

● 后福特时期文化生产集群,由斯科特和 Power 在研究"文化的生产"中提出。

● 属地创新体系(territorial innovation system),凯文·摩根(Kevin Morgan,2001)把其描述为产业实验区,它把教育机构、技术企业以及商业和文化产业的生产性互动作用加以合并。

● 新工业区和场所(new industrial district and sites)(Hutton,2004),20 世纪 80 年代以来,专业化生产区出现在城市的后工业化景观中,它们包括创意产业、相关劳动和支持性机构——并由福利设施(amenity)、遗产的内在环境(heritage built environment)和社会互动空间作为补充。

● "创意生态学"(ecologies of creativity),由格拉伯赫(Grabher,2001)提出,它包括在"乡镇"层面上就项目进行互动和合作的创意企业,以及在地区、国家和国际层面上,在空间上更为宽广的生产网络和系统内进行运作。

● "文化区域"(cultural quarters),由贝尔、杰恩(Jayne,2004)和伊文思(Evans,2004)等人提出,其包括了文化生产和文化消费积极的交融,涉及对某些地区从"前工业生产向后工业生产"的改造,并包括(多方面的):(1)单一文化生产(垂直的解体/综合,如电视/电影和音乐的后期制作、工作室、新媒体、陶瓷);(2)多元文化产业(例如,通过职场管理进行水平综合、视觉艺术、建筑和设计);(3)文化的生产—消费,包括开放性工作室、艺术市场、活动和节日,例如,巴尔的摩、巴塞罗那、多伦多,泰晤士河畔(bankside)的滨水区的节日市场(festival marketplace waterfront);(4)文化消费,包括零售、艺术和娱乐、博物馆、剧场和电影院(Evans,2004)。

● 新波西米亚创意活动空间,它常常位于(或邻近)老的住宅区,它显示城市文化经济中艺术和商业的混合(Lloyd,2004)。

● 审美化景观(aestheticized landscapes)(Ley,2003),它把艺术家和创意业,以及中产人士和漫游者(flaneurs)吸引到内城重新整修过的地区。

有些著作显然取自于以生产要素为重的工业区的论文。有的论述源自于文化发展理论,这些论述表明国家鼓励与福利设施驱动及生活方式驱动的发展的结合。还有些人似乎运用了两种或更多的概念,就像在生产和消费活动互相推动时,它们涉及不同形式的技巧集。由于当代城市文化经济实质上具有重组性质,也许这样并非不合适。关于产业的空间塑造力和空间的产业塑造力,同样存在着相互依赖性(Soja,2000)。

城市文化产业和文化机构的增长造成了一系列影响，它包括经济效应（初创企业，就业和生产网络的形成；销售的生成，收入和收益），社会后果（职业变化，社会阶层的改造，消费，生活方式和住房偏好）和环境影响（内在环境，城市形式和空间的建筑与设计）。西方创意产业的形成处于内城的后工业化地带，其长期经验表明，这些影响可以归为两大类：第一，再生效应，获得新产业形成而产生的地方正效益，常常（但不是永远）在城市的中心和内区(inner zone)；第二，移位或替代，包括地产市场和租金的膨胀，当地劳工市场的摩擦和错配。对外部性的正确评价强调了城市创意产业形成的规范性，以及需要有批判的眼光。有关城市和城市社区文化内涵的颇有争议的话语在佐京(Zukin)的《城市的文化》一书中颇具影响的论述里有生动的描述。她对纽约市的"文化三概念"——种族、审美和销售工具——提出了质疑，并提出，纽约的文化：

> 象征"谁属于"特定的地方。按照一组建筑主题，它在基于历史保护或当地"遗产"的城市发展战略中扮演了主导作用。由于当地制造业的消失以及政府和财政的周期性危机，文化越来越成为城市的业务——成了旅游景点和独特的竞争优势的基础。文化消费（艺术、食品、服装、音乐、旅游）以及为其服务的文化产业的增长会推动城市象征性经济的发展，促进城市生成符号和空间的显见能力。

处于城市新文化经济核心的是一个活跃的生产部门，正如佐京所述，还有一些微妙的和有争议的内容需要进行深入的分析，尤其是把文化作为后工业化背景下城市的政策工具和销售工具的情况下。

东亚城市的新文化经济

最近，对于创新轨迹的表述——知识型经济、新经济和城市文化经济——在亚洲的不同地域有很大不同。但是，它们在生产资本的重新分层、在产业实验和创新的过程中，以及在专业劳动形成中的重要性日益增加。而且,处于最发达经济体变化前沿的若干产业的定位,已经激励了亚洲(国家和公司)有关机构把这些产业作为当地地域打造(和营销)的工具,作为扩展发展战略的因素,以及作为进步和发展的标志。这种做法在某种程度上符合以上勾勒的佐京阐释的逻辑。为此,我们可以引用日本、新加坡、韩国和其他国家新的政策论述和议事日程的实例,其中,知识型和技术密集型文化经济的政策最近已列入整个发展规划之中。

乍一看,亚洲的城市空间纳入新文化产业、新创意企业和劳动表明了新的全球经济过程的普遍深入,是艾伦·斯科特称之为"认知的文化经济"的后福特主义和灵活生产的当代表现。而且,我们欣然承认,要把这些新型的创意产业置于那些具有历史传统和当地特色的地域。在某些情况下,亚洲城市创意产业的增长只是传统生产形式的延伸,但是在其他情况下,它又打破了过去的传统,或者说与基础文化和惯例有冲突。

本书的各篇论文充分利用了这种界面的丰富性,详细论述了它们的冲突、张力和发展机会。我们强调,要以某些特定的城市文化形式和表达方式,包括生产过程、内在形式(built form)和城市景观,来构建当代的创意经济。关于后一点,何(Ho)和金(Kim)在其编辑的《东亚的文化和城市》(1997)这本有影响的专著中,确定了有关文化和内在环境的两个与众不同的学术视角。他们引用了阿格纽(Agnew)、默瑟(Mercer)和索法(Sopher)的早期论文(1984),对于"源自人类学的文化即'生活方式'的通用概念与新近的关于文化是'实现的信号系统'的概念(由地理学家和人类学家提出)"做了区分。他们认为,后者在当代城市研究中已经取得优势地位。这种立场使我们可以采用基本的文化表述方式——"纳入社会、政治和经济制度的可预期的行为方式"(Kim, Douglass, Choe and Ho, 1997)——以及认知的文化经济中创意产业的兴起表明了可变动的和创新的发展经历。亚洲城市如同西方一样,有电影和电视制作、电脑制图和影像、平面艺术和设计、互联网服务和网络设计、软件设计,以及诸如建筑、景观建筑、广告和公司品牌等全新技术的创意产业。

与引领亚洲城市—地区经济发展的推进型的制造和服务部门相比较,这些认知—文化经济中的先进产业多半规模较小,以中小企业(SME)的创新企业为主。而且,如同斯科特在解释20世纪80年代以来发达国家缩略重组序列时所述,创新型产业往往波动较大。在许多情况下,前沿部门的企业多少会出现固定的"搅拌现象"(churning)或逆转。而且,尽管有经验证明,文化产业和创意产业及其劳动对西方社会GDP和就业的增长[英国的情况,见DCMS(英国文化、媒体和体育部),2001],以及对像新加坡这样的亚洲发达国家(Yue,2006)贡献很大,但许多其他亚洲国家还缺乏这样的数据。即广义文化经济中创意产业总的发展势头表明,过去十余年的高水平增长与亚洲主要国家整个城市—地区经济的发展相对应。

亚洲城市新文化经济的定位

创意产业的兴起部分与后工业时期城市和空间的重建相联系;欧洲(伦敦、巴塞罗那、都柏林、柏林)和北美(纽约、匹兹堡、波士顿)在这方面的实验已有大量详尽的记载。但是,在许多亚洲城市,按我们的看法,出于种种原因,后工业化的城市发展模式并不合适,与多数西方社会的实例相比,国家采取了十分不同的格局。国家的作用包括积极参与产业支持、地域营销和城市发展。关于社会—空间景观(socio-spatial landscape),高密度的城市社区仍然是人们偏爱的住宅地段,而在西方文献的城市文化经济研究语境中出现的城镇化、城市衰败(按推断,是犯罪和亚文化型的空间单位)和中产阶级化的过程,在亚洲城市远远没有变为现实。

但是,创意产业、"文化区域"和相关劳动的快速发展状况已有了初步的证明。作为亚洲主要城市的东京现在拥有具备文化生产和新波西米亚(Lloyd,2006)消费偏好特征的文化区,尤以六本木(Roppongi)最引人注目。有关中国的情况,柯里尔(Currier)论述过798区的转变,以前这里曾是苏联、民主德国援助指导的无线电器材开发地,现在成了艺术生产和创意消费的场所。最初受到当地政府反对的上海苏州河艺术区的显著成功使它成了"文化区域"落户的目的地,从最初的30家,发展到现在的60家(Sheng Zhong,本书)。作为发展型国家典范的新加坡,它的每一项重大的新政策措施都为文化经济和创意产业提供了一个显赫的地方,它包括大型部门和场所以及内城的文化遗产区[例如,小印度区和中国城的直落亚逸(Telok Ayer)和武吉巴疏(Bukit Pasoh)],它们把创意产业和创新企业以及消费场所合并起来,并把其纳入文化旅游日程表(Ho,2009)。迈克尔·利夫(Michael Leaf)在描述南西贡时,把这个越南最大的城市假想为新加坡,令人联想到地域打造和加速产业创新和转型的项目。最后的事例是,河内中心区的重建也采用了经济开放(doi moi)时期的经济革新计划,包括实施互联网,引进艺术家以及主流的商业活动和新的旅游基础设施和服务业。在某种程度上,所有事例都反映,作为亚洲城市社会经济发展基调的"城市主义"和"城市化"开始显现,从而蕴含着新的研究议程和研究课题。

亚洲城市的文化经济:新课题和新议程

虽然亚洲城市的产业创新和转型的经历在某些层面上可以与西方记载的经历相比较,但是既然我们承认两者还存在着一些重要差别,所以尚需谨慎处置(Yeung and Lin,2003)。这并不是说,人们注意到的文化经济发展的实例似乎没有为渐进中的学术研究提供足够的机会,它们认真对待西方的发展模式,而且还包含着亚洲的国家、地区和局部因素的特征。

第一,经济地理的新进展推动了亚洲城市文化经济的研究。由于文化场所都处于拥挤的内城，从而提出了互相依赖性、外部性和新产业形成的溢出效应等问题，因此，我们可以引用对专业化生产关联区域（relational geographies）的调查报告作为潜在而有效的探寻路径。

第二，创意产业和创意劳动的文化经济在日益增多的亚洲城市出现，有的是自发产生的，而有的显然是因国家的引导（或加速），这些现象的出现造成了创新和转型过程被明显压缩并在亚洲城市空间中留下压缩印记的问题。艾伦·斯科特提到 20 世纪 80 年代以来的多重转型"事件"以及它们对西方社会的理论和城市研究形成挑战的问题。亚洲国家和地区的产业创新，表面上是模仿西方发达国家的经验，这表明，在理论上，我们需要依据最近阶段的工业化状况。

第三，虽然一些著名学者历来反对把后工业主义的术语用于亚洲的国家和城市，但在内城废弃的工业区和场所出现新的文化产业的现象将为其重新命名（conceptualization）打开新的可能性。而且，适当地重新利用废弃或利用不足的工业场地可能为考察创意产业形成、内在环境和内城独特空间性之间的关系提供机会，从而细化亚洲城市工业区位的研究。

第四，某些亚洲城市把文化产业定位在（或邻近）住宅区，这对发展当代大都市社会和经济问题的交叉研究提供了可能性（Zukin，1998，对生产、消费和生活方式的综合研究）。新产业形成的历程包含了"城市规划"（urbanism）和"城市化"（urbanization）的内容——当代亚洲背景下的城市的新叙事方式，它对于阶级（再）形成、生产—消费的汇聚点以及新的城市身份的构建等问题，具有深入质疑的潜力。

最后，亚洲的国家、城市和社会文化经济的显著增长带来了新的政策建议和政策模式。尽管工业化无疑仍是许多亚洲国家发展的主题，但自 20 世纪 80 年代以来，有关服务产业、新经济集群以及知识型经济和社会的政策举措大量出台。所以，亚洲城市的文化经济经历在最低程度上也将大大有利于它们的政策调整，因此值得深入分析，以测定其灵验度和分布效应。

本书的研究事项和目标

本书各章内容有利于从理论和多学科角度理解亚洲城市在当代产业创新和社会经济变革中日益重要的方方面面。它们还试图论述典型的亚洲城市在城市化和城市规划之间复杂的关联。撰稿作者包括了亚洲产业创新和城市发展研究领域的著名学者和年轻一代的学者。年轻一代的学者显得尤为重要，因为他们是当代探索亚洲城市产业转型和变革过程的研究团体的领军人物。他们的著述对亚洲城市这个有意义的断面做出了令人注目的、前瞻性的洞察，至关重要。他们所撰写的各章集成一体，我们可以看到，他们始终把握了本书的整体目标，内容如下。

1. 把当前有关亚洲城市文化产业及其在城市发展和当代城市规划的最佳研究成果集中起来，旨在取得重要的知识溢出效应，共享研究重点和方法论的创新成果，从更广阔的视角评判结构性的和带有地方特征的变化进程和成果。

2. 对创意产业在著名的"西方"城市和亚洲的典范城市中形成的经验的共性和差别做出评估，作为探索这种现象如何进行全球性表述的手段。

3. 对于亚洲城市创意产业和文化区域的形成产生作用的各种发展要素进行探索和询问，包括国家的作用、市场参与者和中介机构，以及各种社会力量。

4. 对有示范意义的亚洲城市和场所的创意产业形成提供了令人瞩目的经验和叙事方式，使人们对地方化的创新和转型的过程和问题有了重要的洞察力。

5. 有利于在有关亚洲的产业变化和城市转型这个最前沿的研究领域上，形成鼓励新的研究事项、研究模式和方法论的风尚。

第一部分

处于文化转型中的亚洲城市

2. 变化中的服务业景观和亚洲城市的转型

彼得·丹尼尔斯

引言

在全面概述了亚太城市服务业和发展轨迹的关系以后,赫顿(Hutton,2004)总结道,其第三产业发展过程(teritiarization process)的某些特征并没有重复发达的"大西洋"国家城市早期出现过的现象。由于服务业生成的路径不同,另外,发达国家的城市由私人/市场部门承担的首要作用,在亚太诸城市,特别在东亚,都被国家和地方的政府机构和政策所替代了,这些因素可以部分地解释上述现象。据此分析,他提出了研究事项,其中包括这样的建议,即对"城市地区(明确地说是大都市)服务业迅速增长的具体结果,特别是城市变迁和转型过程中第三产业的作用"进行更深入的考察是十分有益的(Hutton,2004:66)。这种变迁在很大程度上是由全球化以及城市化的步伐所驱动,尤其对那些在通过制造业和利用嵌入于生产过程、货物和服务内的知识和专门技能来创造附加值方面迅速发展的亚洲城市产生影响(Landry,2000)。

过去20年，由于经济和政治实力朝着发展中国家和新兴经济体转移，全球经济已经发生重大调整（realignment）(OECD,2010)。在亚洲，中国引领了这次变革，在整个21世纪的前10年，它持续维持高速的经济增长，甚至当世界的其他国家遭受严重经济衰退之苦，包括近期的2008~2009年全球性的金融危机时，也是如此。OECD还注意到，部分变革是基于贸易和投资的增加，以及发展中国家，包括许多亚洲的发展中国家普遍的互相援助（aids flows）。亚洲拥有丰富的人力资源，2000年几乎占了世界人口的1/3（见表2.1）。它还囊括了所有层次的经济体：低收入国家（孟加拉国、柬埔寨、中国、印度、巴基斯坦、越南），中等收入国家（印度尼西亚、菲律宾），高收入国家（马来西亚、泰国）和高度工业化国家（澳大利亚、日本、新西兰、韩国、新加坡）[1]。这种情况与领先于世界其他国家的城市化率相匹配（年均2.3%与2%之比）(UNESCAP,2010)。2008年，虽然亚洲约43%的人口居住在城市地区，但城市化水平（以及经济发展水平）仍有很大差异，澳大利亚有近89%的人口居住在城市，而整个密克罗尼西亚岛国的城市人口不足25%。国家的城市化水平与经济增长率密切相关，反过来也有助于塑造亚洲城市体系中占主要地位的城市基础设施和就业机会的量和质（见第4章）。迄今为止，城市人口的增长比自然人口增长（1%）翻了一番以上（2.4%），其中最大的份额是农村人口向城市迁移的结果。这种状况刺激了特大城市的兴起（居住人口大于1 000万），世界十大城市中的两个在亚洲：东京和上海。另一个十分确定的趋势就是扩展的城市地区数量稳步增加，它们把以前作为独立行政实体的城市和乡镇加以合并；例如，大曼谷市，囊括天津和相邻的河北省的潜在的大北京都市圈，大雅加达市，大马尼拉市，大上海地区和大东京地区。

---

[1] 在全球层面上，除了高度工业化国家外，所有亚洲国家分类为发展中国家和新兴工业化国家。

表 2.1   2007 年亚洲人均国民生产总值

国家/地区	人口 2007 年	变化(%) 2000～2007 年	GDP (US$ m)④ 2007 年	人均 GDP(US$)⑤ 2007 年
澳大利亚	20 854	8.9	945 674	45 348
柬埔寨	14 324	9.3	8 639	603
中国	1 306 188	4.4	3 400 351	2 603
中国香港	6 948	1.3	206 706	29 751
印度尼西亚	224 670	5.9	432 817	1 926
日本	127 396	0.2	4 379 624	34 378
韩国	47 962	1.0	956 788	19 949
老挝	6 092	15.4	4 163	6 834
马来西亚	26 556	19.5	186 720	7 031
新西兰	4 193	10.9	130 449	31 113
菲律宾	88 718	17.3	144 129	1 625
新加坡	4 485	11.6	161 349	35 979
中国台湾	22 902	3.2	383 282	16 736
泰国	66 979	6.6	245 351	3 663
越南	86 108	10.2	71 174	827
亚洲①	**2 054 375**	**5.5**	**11 657 214**	**3 989**
北美②	345 806	7.1	15 295 733	44 248
欧洲③	508 075	2.6	17 616 570	34 673
世界总计	6 670 801	9.1	54 635 982	8 190

注解:①不包括文莱达鲁萨兰(Darussalam)和缅甸的数据。
②美国和加拿大。
③包括斯堪的纳维亚国家。
④美元按当时的价格和汇率,百万计。
⑤美元按当时的价格和汇率。
资料来源:摘自 UNCTAD"统计手册"的数据,网站 http://stats.unctad.org/restricted/eng/TableViewer/wdsview.

亚洲城市化的步伐既是挑战又是机遇。仅仅 30 年的时间,亚洲的城市人口增加了 260%(5.6 亿),预计在未来的 30 年还将增加 250%(14.5 亿)(APMCHUD,2010),在经济上迫切需要为这种人口状况提供足够的基础设施和就业岗位,这就是最低的挑战。上一本论文集概述了在特别重视服务业作用的宽泛的全球背景下,亚太地区的经济状况(Daniels等人,2005;Daniels,2005)。总就业中服务业的份额在国与国以及城市与其他地区之间仍有差别,有些国家仍然通过进口获得多于出口的服务。新加坡和中国香港这样老牌的全球金融中心以及如菲律宾那样资金回笼高的国家,情况比较例外(表2.2)。整个亚洲经济和城市化水平的多样性还源自于其人口统计、文化、社会和经济环境的丰富的多样性,本书的许多论文对这些面向全球的大城市作了重点描述,其清晰性无人出其右。

表 2.2　　1991～2007年[①]亚洲所选国家服务业在总就业中的份额(%)和2008年[②]服务贸易差额

国家或地区[③]	1991年	1995年	2000年	2007年	服务贸易差额,2008年[④]
中国	12.3	15	16.7	—*	−11 812
中国香港	64.3	72.4	79.4	85.6	47 242
日本	58.7	60.6	63.5	67.5	−21 889
中国澳门	57.7	67.6	71.6	78.7	—
韩国	47.7	54.3	61.2	66.7	−18 975
柬埔寨	—	—	17.7	—	—
印度尼西亚	31.4	37.6	37.3	39.9	−12 741
老挝	—	11.1	—	—	3.6
马来西亚	45.8	47.7	49.5	56.7	49
缅甸	—	—	—	—	—
菲律宾	38.7	40.3	46.5	48.8	1 438
新加坡	64.5	68.5	65.9	76.2	4 002
泰国	25.3	29.4	33.6	37.5	−12 992
越南	—	—	22.3	—	−925

注解:①亚太经社理事会(ESCAP)运用国际劳工组织"劳工市场关键指标"(第六版)的数据进行计算。

②亚太经社理事会运用联合国服务贸易数据库的数据进行计算。

③无缅甸的数据。

④出口额减进口额,百万美元。

*遗失数据。

资料来源:联合国亚太经社理事会(UNESCAP,2010),17和22章。

始于2008年末的全球金融危机遏制了全球性的增长,而且世界金融重心开始脱离北美和西欧,这些地区遭受的经济重创甚于20世纪90年代的全球性衰退。例如,中国有巨大的储备,足以借贷给美国;亚洲经济和财政实力是制造业成功的函数:其中,中国、韩国、日本、中国台湾名列前茅,而且,服务业也已日益成为亚洲经济实力的来源,这在21世纪初已显露头角,从而加强了新加坡、香港和东京的强势地位,紧随着的还有新兴的金融中心上海和北京。

为了论证这种重要转变,需要审核一下自2007年以来为全球70多个金融中心定期编制的全球金融中心指数(伦敦城公司,2010)。伦敦和纽约一直在抢夺第一、第二把交椅,它们是拥有全球影响力以及水平和垂直业务(broad & deep)的老牌金融中心,中国香港和新加坡与东京属于同一集团,提供跨国的水平和垂直的金融服务(见表2.3)。诚然,自2007年GFCI发布以来,按1~1 000的标度计,伦敦和纽约始终得分770~790,而且有意思的是,中国香港和新加坡从2007年的得分670~690上升到2010年的730~735(伦敦城公司,2010)。亚洲有两个新兴的全球金融中心地位的竞争者:上海和北京,还有不少经营跨国(常常在亚洲内部)和地方业务的中心,如首尔、深圳、雅加达或大阪。曼谷和科伦坡列为新兴的跨国金融中心。深圳的出现也许是亚洲金融中心兴起中最显著的特征了;按照部门细分(见表2.4),深圳在金融业务上排名第七,超过上海,在保险业务上排名第四,远超上海、北京和台北。早在1980年,深圳被指定为中国第一个经济特区,这就大大吸引了毗邻的香港进行跨境产业投资,从而推动深圳进入世界上快速发展的城市之一,在珠江三角洲地区占有主要位置,招揽大量高技术公司总部和作为支持性基础设施的金融和保险公司在此落户。毫无疑问,深圳这类城市的迅猛发展是与亚洲经济普遍地,特别是大城市经济转向服务业有关。在某种情形下,中国香港这类城市的服务业已经填补了"空心化"过程所留下的空间,其制造业已移向邻近的大中华地区(特别是广州和珠江三角洲),代之以制造业的管理功能和零售、进出口服务、国际生产商服务和金融服务(Jessop and Sum, 2000)。

表2.3　　　　　　　　亚太地区金融中心分类

业务范围	水平和垂直业务	相对水平业务	相对垂直业务	新兴
全球	领军者 香港,新加坡	多元化	专业化	竞争者 北京,上海
跨国	既定业务 东京	多元化 首尔	专业化 深圳,台北	竞争者 曼谷,孟买
当地	参与者	多元化 大阪	网点(Nodes) 雅加达,马尼拉	发展中

资料来源:伦敦城公司(2010),选自图表12,p.19.

表2.4　　　　　前十位亚太城市(按产业部门次级指标计)

排名	资产管理	金融业务	政府和监管	保险	专业服务
1					香港
2					
3	香港	香港	新加坡		新加坡
4	新加坡	新加坡	香港	深圳	香港
5	东京	东京	东京	新加坡	
6				上海	
7	上海	深圳		北京	
8		上海			
9					
10		北京		台北	

资料来源:伦敦城公司(2010),选自表12,p.30.

有不少迹象表明,亚洲城市向服务业的转移仍保持着十多年前初现时的那种势头。正如赫顿所述:"服务产业对城市(特别是大都市)

发展的意义不仅在于增长率的衡量，更重要的是促成了综合性的变化过程……而且它们……还深入地参与了地区结构、大都市空间—经济和城市形式的改造'(Hutton,2004:3)。赫顿还不无助益地对亚洲城市服务业增长的影响做了分类。第一，服务业推动了城市(以及地区，甚至国家)的发展，首先是先进的生产商服务。第二，服务业对城市内区域/地区(areas/districts)详尽的内在形式，以及一般意义上的城市空间经济产生直接和间接的影响。第三和第四个影响涉及由第三产业发展所产生的社会阶层、形态和日常生活变化的问题。第五，在某些方面也是上述几点的结果，即服务业改变了亚洲城市形象和身份以及改变了处于其中的个别地区/地方(districts/locales)的方式。[1]

不过，重要的是应认识到，这些只是大趋势中的子趋势，它逐步地清晰起来，并可能发扬光大(Yusuf and Nabeshima,2005)。随着服务业在亚洲城市经济中份额的增加，其结构也在发生变化，朝着诸如法律、会计和销售服务等高附加值的"既定"活动发展。但是，在本书语境中最重要的，指的是围绕软件开发、电子出版、电影和电视制作、设计服务和多媒体等一系列快速发展和多样化的活动。它们是一套产生有形或无形的创意或艺术产品的市场和/或公共活动，以多种方式描述为文化或创意产业，它们具有"利用文化资产和知识型货品和服务(传统的当代的)的生产进行财富创造和收入生成的潜力……而且它们的共性是，它们都利用创意、文化知识和知识产权生产具有社会和文化意义的产品和服务"(UNESCO,2005)。[2]这些创意型服务产业不仅为亚洲城市的服务业形象增添了新的维度，而且成了改造这些城市的内部结构及其与国内国际市场外部关系的工具。优素福和锅岛(Yusuf and Nabeshima,2005)评述道，这种趋势鼓励进一步开放贸

---

[1]详尽的讨论见赫顿(2004:22—28)。
[2]定义各不相同，但典型的包括：广告，建筑，艺术品和古董市场，手工艺，设计，时装，电影，视频和摄影，软件，电脑游戏和电子出版，音乐和视觉和表演艺术，出版，电视，广播。

易,减少限制性的管制措施,促进亚洲城市内部和相互间的竞争。同时,它还提出了创新的速度问题,因为创新与可供的有技能的人力资源相关(包括培训机构基础设施),所以创意型服务业对有技能人才的需求在不断增加。

亚洲城市的服务经济中创意产业的重要性不断增加,这反映了"在这个日益充斥着影像、声响、文本和符号的世界里对文化生产、消费和贸易的整体格局的重塑"(UNCTAD,2008:iii)。这种现象都是全球化大潮、相连性和时空收缩所致,从而使得知识和创意普遍地被视为产生发展红利的工具,尤其在城市这个创意(或文化)产业获得最重要的生产要素的地方。"创意经济"这个相对新的概念现在已被列为发达国家和发展中国家经济增长和创新中的主要因素,并延伸用于它们的主要城市。至关重要的是,"倘若有效的政策到位,创意经济将在宏观和微观层面与整体经济发生横向联系……而且……培育发展维度,为发展中国家跨越式地进入世界经济中新兴的高增长地区提供新的机会"(UNCTAP,2008:iii)。创意产业涉及服务(和货品)的创造、生产和销售。它们横跨服务业到传统产业的各行各业,常常通过技术和技术密集型活动捆绑在一起。作为其主要投入,它们特别依赖于知识资本,因此也依赖于蕴含其中的人力资本。诸如建筑、营销和广告这类专业性服务与数字动漫、电子游戏、广播和被许多人贴上"文化"标签的表演艺术、音乐、图书和节日等活动属于同一类别。其共同的属性就是(常常是密集型)应用创意的技能和专门知识。

近年来,联合国贸发会议(UNCTAD)开始公布有关创意经济的统计资料,反映创意产品和服务的贸易情况,提供了世界经济区、贸易集团和个别国家的创意产品的贸易资料。显然,21世纪发端以来全球创意产品和服务贸易的市场持续发展,近年来显示了空前的发展冲劲。2008年,全球创意产品和服务的出口额约为5 973亿美元,而2005年约为4 244亿美元。根据本书的研究观察,全球创意产品出口的很大份额,即 40% 以上出自于亚洲发展中国家,如中国内地——进一步说,则是出自于这些国家和地区的大城市(见图 2.1)。中国现在是创意产品的主要生产商和出口商,占世界出口市场的 20% 以上。发展中国家创意产品的贸易份额中,艺术品和手工艺品份额超过 60%,设计和新媒体的份额约为 50%(见图 2.1)。这些份额可能会继续增长;在 2002~2008 年,除了视觉艺术外,上述增长的基础是所有种类的创意产品出口都保持较高的年增长率(见表 2.5)。发展中国家的创意产品进口增长率也较高,从而与强劲的经济形势相比,创意产业具有了更强的活力。2005 年创意服务出口额达到约 890 亿美元,2008 年上升到 1 903 亿美元。然而,联合国贸发会议注意到,有些增长可能反映了提交报告的国家和地区数量发生了变动。尽管如此,创意服务贸易的增长仍快于世界其他所有的服务贸易,亚洲是主要的贡献者。因此,创意产业投入产出的国际流动为亚洲国家,特别是创意产业持久集聚的城市打开了新的机会。

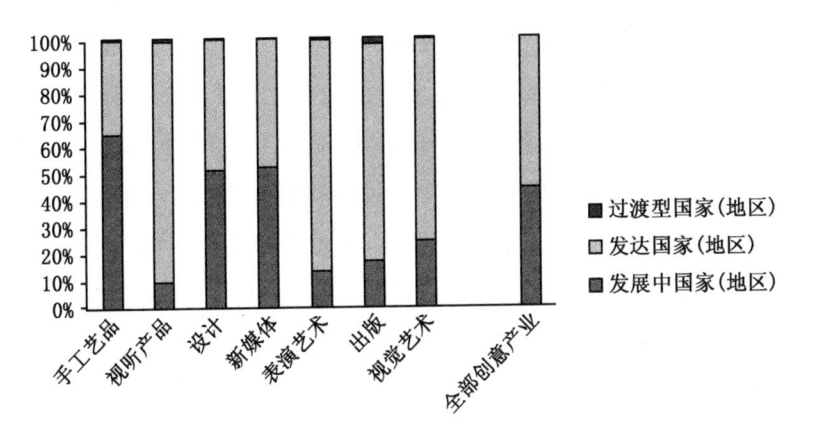

资料来源:http://unctadstat.unctad.org/TableViewer 的数据(取于 2011 年 1 月 7 日)。

图 2.1 2008 年世界各经济集团创意产品出口份额

表 2.5　　2002~2008 年创意产品进出口的年增长率

项目	发展中国家(地区) 出口	发展中国家(地区) 进口	发达国家(地区) 出口	发达国家(地区) 进口	世界 出口	世界 进口
手工艺品	11.5	7.5	4.4	4.3	8.7	5.4
视听产品	9.3	15.6	6.7	2.7	7.2	6.1
设计	12.9	17.7	11.9	9.1	12.5	11.1
新媒体	19.0	21.7	1.7	15.1	8.9	16.6
表演艺术	28.6	26.0	16.5	14.9	17.8	16.8
出版	17.9	19.1	5.5	5.4	7.3	8.5
视觉艺术	11.9	26.2	13.0	11.2	12.8	12.8
全部创意产业	13.6	17.9	10.0	9.2	11.5	11.2

资料来源：选自 http://unctadstat.unctad.org/TableViewer 上的表格(取于 2011 年 1 月 7 日)。

亚洲城市的经济状况朝着创意服务和创意产品的转向提供了城市和地区的发展机会。但是,这些城市最终的形式和结构,与转向由金融服务、高级企业和专业化服务企业的公司总部或制造业跨国公司为主的服务经济的城市可能不同,理解这点至关重要。一般而言,创意活动与服务业相同,得益于集聚经济和对个别企业的生存、增长和创新能力都至关重要的各种不同的经济、社会和文化的互动。这些现象常常转化为电影、软件或广告等相关活动集群,因为"企业集聚在一起,能够利用其空间上的相互联系性,能收获劳动力市场在空间上集中的多种好处,可以开发丰富的信息流和创新潜力,这些在有许多不同专业化且有互补性的生产商集中的地区都可获得"(Scott, 2005: 7)。然而,大多数创意企业都是中小型的,它们大多对空间/设施(space/accommodation)的形象、名气的要求并不高,而更多地要求便宜、灵活、不张扬、租金低的办公室/仓库/工厂等设施,而金融和某些服务型企业追求的正是高质量、高楼大厦、昂贵的办公场地。由此推断,这种企业对地段的需求与银行金融服务业的要求并不一致;集聚经济的效益和形成都强调城市中心位置的重要性,而且是比较外围的中心位置,常常在废弃的滨水区进行经济和社会转型的区域,或中心城市外围的类似区域。正是由于这样的原因,创意产业为亚洲城市提供了发展其对外形象(例如,通过创意产品的贸易)和进行内部改造的新的不同的机会。

Wu(2005)强调了对亚洲以外地区在创意城市形成过程中的教训进行研究的重要性。他考察了美国城市的地段因素(locational factors)和采用的城市政策建议,并对圣地亚哥和波士顿创意产业的发展进行了案例研究,表明了高等教育机构如何与当地产业合作催生了第一流的研究、如何提供重要的人力资本。两个城市积极促进大学和大企业的联系,巩固了创新和相关创意产业的发展动力。据此可以设想,亚洲城市会起而仿之,但 Wu(2005)也指出了其中的重大差异,即它们的创新能力受到以国家为中心的创新体系的强烈制约,如政策允许和支持对前沿技术的投资(日本),对数字产业的投资(马来西亚),或对新媒体的投资(新加坡)(还可见 Yue,2006;Wong 等人,2005)。这些以及其他的投资事例常常依赖私营部门的资本来达成国家以个别城市为基础所制订的政策目标;迹象表明,这种做法确实有效,而且全球化有助于维护城市的个性及其在全球网络中的作用,这表明市政府和其他当地机构将以特殊的竞争优势修改创意产业和创意服务的战略。这还有助于说明 Wu(2005)的另一个观察结果,即以国家为中心制定的政策往往强调对硬件基础设施的投资,而不是对软件基础设施的投资,即培育和更新被有活力的、成功的创意集群所倚重的人力资源的技能和才干。

埃文斯(Evans,2009)以创意产业为例,对世界城市的经济发展政策做了概述,他认为,亚洲许多很大以及较小的省级城市明显地把创意产业作为目标。他分析了收集到的有关新加坡、数字走廊(马来西亚)、北京、天津、杭州、深圳和香港(中国)的资料。北美和西欧城市具有的政策/战略的比例最高,而且其中的方法和理念已在最大程度上从这些地区转移到包括亚洲在内的世界其他地区。埃文斯评述的大多数政策都是为个别城市量身定制的,而不是应用于某一地区的国家政策。令人感兴趣的是,亚洲有一些重要的例外,因为像新加坡这样的城市型国家及中国香港,有关创意产业的国家政策和特定的城市政策最终必然合二为一。还有这样的案例,创意产业政策导向的城市,特别是亚洲新兴国家这类城市,其利益是由全球自由贸易规则(global free trade agenda)所驱动,在本案例中是受服务贸易总协定(GATS)的驱动,它需要评估这种安排对当地创意产业的影响,需要对用来驾驭更开放的市场带来的机会的政策措施进行评估,或相反地,需要对当地活动的后果进行某些管制所采取的步骤进行评估(Evans,2009)。然而,文化产业作为经济、社会和文化发展资本金(capital assets)来源的潜力,在整个亚洲地区似乎只有相对少量被埃文斯认可的地方在开发。这种情况可能起因于某些人所散布的观点,他们认为,把文化产业作为催生经济多元化、创造迫切需要的就业岗位(特别在城市中),或甚至是保护和维持地区丰富的文化融合的资金来源是不合适的(UNESCO,2005)。

有关以弗罗里达(Florida,2002)倡导的方式发展城市文化集群的前提条件,以及亚洲城市是否"符合"模式(例如,见 Kong and O'Connor,2009)且存在某些基本条件等问题,还存在着若干争议。本着对服务贸易总协定国际框架影响的关注,各国必须维护对贸易和投资的开放姿态,要确保知识产权受到保护,或以适当的国家制度监管国际标准和协议的执行。维持国家宏观经济的稳定也将保证此类目标的实现,许多亚洲国家在这方面都很成功,尤其在 2008 年后的全球衰退时期。在个别亚洲城市的层面上,巩固创意产业政策的关键条件是基础设施、城市环境的质量和制度环境。

尽管有人提出,亚洲城市过度重视基础设施,但也必须承认,不少文化产业无拘无束,充满活力和创新精神,是最新信息技术的最大用户。诸如高速、高功率电信设施,有效的快速运输系统,综合性的航空运输、世界水平的教育机构等基础设施,无论在创意产业的生产层面,还是产品的交换和/或与客户和供应商持续的信息交流,都是至关重要的。在生活质量的考虑上,包括餐厅、酒吧、零售点、医疗服务、教育设施或绿色空间等也都是创意城市的重要部分。它们促进了社会互动水平,为非正规业务网络化提供了机会,使人们产生幸福感,有利于留住创意工作者,有利于吸引新的参与者,并普遍地加强城市的创意能力。在鼓励自由表达、鼓励对实验持开放心态的地方,这种能力也会进一步发展,即使在具有既定标准或有比较正式规章制度的地方也是如此。中国香港和东京在15年时间里从严重依赖制造业的城市转变为先进服务业的主要地区中心和国际中心,这个引人注目的转变就是其方法正确的明证。然而,说到底,一个城市若没有大量具有合适技能的人才储备,那么形成和发展创意集群的支持性基础设施的数量和质量本身并无内在的价值。这些人才包括当地和外来的具有创意技能的工作者,并由毕业于世界著名大学的知识工作者加以补充,在东京、中国台北新竹科技工业园或大阪—神户—京都地区都聚集着这样的人才。虽然创意工作者的教育条件很重要,但不少人的就业形式也引人注目,如职业的灵活性,兼顾多重任务,以项目定位,职业的流动性大,无一定保障,自由职业和短期合同的现象突出,或自办企业,薪酬低[文化政策研究中心,2003;另见凯夫斯(Caves),2000]。

上海是较早实行创意产业发展政策的城市;创意产业是市政府第十一个五年规划(2006～2011)确定实施的优先发展项目之一。除了把许多创意产业集群列入优先项目外,上海还(以上海创意产业中心的形式)在市内指定/建立了75个创意产业园区。许多园区最初都是建立在一些老的工厂楼和仓库里,反映了该市保存和开发遗留工业厂房的责任。园区容纳了4 000多家创意公司,来自30多个国家和地区。总面积超过200万平方米的空间,吸引和激励了从事于研发、设计(工业、室内、广告、建筑、服装)、游戏软件、互联网媒体、艺术媒体、手工艺、咨询和策划以及时尚消费等国内和国际公司的加入,提升了上海创意产业营业额,2006年它占了GDP总额的6%,比上一年增加了18%。苏州河地区主要是视觉艺术和设计公司集中的地区,它是著名的创意产业集群之一,包括创意仓库、周家桥中心、E Cang、M50园区和静安创意艺术园。例如,M50园区是上海最有影响的创意产业中心之一,以前这里都是纺织厂,现在已容纳了来自14个国家和地区以及国内10个以上省份的80多家企业。市政府把这些业务活动视作对公共文化体系的投资,以有助于鼓励私人对诸如广播电视制作(2005年已对私营企业发出159张营业执照)、表演机构、艺术表演剧团(一半以上是民营企业)以及各种不同的互联网服务,包括互联网咖啡馆等进行投资。正是上海在培育创意产业上的成功,使其在2010年加入了联合国教科文组织的创意城市网络(评为设计之城)。这个奖项是对其设计活动的迅速增长和支持其创新发展的认可,以及把城市打造成国际认可的设计中心的清晰愿景的认可。联合国教科文组织运用很多标准指导各国城市成为设计之城网络的成员。除了上海确定的那种既定的设计产业外,各国城市还应拥有由设计和内在环境塑造的文化景观(建筑、城市规划、公共空间、纪念馆、交通设施、标记和信息系统、印刷工艺等);应是设计学校和设计研究中心集聚的场所;应该把诸如建筑和室内设计、时装和纺织品设计、珠宝和饰件设计、互动设计、城市设计或可持续设计聚合起来的丰富的混合体,并得到当地和/或国家的积极践行的创作者和设计者群体的支持(UNESCO,2011)。设计之城网络的八个城市中有五个是亚洲城市:神户、名古屋、深圳、首尔和上海。

香港特别行政区(SAR)的经济发展战略也包含创意产业。2003年,香港公布了创意产业的基准研究报告,预示了它的兴起(文化政策研究中心,2003;另见民政事务局,2005)。虽然据估计仅用了3%强的劳动力，占了GDP的2.5%，但创意产业在香港经济中的地位日益重要，并有利于树立起世界城市的形象。报告把香港与邻近地区做了比较，制定了创意产业的发展蓝图，并且根据市内市外存在的障碍和作为独立产业部门的优缺点，评估香港创意产业增长的潜力。关于香港的城市改造，涉及创意产业的有三大类：主题发展集群（自发的和促成的——设在废弃的工厂楼内的艺术或艺术家村），有关文化遗产/旅游的（西九龙文化区），旗舰项目[赤腊角（Chep Lap Kok）国际机场，数码港]。所有这三类产业都取自创意产业的空间设计（spatial mapping），并指导其后的创造性活动，如西九龙文化区，它包括新的现代艺术博物馆、大量的剧场、音乐厅和其他建立在油麻地西部填海土地上的表演场地（第一期将于2015年完工）或占地11 000平方英尺的前石硖尾工厂园区内的赛马会（Jockey club）创意艺术中心（位于老的公共住宅区），它能容纳150个当地艺术家的工作室、社区艺术空间以及包括黑匣子剧场、美术馆、教育场地和咖啡馆的表演空间。张（Zhang）等人（2009）在其研究报告中已阐述了文化创意产业在香港关键的长期增长战略中的地位。

3. 亚洲的文化转型和城市发展

托马斯·赫顿

引言和概述：亚洲城市"文化转型"的构建

在东亚和东南亚国家和社会发展中，文化已经起了重要的作用。在国家层面，文化以多重形式塑造了发展的内涵：国家意识形态和政治价值的构建；社会规范的建立；经济机构和参与者的实践。亚洲文化的表述方式有正式和通俗之分，包括宗教、艺术、音乐、服饰、文学等内容；以及包括神话、叙事和讲故事，其提供了全球社会的文化基础。但是，"文化"还表现（同时又反复被其所塑造）为建筑形式、内在形式、空间和地方形式——每一种形式都蕴含了具体价值和象征价值。我们承认，"基础的"或外来的文化观念对于塑造亚洲地区物质、社会和经济景观所产生的永久性影响（Ho and Kim, 1997），但是也存在着由于移民、创新在空间上的扩散，尤其是征服、占领和吞并所造成的发展上的变异现象。

当然，有关亚洲社会的文化价值、文化标准和表述方式，大量的研究文献已有记载，包括由人类学家、社会学家、历史学家和地理学家经过深入的现场调查所得出的谱系广泛的人种学研究报告。这种具有影响的以地域为基础的文献采用了对社会群体和聚落进行案例研究的方式(例如,见McGee and McTaggart,1967;Sather,1984;Vickers,1996;Ammarell,1999),以及对殖民主义及其后果进行批判的形式(例如,见Forbes and Thrift,1987;King,1989)。全部文献资料和大型城市研究的学术著作也是众说纷纭,它们(含蓄地,倘若不是始终明晰的话)既否认(或批判)东方文明嵌入异国情调的西方意象(又见Said,1978),又告诫人们要防止专注于(essentialize)亚洲文化标准和实践的倾向(McGee,1967)。

尽管大多数研究文献涉及的主题是国家层面或较大的地区层面,但也有相当多的学术研究强调了文化对城市发展的作用。东亚和东南亚大城市的文化基金会的学者对此特有兴趣,他们还特别吸收了文化对塑造城市空间结构、城市景观和城市内在形式的观念。《东亚的文化和城市》就是这样一本有影响力的专著,由金原培(Won-Bae Kim)、迈克·道格拉斯(Mike Douglass)、崔桑哲(Sang-Chuel Choe)和何康中(1997)共同编辑。《东亚的文化和城市》讲述了历史上亚洲主要城市塑造过程中的基本价值、信仰结构、意识形态和环境因素,以及讲述了支配各自国家政治、社会和经济景观的特大城市的演变过程。金(Kim)等人承认外来力量留下的印记,包括亚洲大部分地区的殖民主义和被征服的历史。其潜在含义即亚洲的文化和城市形成与"西方"——北美和西欧的简称——存在着重要区别,强调在治理方式(包括早期的君主政体和王朝)、社会形态、法律和监管制度上的深刻差异。[1]

如果说人种学的研究大量应用了亚洲文化和城市互相依赖的传统观点,那么我们也应该认可蓬勃兴起的对于城市文化经济的研究。

---

[1] 就本章而言,东亚指的是每一个领土与太平洋东海岸接壤、毗邻海洋的国家,包括日本、韩国、朝鲜、中国;还包括传统上属于东南亚的国家,即东盟国家,但不包括俄国。

"西方"主要是指欧洲、北美和大洋洲的那些国家和社会,其部分特征是:(1)多元的政治和治理体系,定期进行公开选举,有多个政党和派系竞争;(2)独立的司法体系,坚持依法裁定政治冲突、刑事和民事案件;(3)普遍由市场起主导作用的混合经济制度;(4)世俗政府(officially secular);(5)集体权利和个人权利的平衡,个人权利优先。

过去十余年来，亚洲主要国家的大城市景观已融合了一系列多元的文化产业和制度（Sassen，2001；Hutton，2007），它们曾经是制造业及其辅助产业和劳动力占支配地位的"世界工厂"（Rigg，1995），后来又增添了标志现代全球性城市地位的高端中介服务业（Ho，1997）。亚洲城市的文化经济整合了生产、消费和景观要素，每一种要素都日益适应国外旅游者和来访者的需求。

亚洲城市新文化经济的发展，有时在"新媒体"（甚或称为有争议的"新经济"）的语境内，被看作是创意、技术和地方属性结合产生的各种活动重组的产物，它是经济全球化（和必然产生的全球化城市：Yeoh，1999）的另一种表现形式。参与新兴经济在某种程度上暗示了对文化的相互渗透和扩散效应的接受，尽管国家同时还可能极力对这种影响加以管控，至少会加以管理。

虽然在亚洲主要经济体中，国家是塑造产业现代化和转型轨迹的主角，典型地体现在调度旅游业的文化资产的政策组合（policy ensembles programmes）中，但新文化经济体现的最新的创新活动一开始却是避开了官方的耳目——或至少是出现在国家战略政策的夹缝中（Ho，2009）。在20世纪的最后几年，新加坡中国城文化遗产区直落亚逸（Telok Ayer）19世纪50年代的店屋景观被互联网（dot.com）的渗透所改造，代之以新媒体产业的代表性企业以及全套高档消费设施，取代老旧企业的活动频频进行，所有的外观都酷似"新经济"的印记，我们在旧金山的南市场（South of Market）、伦敦的肖尔迪奇（Shoreditch）、温哥华南中心区的耶鲁镇等地都能观察到这种现象（Hutton，2008）。

当然，促成西方城市内城区形成新经济产业的一些相同的要素也适用于新加坡和其他亚洲城市和场所，这些要素包括地方性特征、高度协调的内在环境的吸引力、中小型初创企业和联系密集（contact-intensive）企业的集群产生的持久力量等。而且，除了具有全球普遍性的发展特征外,有关曼谷(Muller,2005)、东京(Cybriwsky,2011)、新加坡(Bishop等人,2004)和首尔(Jung,即将发表)诸城市文化景观的研究还披露了地方—区域特征(local-regional contingency)这个重要因素,它们已在文化经营活动(这是本书的论述对象)的设立、结构和运作上造成差别。

笔者将在本章勾勒出亚洲城市的经济和景观在"文化转型"中的若干情形,涉及作为代表性城市"新经济空间"发展基础的诸项条件。这一节引言之后,笔者将详述战后亚洲城市发展的几个重要阶段;其标志是工业化范式作为国家进步和现代性表现的至高无上性,以及其后为促进高端服务业作为在全球市场和金融资本流动网络中的一体化功能所做的努力。其次,笔者将对亚洲和西方城市的"新文化经济"及构成的产业、制度和劳动进行比较,注意观察其在发展条件、政策价值和动机上的显著差别,尤其认可东亚在持续发展时期一直实施的城市优先原则。接着,我们要对亚洲国家和社会的新文化经济的发展前景做出预测。最后,本章以综述下一章何康中对于亚洲的城市空间再分层的论述而结束。

东亚的发展体制:面向文化的产业转型

变化的一般进程的印记,包括产业创新、转型和消费偏好,都已铭刻在亚洲城市的景观之中了,这在工业地产的形成、中心区综合办公楼、大型零售中心以及在社区和街坊层面上的相关社会结构(allied social formation)上都能观察到。在东亚,大城市可以作为首都、行政中心、商业和贸易中心,还可以作为艺术家和手工艺人的活动场所,以及工业[或初级工业(proto-industry)]生产的中心,每一种功能都有利于空间和意象的再分层。同时,我们必须承认个别城市和城市区域,甚至特定地区、城市的空间和场所具有的特征力量。特此说明,现代化项目采用不同的形式反映发展史的独特因素、国家的意识形态和视野：亚洲的多数国家都支持技术型的特大项目，但马来西亚的多媒体超级走廊却蕴含了特殊价值以及执政党和领导层的愿望，这在蒂姆·邦内尔(Tim Bunnell, 2004)的专著中已有详述。

对于许多当前代表着亚洲城市化历程中特定城市发展和全球性城市形象方面杰出典范的城市，欧洲殖民主义和帝国主义在其成长中都有着重要影响。

欧洲帝国主义从16世纪持续到20世纪中叶，在19世纪末达到顶峰，亚洲最大的城市从沿海的小村庄和小聚落发展至今，几乎都由其一手扶持而成。仰光、雅加达、万隆、西贡、马尼拉、香港和新加坡都是殖民地的产物，上海、首尔和台北等其他城市也饱受殖民地经济的浓厚影响。由殖民地需要的国际劳工移民造成的新的种族聚合，新的买办资本家阶级和工薪阶层，通过对当地官方似是而非的授权(paradoxical empowerment)来行使间接统治，以及对国际贸易的热望，这些就是殖民地经历的全部内容，用雷德菲而德和辛格(Redfield and Singer, 1954)的话来说，它创造了"异源"(heterogenetic)城市，与传统的"定向演化的城市"(orthogenetic)相反(Douglass:50; Kim, Douglass, Cho和Ho, 1997)。

东亚和东南亚城市的形成过程经历了几个世纪。但是，亚洲城市变迁中最具决定性的力量只在第二次世界大战后相当短的时间或周期内发挥作用，在某种情况下，它追随西方(或以大西洋为中心的国家)的社会和经济模式，但是在有些方面也走出了一条地区变异的轨迹。当然，首要的是依据国家制定的快速工业化计划，从而在第二次世界大战后前40年里出现了庞大的工业大城市，包括(最早的)东京，接着是新兴工业化国家中(Douglass, 1994)的首尔、新加坡以及中国台北、中国香港(Perry等人，1997)，随着西方社会和城市早期工业发展[见Sassen(2006)，Lewis(2008)和Allen(2009)对于该现象富于洞见的评述],产生了大大有利于东亚(Frobel等人,1980)的新型国际分工(NIDL)。特大城市的名录中还纳入了具有与众不同的城市化和城市规划模式的庞大的深圳制造业城市—地区,预期可以进入特大城市的还有马来西亚的赛博加亚—布特拉加亚(Cyberjaya-Putrajaya)超级走廊。正如沃格尔(Vogel)所述(Douglass,1991,1997),"亚洲新兴工业化国家都信奉'工业新儒学',它强调加快出口导向型的制造业增长"(Douglass,1997:49),该学说的性质包括国家的精英领导,招募受过教育者,强烈的上下忠诚(vertical loyalty)和团体忠诚,以及强调在生活中修炼自身。

这句老话无疑诠释(或至少描绘)了日本和亚洲"四小龙"的许多现象,但它没有完全把握中国发展工业化的动机,其工业生产的发展实际上受到了"文革"灾难性政策的阻碍,制造业优先的增长政策是沿袭了已过时的苏联的意识形态,它延缓了国家的发展,直至邓小平执政(1978)后实施的改革政策后才结束。中国(至少在沿海城市)空前规模的工业化—城市化协同发展是在高度压缩的时期内——仅仅30年里实现的,这就越发引起世人的瞩目(Campanella,2008)。

在某种程度上,中国学习了日本的经验,刚开始时,生产低质或质量不稳的廉价商品,然后通过价值链的提升,生产价格较高的消费品。这些萌芽产业的国内市场则通过关税、货币管制和汇率加以保护。逐渐地,日本企业和产品打垮了许多第一世界的"家庭工业"。然而,除了规模和意识形态有明显差别外,这两个亚洲主要经济体还存在着重要差异,例如,(以日本为例)出现像索尼、三菱那样占支配地位的综合性的大型公司或财阀,而中国则是国有企业(SOEs)或改制后的国有企业和中外合资企业起了决定作用。而且,尽管日本的工业产品也包括餐具、体育用品等多种消费品,但主导的制造业部门是汽车、资本货物(如造船)和电子产品,并通过卓越的产品质量和竞争性的价格优势获取出口市场份额。中国在工业化历史的初期,其产品多样性极为丰富:几乎囊括了所有门类的消费品。中国真正成了世界的主要工厂,虽然可能逐渐地遭遇来自亚洲、拉美以及预期中的非洲次撒哈拉地区(sub-Saharan Africa)日益增长的低成本竞争。[1]

但是,亚洲城市在半个世纪制造业扩张过程中的经济和社会变革还有另外的特色,就是并不全盘照搬西方国家大都市社会经济和空间变化格局中的后工业化的经验,而是先进服务业和工业生产综合体的同时发展。尽管先进的城市—地区的服务业确实取代了制造业成为经济中增长最迅速的因素(Daniels, Ho and Hutton, 2005),以及某些情况下出现劳动力外流现象(Gans, 1993),但是商品生产和仓储/分销业在许多亚洲大城市仍大量存在(甚至在亚洲第一流的世界级城市东京也如此),而在西方国家则几乎找不到这样的城市。[2]

东亚的城市优先原则的持久优势

正如广泛的城市研究文献所公认的,城市体系内的优先原则具有关键的优势,主要是标量因素(scalar factors)(包括地方—区域劳务和消费品市场的规模范围);高度的专业化以及产业结构与就业的多元化;"知识"—专门知识,科学知识(Bell, 1973)和各种成文的或意会的信息的嵌入式集中(embedded concentration)和溢出效应;以某种方式便利于城市发展的制度和机构(大学、产业协会等)的集中。上述的每一种因素都会以相互加强的方式有利于全球化城市的"实力形象"(power projection)——几乎永远与经济和金融的优先地位有关,以总

---

[1] P. J. Taylor, John Beaverstock 和他们在拉夫堡(Loughborough)大学全球及世界城市中心的同事们的研究大大有利于拓宽"全球化城市"的分类法,不再局限于公司总部、专业理财以及实力形象的其他渠道等熟悉的属性。约瑟夫·古格勒(Josef Gugler)也同样主张把发展中国家和低收入国家纳入世界城市的范畴,因为它们已日益成为工业生产的重要基地。

[2] 当然,大部分"西方"城市的主导轨迹是工业长期下降的趋势,但是某些城市仍然拥有大型的重要工业制造部门,著名的有德国的斯图加特(梅赛德斯—奔驰、博世)和慕尼黑(宝马、西门子)。根据制造业雇用劳动力的比例计,美国和加拿大的龙头城市是大多伦多区(GAT),占 14.1%(Bourne 等人,2011),包括大型汽车配件和装配部门、食品和消费品部门以及艾伦·斯科特称为"文化产品"的系列部门。

公司、跨国公司、银行和金融中介服务的实力为基础,常常还以政治形式表现出来。

虽然20世纪前后,整个国家的城市体系在增长和经济专业化上已有重大的扩展,但如伦敦(Hall,1998)、巴黎(Harvey,2003)和纽约(Sassen,2001)等大城市的优势地位所证明的,城市体系的优先原则对西方城市的命运仍是至关重要的。在此,我们可以引用一些重要的实例,19世纪时,在英国北部和米德兰地区,利物浦、曼切斯特、格拉斯哥和伯明翰等大工业城市已经兴起;在德国兴起了鲁尔工业集群(多特蒙德、杜塞尔多夫、科隆、埃森、列佛科森、沃帕塔尔),特别是在20世纪还出现了慕尼黑和汉堡;在意大利,是米兰而不是罗马成了主要的金融和工业中心;当然还包括美国,芝加哥、洛杉矶和纽约公认是美国的全球化城市(Abu-Lughod,1999),五大湖地区/中西部工业城市底特律和匹兹堡的兴起(其后衰落),其后达拉斯、休斯顿、迈阿密和亚特兰大等阳光带城市也凸显出其优势。[1]

西方国家城市的强势地位多少有点变化,相比之下,东亚城市在发展中,优先原则仍十分突出,正如我们所见,它还包含在城市的当代文化经济中。诚然,我们可以容易地证明,优先原则在长期的历史时期中为亚洲主要城市的发展和改革提供了决定性的优势,构成了非常特殊的路径依赖形式。首先,主要城市是君主政体(主要是国王)和接近绝对权力的王室的所在地,其作用产生了几乎无法挑战的经济强势地位,产生了权力和象征性的意义。优先原则的这些历史根基绝不会因为工业化造成的现代性而有所削弱,在有些西方城市就能看到这些例子(罗马、马德里和维也纳就会使人想起这些例子),相反,20世纪制造业的增长反而增强了这种优势。

---

[1] 优先地位虽具有重大优势,但它也会遭遇竞争,偶尔也会被颠覆,20世纪70年代和80年代,由于市场和政治因素混杂,多伦多超越蒙特利尔就是一个明证。同期,伦敦工业衰落的规模一度减弱了它在英国的优先地位,但是,随着金融市场撤除管制(在较次的程度上,伦敦在英国文化经济的优先地位进一步明晰),伦敦在国际银行金融部门的增长已恢复,也许还加强了它在国民经济、政体和城市体系中的支配地位。

由于规模经济和集聚经济的重要性、城市基础设施的高质量、易于获得资本、企业和政治精英的集中等因素,大多数亚洲国家和社会的优先原则意味着工业发展的优势都集中在处于国家城市体系顶端的那些城市(这方面见 Ginsberg,1991 和 Evers and Korff,2000)。第二次世界大战后的工业化(如 K. C. Ho 观察,2005a)还产生了现代性的新景观和新意象。因此,若干历史上拥有国家的权力和权威地位的亚洲城市在战后都改造成了巨大的工业城市,我们可以在东京、首尔、台北、北京和雅加达的实例中观察到这种情景(McGee and Robinson,1995)。

在亚洲城市近期的产业创新和转型中,优先原则仍处于主宰地位,表现在生产、消费和景观的文化经济的形成中。城市的历史强势地位已为新兴产业、专业劳动以及文化生产和文化展示的空间和地方带来了优势。第一,首都城市中的王室和贵族对高技能的艺术家、设计师和手工艺人有着持久的需求(见本书和子有关京都的一章)。[1] 第二,亚洲城市集聚经济的发展和制造业经济的兴起带来了创意产业、企业和劳动力的集聚。[2]

新文化经济中城市优先原则的第三个优势涉及文化产品和文化服务的生产者和消费者之间(和之中)的互相依赖性,它又会有利于这些主要城市和首都城市。在此,我们可以引用先锋派设计师和其他文化工作者在东京、首尔、台北、北京和新加坡等城市的集聚状况,他们在很大程度上满足了聚集在这些城市中的新富阶层的口味和审美感。

---

[1] 作为欧洲的例子,我们可以引用佛罗伦萨阿诺(Arno)河南岸奥尔特拉诺(Oltrarno)作坊区的实例。佛罗伦萨作为 15 世纪文艺复兴摇篮的独特作用在于,它拥有像米开朗其罗、列昂纳得·达·芬奇、切利尼(Cellini)、波提切利(Botticelli)和其他超天才的艺术家以及一大批大师级工匠,他们对视觉艺术、雕塑、珠宝、技术创新和内在环境的发展贡献甚伟。自从梅蒂西斯(Medicis)跨越阿诺河进入皮提宫(Palazzo Pitti)后,奥尔特拉诺就成了艺术和文化生产的重镇。21 世纪的奥尔特拉诺拥有大批的工匠,显示了 4 个半世纪以来路径依赖在特定场所(site-specific)的表现方式,以及具有当代文化区域的餐饮、购物和景观特征的空间。见赫顿(2008:42—45)。

[2] 当地化的集聚经济仍然是亚洲和西方城市文化集群形成的关键。但是日益增长的利用互联网和其他电信系统进行投入采购、合作、营销和招募的现象,造成了拥有深入的当地渠道和对外渠道的"扩展的生产体系"。

文化生产者和消费者之间"亲近联系"的重要性也可以在西方一些首都和主要城市如纽约、伦敦、巴黎和柏林等地观察到。[1]

最后,我们还要承认国家主导的重大经济改革对文化生产领域的新机会的间接(不过是重大的)作用,邓小平颁布的"四个现代化",以及越南的经济开放时期的经济革新计划是比较显著的例子。这些举措往往首先鼓励了市场参与者和机构,促进了新型的文化表现形式和相应的艺术商品化,促进了电影与音乐产业的增长,以及出现了对国家的文化和政治霸权形成挑战的批判性观点[见本书有关北京的章节(Currier),特别是有关上海的一章(Zhong)],虽然这些改革措施让全国的城市都进行大范围的文化实验,但又是像北京、上海和河内这样的主要城市和首都城市,由于国家的资助多、集聚经济发达,并拥有高收入的富裕居民,最终成了主要的受益者。

东亚城市文化经济的构成要素

东亚经济和社会的"文化转型"(或变异)包括庞大且复杂的领域,其中自然包括全球性的的巨型制造产业和企业对工业设计日益看重,在大多数亚洲国家经济结构内,这些企业都是重要的增长平台。多种产品系列(汽车、家用电器、电子设备)的工业设计都日益重视美观性(以及功能性),这显示了全球消费市场高端用户的需求趋势,以及提升价值链的努力。[2] 但就本概述的目的而言,笔者只勾勒出亚洲城市文化经济中的若干决定性的要素。

---

[1] 同一类具有影响力的论文还有,哈维·摩洛斯(Harvey Molotch)发表在斯科特(A. J. Scott)和 E. Soja(编辑)的《作为设计产品的洛杉矶》上的文章。

[2] 这并不表明从市场细分和消费者选择,而对产品设计中的"美观"和"功能"做一个简单随意的二元选择。显然,在先进制造文化中看到的"好的"工业设计,多半有一种形式和功能的协同效应,造就了审美上愉悦的产品。且功能良好、耐用,并尊重物质资源投入的经济性。关于在全球化和竞争背景下进一步提升工业设计的深入论述,见普拉特(A. C. Pratt)和杰夫卡特(P. Jeffcutt)(编辑)的《创意、创新和文化经济》,伦敦,Routledge(2009),和拜隆(J. R. Bryron)和拉斯顿(G. Rusten)的《工业设计、竞争和全球化》,Palgrave Macmillan(2009)。

文化、城市形成和城市发展计划

首先,我们承认文化力量和文化要素在历史背景和当代发展中对城市形成的上述影响。对于中国首都和亚洲其他大城市的现代层级再分问题,在某些学者眼中,其规模是城市化历史上空前的(Campanella,2005),它具有重要的文化内容,并在蕴含于塑造内在环境的建筑价值上表现出来(Kaika and Thielen,2005),以及在城市地区吸引力的增强上表现出来。国家(国家和地方层面)不断地调动文化资产、专业设计、政策工具和市场参与者等各种要素重新打造反映当地文化属性的地点,或把它作为构建国际营销竞争优势的因素;对于上海市政府为谋求在浦东的城市大项目中有效地打出陆家嘴金融区这张名片而搜罗全球"明星建筑师"(starchitects)的行动,克里斯·奥尔兹(Kris Olds,2001)做了重要评述,我们也予以认同。

在现代化建设轰轰烈烈地长期进行的同时,文物保护工作也在审慎地开展着,理论上,它是为了保护历史性和社会记忆,但在许多方面,它也与经济愿望相联系。以新加坡为例,20世纪80年代中期以来,国家奉行了在许多方面令人印象深刻的保护计划,蔡明发(Chua Beng-Huat)评述道,"政府在进行文物保护和鼓励文化发展上仍举棋不定:它要从拥有的土地上获得最佳的财务回报,但文物保护和文化发展往往连成本都无法补偿"(Chua,1997:42,引用 Kwek,2004:123—124)。正如布兰达·杨(Brenda Yeoh)和莉莉·康(Lily Kong)仍以新加坡为例所阐明的观点,在文物保护的商业角度和文化角度上存在着二元的对立动机,更深层的因素也许在于国家、市场和社会成员的本能的紧张关系(visceral tensions)。杨和康对以地域的宏大(或"官方")叙事为基础的假设提出批评,并做出相反的提议,认为典型的城市空间是:(1)"多重编码",取决于个别经验、观察角度(vantage point)和记忆;(2)会遭受结构性力量的抹杀,包括制度的作用;(3)由过去的"真相"和现在的"事实"交织而成,是"永远建构和重构"的实体,而不仅仅是"各历史时期形成的形式的混合物";以及(4)源自于"日常司空见惯的经验"和"历史性的和重大的时刻"(此释义出自 Yeoh and Kong,1995:14—15)。

文化、消费和景观

第二,长期以来,亚洲城市一直是本国和国际旅游者的目的地,很大程度上,这缘自于这些城市作为民族文化发源地的独特地位,北京、京都和曼谷即是明证。这个角色在第二次世界大战后承担了远为重大的作用,加之西方国家可支配收入的增加导致国际旅游业的普遍增长,国际航空旅游能力的扩大,艰苦的市场推广、销售和投资计划。亚洲工人收入的增长也促进了旅游业的发展,包括文化旅游(如日本旅游者到泰国、新加坡、马来西亚和印度尼西亚)。尽管这种文化导向的旅游经济大多指向小地方或乡村,但亚洲的大城市也享用了旅游支出和旅客资源,且在份额上不成比例,因为大城市拥有充足的酒店和其他住宿设施,并有许多文化意义的旅游场所的支撑:美术馆、博物馆、寺庙和其他宗教建筑,以及餐厅、酒吧和夜总会。

在某种情形下,旅游者也推动了亚洲城市消费空间的改造,例如,旅游者对新加坡乌节路(Orchard Road)新意象塑造的作用,正如亨利·杨(Henry Yeung)和维克多·萨维奇(Victor Savage,1995)的简介中所做的描述,还包括定居的外籍人群,他们在某些方面已经占用了较多当地的购物环境和福利区域(amenity precincts),对此 Chang Tou Chuang(1995)在阐述这个城市国家郊外荷兰村的"外籍化"问题时已有栩栩如生的描述。正如比利·张(Billy Cheung)在描绘香港—深圳接壤地区消费和休闲的新意象时所指出的,亚洲城市(以及城市—地区)的"文化转型"还应包括在改造有争议空间时部署城市设计能力的问题。

文化和生产

第三,亚洲城市在文化生产的多元体制和部门中都扮演了重要的角色。长久以来,城市作为(例如)服装和纪念品等低价制造业中心的作用在许多方面已经衰落,因为这些行业转移到了较小的低成本地区;而很多城市作为先进的、高附加值"文化产品"的生产基地已越来越重要(Scott,1997)。它既包括成熟的设计型产业的产品,如建筑、景观建筑、广告、电影制作、电视和工业设计,也包括新颖/新兴的产业,如电子游戏制作、电脑软件设计、电脑制图和影像,以及其他新媒体(见 Aoyama and Izushi 有关日本电子游戏业的文章,2003)。

全球化的压力(和机会)要求当地的文化生产系统转移场所,莎拉·特纳(Sarah Turner)在她讲述河内古城区(Hanoi's Acient Quarter)的结构和生产线变迁的故事时,对此进行了详细描述,包括中心城市与内地城市之间传统生产联系的削弱(Turner,2009),对此,政府的经济开放政策至少有着间接作用。作为又一个河内的核心问题,全球一体化还日益意味着对社会交往和(常常是相关的)经济活动所必需的电信发展的依赖,对此,Bjorn Surborg(2006)在叙述重建越南首都中心城市的互联网景观时做了描述。即日益扩大的电信系统和设备,尽管是某些形式的新文化产业的福音,但也可能因为社会交往和流动性的增加而使专制国家感到不安。

文化和城市空间与地域的重塑

文化产业、文化制度和文化劳动的结合,以文化区域和文化街区(precincts)的形式,重塑了亚洲城市的空间和地域(space and place),其中有些已经获得了国家和官员的认可(有些还获得积极的促进),但有些仍处于非正式或甚至是地下的状态。空间的构建已经纳入了亚洲城市经济的整体框架,它包括具有文化内涵的大型固定物(large set-piece），包括重要的地标空间，如北京的天安门广场，上海的外滩，新加坡的市民节（civic quarter），以及社会和文化交往的主要场所，著名的像东京的六本木（Roppongi）地区，而后者还为前卫文化表述留有间隙空间。[1] 在某些情况下，文化生产的场所以惊人的速度从一个地方利益和国家利益有争议的危险场所转变为官方指定的文化区域，如上海苏州河地区（Zhong，2010），这种现象表明了跨越空间的创新、转型和政策模仿的步伐十分迅猛（Peck，2002）。正如许多典范的西方文化区〔例如，见Evans（2004），Indergaard（2004），Lloyd（2006）和Pratt（2009）〕，这些文化区，无论是官方的或是其他形式的，都为许多工作者提供了深入进行创意实验和社会实践的场所（Norcliffe等人，1999）。

诚然，创意工作者、企业和空间之间关系的典型特征，是亲和性和相互依存性，回忆一下Ed Soja关于"空间性的产业塑造力"（industry-shaping power of spatiality）的著名论断（Soja，2000：166；Hutton，2006）。在探索互相影响和互相依赖这两个特征时，我们必须承认偶然性因素，它包括复杂的历史叙事，过渡性和瞬间性，内在的张力（embedded tensions），冲突和矛盾诸方面（Crinson，2005）。阿克巴·阿巴斯（Ackbar Abbas）的《香港和消失的政治》是一本富于洞察力和令人思考的专著，撰写于香港回归中国期间，他抓住了历史与现实、文化与政治、身份、空间和内在环境之间的交集点。阿巴斯指出，"帝国主义制造了一个定义上的殖民地城市，而殖民地城市就预示能成为全球性的城市"；而且，香港的殖民地历史，这个唯一已知的和不能一夜之间忘却的历史，已经有效地"把香港在文化上和政治上与中国内地拉开了距离，使它们的关系成了不是简单的重新统一的关系"。阿巴斯具

───────

[1] 罗曼·西布利乌斯基（Roman Cybriwsky）的新书《处于十字路口的六本木：东京夜总会区的梦魇》（2011）经过广泛的现场调查工作，就日本大城市变化的地方性特征和大的标记，提出了特别生动而令人感兴趣的观点，例如，豪华高层住宅楼的开发蚕食，增添了新的社会成员及附带的行为。西布利乌斯基的论述抓住了六本木作为东京市民和旅游者都可以获得愉悦体验的独特空间的这个基本性质。同时，他没有回避该区域的犯罪、丑恶和光怪陆离现象（exploitation rife），以及分工上的种族歧视，那些最脏、工资最低的活往往都安排给移民或其他外国人干。

体客观地对特定的发展因素、设计和空间之间相连性的一个方面作了如下表述：

> 从其建筑及其他诸多方面看，香港是一个"开放城市"，它对所有的风格和影响都来者不拒：从本地风格到殖民地风格，从现代主义到后现代主义。这种极端的承受性是独特的，这与其"飘忽不定"的身份以及与其日益的丰裕和快速的发展同样紧密相关……香港与其他亚洲城市并无太大差别，简陋的小屋与宏伟的大楼杂乱地交集在一起……然而我们所要做的就是把香港与台北这样的城市进行比较，内容相当丰富，要看到其中的差别……中国台湾对于政治合法性的一个强烈诉求始终是把自己当作是"中国文化"的真正守护人。结果，它在利用当代建筑形式时总有点拿捏不定，原因就在于它作为中国人身份时常受到意识形态的干扰。香港既没有固定的身份，又没有身份上的禁忌。

特此说明，台北蒋中正文化综合体是"中国建筑风格的仿制品"，相反，香港文化中心是"致力于当代性"。

文化、社会和阶层

亚洲城市的文化劳动力如同西方那样，是由极其异质的就业种类、职业类型和分工形式混合构成的，它还包括重要的社会阶层的划分，并蕴含着住宅选择、生活方式和其他行为标志。不管是否已列入扩大中的新中产阶级（Ley，1996；Hamnett，2003），或更有争议地说，不管是否已列入创意阶层的范畴（Florida，2002），这些文化工作者已经成为越来越多的亚洲大都市社会秩序的重要组成部分，将有利于21世纪亚洲城市文化经济综合体的形成。

随着亚洲城市文化经济的发展，以及创意工作者的继续扩大，对于新兴的社会分工和附属的阶层改造问题的研究将会进一步增加。

进行中的亚洲主要国家和城市的经济转型继续加快,特别是产生了一批冉冉上升的社会群体,他们至少在表面上与西方的同类人相似,包括消费和生活方式上的类同。但是,深入的研究持续地披露了身份形成、政治倾向、行为和阶级意识上的一些重要差别。我们可以引用一份对亚洲与西方社会在先进服务业和"新中产阶级"的成员之间的区别所做的研究报告(见 Ley,2005;Ho,2005b),以及玛格丽特·皮尔森(Margaret Pearson)有关中国"新企业精英"的政治倾向和作用的专著,它对把经济自由和民主化势在必行混为一谈的假设提出了质疑(Pearson,1997)。研究同样需要对亚洲城市的新文化经济工作者的社会特征进行探讨,包括内在特征以及与欧美所谓的创意阶层进行比较。毕竟在亚洲尚无对应于布拉格、柏林或巴黎那样的老牌波西米亚阶层,也没有在芝加哥、纽约或旧金山的新文化经济中显露头角的"新波西米亚"群体。也就是说,对亚洲城市新老文化产业的工作者进行的研究在理论上揭示了"准波西米亚"倾向,正如本书其后几章描述的,这就促使研究 21 世纪新的分工现象的文献大量出现。[1]

新文化经济的发展机会和张力

21 世纪初出现的新文化经济(Leonhard,2008;Evans,2009)为亚洲国家和社会提供了新的发展机会。对一些先进国家来说,从事新文化经济不仅仅是一项诱人的计划选择,而且多少成了一件迫切的事项,以维持其变革先锋或准先锋的地位——这涉及先进的生产和通信技术,知识和先进的人力资本的交融——并着眼于在被某些人定位为

---

[1] 在这方面,特伦斯·李(Terence Lee)对于肤浅地依从弗罗里达(Florida)关于"宽容"(tolerance)是(不)著名的"3Ts"原则[另两个"T"是才干(talent)和技术(technology)]之一的观点持批评的态度,这 3Ts 原则是新加坡创意阶层繁荣所必需的。李(Lee)评论道,不加批判地接受 3Ts 原则会导致出台肤浅的波西米亚政策:"从 2004 年初起,政府允许经营吧台舞和 24 小时夜总会,'放开'了城市的夜间经济活动,但只能在注册的'派对区',如滨海南区(Marina South)和规定的酒店……开发艺术和文化工作者的'创意集群'和'波西米亚创意'的举措可以视作是试图对生产率和这些人员的创新能力进行管理。"(Lee,2004:292)。

"下一件大事"的发展轨迹上构筑竞争优势。进入新文化经济还可能为产业多元化提供可能性，从而缓和间或困扰亚洲经济的种种危机(Tongzon,2002)。

有些国家已经深受肤浅的价值，以及创意类论文所列出的热情洋溢的预测和处方的影响(Peck,2005)，这是很多创意阵营的信徒，若不是所有情况的话，也是弗罗里达本人竭力宣扬的东西。对某些方面落后于先进经济体的国家和地区而言，发展新文化经济可能也是有吸引力的(且确实可行)，因为资本需求和进入成本都比较低。它包括可获得廉价的开源技术，适用的大楼和基础设施，有年轻的艺术家和技师(大多数)这样充足的劳动力，而先进的工业生产和高端的中介服务都需要重大的资本投入。因此，毫不奇怪，雄心勃勃地促进新文化经济，把其作为国家(在全国以及地方层面)发展计划的要旨就成了亚洲国家、城市和机构政策框架的一部分。

也就是说，从其他角度看，对某些亚洲国家而言，从事新文化经济伴随着某种风险和张力，因为它会以某种方式对社会和政治秩序、对主导的发展思路，以及对从事该经济的人员进行掌控的观念提出挑战。正如在特伦斯·李(Terence Lee,2004)的一篇讲述新加坡文化政策转向的论文，以及其后雷蒙·威廉姆斯(Raymond Williams,1994)的名为"国家文化及其他"的文章中所论述的，人们更为关心的是，"文化会成为政府行为(governmentalised)，被国家当作'公共权力'在政治上加强自身地位，从而削弱个人自行选择其文化模式和表达方式的自治性"(Lee,2004:283)。

详细地说：在亚洲国家看来，地方和全球文化规范的相互作用和"融合"，新文化经济的实践和绩效所共通的影响力和符号，以及异源社会所接受、甚至所信奉的实践，可能多少已淡化(甚至被亵渎)了基本文化价值和实践。某种程度上，国家政治控制的假设，部分是出于对总体文化价值的社会共识——这些普遍认可的国家文化表现形式对身份形成（identity-formation）至关重要——这种走向文化融合的趋势可能被认为有害于"核心"的国家和/或地区文化身份的完整性。

第二个问题则是在新文化经济中组织作用的短暂性，各个企业都是在赫尔诺特·格拉伯赫（Gernot Grabher, 2001, 2002）描述的当代文化生产的流动"项目生态"环境中运营，这种环境反过来使国家机构更难以对投入采购（input sourcing）、个人间的接触和产出形式进行有效的调节了。作为相关因素，新文化产业的高效运营要求免费应用先进电信系统，这方面已经出现了冲突，2010年谷歌公司退出中国的冲突淋漓尽致地体现了这点。[1] 当然，这种争执只是控制打压（一方面）与自由交往这个大冲突的一部分，但是在新文化经济领域就显得尤为激烈。

亚洲城市的新文化经济：新兴边界还是即兴活动？

在本章中，我试图把亚洲城市新文化经济的兴起放在亚洲国家产业创新和产业转型的谱系中进行考察，把它作为近期的紧迫政策或愿望。我还尽力对亚洲国家与"西方"国家在新文化经济的发展路径和发展经验上进行比较和对照（可能比较重要的），承认可以肯定的共性——某些也许是表面的——以及可能比较明显的差异。全球经济这两个主要舞台上的新文化经济的兴起毕竟都出自十分不同的经济状况、治理制度和政治经济条件、社会秩序，包括阶层形成及其标志也各不相同，虽然许多生产、消费和景观（例如，迪士尼和其他主题公园、文物保护地区、文化区域和互联网咖啡馆）的表现方式似乎都是通属的东西（generic）。

进一步说，虽然在上述叙述中，笔者选择在概念上确定亚洲城市

---

[1] 最近，一份政策备忘录评论道："由于新加坡正在为预定在2012年2月举行的大选做准备，长期执政的人民行动党（PAP）政府对于社交媒体产生的影响十分敏感，正在设法对言论加以限制。"（Netina Tan，亚太备忘录#58，英属哥伦比亚大学；2011年2月22日）。

文化经济中的离散因素（discrete elements）——城市形成、生产、消费和景观、空间和社会特征——但我们越来越可以辨识出这些特征的交集而形成多功能创意活动综合区的地方，虽然这些场所也存在着压力和冲突；这也是保罗·诺克斯（Paul Knox，2011）最近关于城市和设计的重要研究的主题。在个别地区层面上，也存在着文化经济的专业化现象，即具有西方城市特征[见 Barnes and Hutton（2009）对于温哥华例子的说明]，在新加坡也可观察到这种现象（见本书第14章）。

亚洲城市"文化转型"的另一个决定性特征在于，亚洲"新文化经济"与包括旅游、消费和景观在内的"成熟的"（或基础的）文化为基础（culture-based）的经济之间不同的程度。甚至亚洲最严格的管制型政体也多半乐于配置传统的文化资产——庙宇、宫殿、礼仪场所等——用以促进旅游业和增加相关的收入，尽管相对于促进高增长、出口型制造业经济这个大目标而言，它是相当次要的目标。诚然，在亚洲国家，对文化资产的称道和对"已接受"的总体文化规范的遵从并不相悖，我们从它们一再拜祭变异的（新）儒家学说作为社会秩序和经济管制的基础即可看出。

就是说，绝对前卫的新文化经济现在几乎是许多西方社会的主流产业，这种现象至少在某些方面对维护政治经济和社会秩序的前景提出了挑战。新文化产业的组织和治理形式更具流动性；项目生态模式更为短暂；新文化经济劳动力的人口数量统计；强调对产品、服务和市场不断的创新和再打造；对开源技术的交流更为自由放任；甚至有关新文化经济的私密空间性和遗产的内在环境（heritage built environments）。上述每一个新颖的属性（或某些属性的结合）都要求对亚洲第二次世界大战后既定的政治经济和社会监管模式进行松绑。因此，亚洲城市新文化经济的前景必然会涉及经济、国家和社会领域之间的审慎交集，从而为世界主要增长领域的现代性和后现代性的长期传奇打开新的篇章。

4. 文化经济和城市空间的再分层

何康中

东亚的城市和发展

首先,亚洲城市具有与众不同的社会经济史,这点在理解城市经济的发展上尤为重要。综观历史,亚洲城市注重对各种各样活动的区位选择。考夫(Korff,1996)指出,东南亚首都城市高度集中着实施现代化的精英阶层和各类机构。政治精英的集中使城市建设成了国家项目(Therborn and Ho,2009)。这样,亚洲主要城市(primate cities)的概念仍十分规范,也许中国(上海在经济上比北京重要,北京是政治中心)和越南(国家的经济中心是胡志明市,而不是首都河内市)是个例外。

第二,特别在东亚,国家(state)一直与国土(country)的经济发展密切相关,发展型国家的概念多半与亚太(Pacifi Asia)地区显著的工业发展相关。该任务的含义就是国家—社会契约的实质,即国家在经济发展中的作用就是改善生活质量和就业条件,从而在社会中树立合法性。东亚和东南亚国家的组织机构也集中在最大的城市。据埃弗斯(Evers)和考夫(Korff)观察(2000:17),这种集中的影响之一就是

"当城市规划是取得实力地位的因素,且国家的组织机构都立足于城市时,城市就成了国家意识形态的象征"。这样,如埃弗斯和考夫所指出的,亚洲重要城市的内在环境还成了国家表达其发展主义意识形态的方式和取得其合法性的方式。

第三,第二次世界大战后制造业兴起的现象姗姗来迟于亚洲,而且多半出现在大城市,主要因为这些大城市能提供福利设施(amenities)和综合技能(skill sets)。经济全球化加强了亚洲首都城市的优先地位。外国投资带来的新经济活动更会落户于大都市中心,因为它需要与世界其他地区的分支机构协调生产计划。富克斯与佩尼亚(Fuchs and Pernia,1987)和 Krongkaew(1996)表明,投入东南亚国家的大量外国直接投资已经进入大都市地区。这样,老式制造业存在的同时,外国直接投资引进的新型产业活动都集中在主要地区。罗丹(Rodan,1996:6)把国家称为工业资本主义的"产婆"(mid-wife),具有巩固中央政府合法性的效应。积累了足够合法性的国家在推进开发项目时,几乎不会遭到各阶层人士的反对。

20世纪80年代依靠制造业成功而崛起的中产阶级多半扎根城市,并是一个引人注目的消费群体。东亚奇迹及其在某些东南亚国家的复制品也产生了新的城市中产阶级。这个群体的存在刺激了市场对日益增多的耐用消费品和奢侈品的需求。亚洲的首都城市是实现国家经济前景的主要动力,同时它还承担了作为消费场所的作用。由于拥有齐全的文化和休闲设施,首都和其他大城市为巩固其消费场所的作用正努力成为旅游中心。

直至20世纪90年代,东亚主要城市(台北、首尔、东京、香港和新加坡)的制造业基地已大大衰落了,重要的生产活动已移至中国和越南。企业服务和生产商服务成了这些大都市经济的主要驱动力。因为测算上存在固有的困难,丹尼尔斯(2005)通过金融、保险、企业服务和房地产业的就业份额数据、电信业统计资料、商业贸易和其他间接的估算,提供了亚太地区服务业增长的系统状况。而且,考虑到制造业撤离东亚大城市,以及来自于其他城市的竞争,政府把重大项目都安置在首都,以期进一步吸引外国投资者。因此,这些大型项目并非仅仅作为办公楼、商业网点和居住场所。这些项目的象征价值同样重要,因为它们集中反映了城市的地位,在跨国界的城市间竞争加剧的时代,这种象征价值已被视为赢得全球投资的必需了(Marshall,2003;Newman and Thornley,2005)。

大约在同一时期,城市居住人口的重新分布现象特别明显,从而使得亚洲城市重新确定各项活动的分布。这项工作是由加文·琼斯(Gavin Jones)和迈克·道格拉斯(Mike Douglass)领导的研究小组进行的。琼斯和道格拉斯(2008)比较了1990~2000年人口普查数据后发现,在雅加达、曼谷、马尼拉、胡志明市、上海和台北等市,所谓的城市核心区是由人口密度和非农业活动定义的,现在人们从城市中心住宅区迁移到城市外围居住的现象十分明显。随着城市中心区居住密度逐渐减少,亚洲城市是否在经历一个如赫顿所描绘的社会和经济界混搭的过程,间或是福利设施和消费活动以及服务经济和文化经济所驱动的"重组经济"的过程呢?

本章将讨论亚洲城市空间发生这些变化的意义。重点不在于对文化经济压倒性的或日益增长的作用作出任何断言。毕竟文化只是世界城市若干功能中的一个而已,马库森(Markusen and Gwiasda,1994)认定这些功能(金融、企业服务、生产管理、制造业研发、教育)具有强烈的凝聚作用。至于文化经济扎根和繁荣的程度,亚洲城市作为文化经济的一种象征力量,抓住文化部门固有的多元性,同时吸收不断变化的创新和时尚能量,就必然使城市更为直观。就文化经济而言,它不仅仅是各种活动,而应是能增添多种创新动能的主题事件。如果说,工业城市是白天运营的,那么文化经济的城市就是由夜间活动和标志性活动来维持。就文化经济由非正规经济来维持的程度,我们考察了小规模家庭型企业活动在现代化、标志性的亚洲城市里,如何继续作为阻力(resistant)部门而存在着。文化经济可以从政治及其影响的角度,或根据产业和/或职业增长和发展的状况进行考察(Markusen等人,2006;Gibson and Kong,2005)。笔者在本章主要探讨卷入文化经济发展中的关键成员以及这些活动所扎根的地点。

东亚文化经济的性质

为了对文化经济确立一个清晰的定义,并克服许多相似概念之间(创意、文化、新经济)的混乱和重叠,马库森、瓦塞尔、德那塔尔和科恩((Markusen,Wassall,DeNatale and Cohen,2006:6)提议应用赫斯蒙德霍(Hesmondhalgh,2002)创设的定义——"文化产业是以文本和符号的形式直接生产意义"——这个定义也适用于时尚、广告及媒体、出版和表演艺术。从马库森和合作者(2006:8,11)发表的评论中得出的第二个有益结论是,他们呼吁,不仅应考虑文化经济的生产方面,而且应考虑它的消费方面。拓宽这个概念要求增加一系列体育运动、休闲和娱乐项目。按拉什和厄利(Lash and Urry,1994)的观点,文化经济中的各项活动是设计,而不是知识的集约。文化经济的基础与拉什和厄利(1994)认定的自反(reflexive)生产和自反消费相联系。这个定义证实了文化经济的象征性力量,以及文化经济活动塑造城市形象的方式。也就是说,试图为文化经济下定义就必然遇到包括什么和排除什么的问题。虽然马库森等人(2006:8,10)认可了赫斯蒙德霍的定义,但他们与赫斯蒙德霍在娱乐和时尚问题上仍有不同意见。因此就有必要听一下这个意见:

> 文化经济的多价性意味着,虽然文献中充斥着无数概念,但我们面临的富有成效的任务不是陷入无休止的努力去为文化经济下定义,而是承认其多价性,并做出以此为出发点的具

体的研究议程。

(Gibon and Kong,2005:546)

因此,本章的重点是研究文化经济的建设者,选择文化经济中对内在环境具有高度象征影响的方面,观察一下这些活动是如何改变内在环境的机理的。

国家作用

在东亚和东南亚,由于政治合法性只是确保经济增长的效益施惠于城市人口,所以发轫于20世纪60年代亚洲工业化时期的国家行动主义在不同程度上仍继续发挥着作用。经济全球化和企业的流动性增加了国家参与的紧迫性。如奥尔兹(Olds,1995:1719)指出:"由于认识到资本流动性的增加,国家普遍改变政策,以使国家、地区和城市对外来投资有更大的吸引力。"马歇尔(Marshall,2003:22)在考察了东亚重大项目的增长情况后认为,鉴于城市就业的压力,为吸引投资,也即增加就业机会,政府日益介入对城市基础设施和服务业的管理。尽管国家战略的重头戏是在制造业的研发上,从而涉及文化经济的较少,但在塑造城市形象中起主要作用的文化经济领域,仍有大量举措。

由于亚洲城市都是或曾经是王室所在地(北京、东京、大阪、首尔、河内、曼谷)和殖民地时代的贸易港(新加坡、胡志明市、台北、上海),所以丰富的文化遗产和殖民地遗产可以作为城市旅游目标景点进行推销。若试图提升城市旅游业,则持续进行地域营销十分重要,努力从城市的文化、历史和景观中提取要素,形成一整套吸引旅游者的城市形象和体验活动(Fainsten and Judd,1999)。在城市的新工作中,地域营销已是城市管理的关键战略(Haider,1992;Olds,1995;Van de Berg and Braun,1999),关键的要素是构建新的城市区域(urban quarter)、纪念性的场所和大楼,举办特大型活动(Eisinger,2000;Doel and Hubbard,2002)。

亚洲城市和世界上许多大城市一样,城市旅游业已经作为一项重大的经济战略,国家自身就作为重要的利益攸关者加以推动。旅游业的发展和地域营销中五个相互关联的发展内容现在已是城市建设的主要特征:

1. 建设福利设施和基础设施以满足日益重要的"旅游者阶层"(Eisinger,2000;Doel and Hubbard,2002)。这些工作是更广泛战略的一部分,该战略把城市视为服务于城市经济、能为城市带来效益的内在环境的塑造者(Petersen,1981)。在此过程中,市政府创设新的机构,动员企业规划和执行新的举措(Savitch and Kantor,1995;Clarke and Gaile,1998)。就文化经济而言,基础设施完工后,它本身就可使用,并能产生艺术氛围,所以它不仅对旅游业重要,而且对技工和专业工作者同样重要(Currid,2009)。

2. 正如我们早先指出的,亚洲城市曾经是王权和殖民当局的驻地,拥有丰富的建筑遗产、手艺和贸易的资源。要调动这些要素为城市旅游业服务。林[Lin,2005(1998):269]认为,传统上社区身份(community identity)的来源,现在可以利用和部署为文化遗产或文化"宝藏"(honeypots)。这一点在赛利娜·谭的一章中有详细阐述。赛尔斯(Sales)和她的同事(2009)也提出,为族群区域(ethnic quarter)服务的努力在其作为社区焦点的作用、其日益增加的商业活动以及其对日益广泛的受众的表征之间造成了张力。

3. 城市景观的创造,或如特肯利(Terkenli,2006:9)所说的"入世状态"(enworldment)和"福利设施、景点,权益(privileges)"的创造都已集中起来,为了打造具有密集标志性的地区或区域。密度战略通过促销努力得以加强,以尽力造就一个独特的地域愿景(place vision),推动便捷舒适的旅游消费活动(Chang,2000)。

4. 经常通过电视传播各类标志物作为特定的战略,以吸引旅游者,并向世界炫耀城市的景点(Roche,1992;Whitson and MacIntosh,

1996)。安·沃格尔有关电影节的一章提供了这种战略的实例。开发各类活动已列入城市的日程表,从而可以通过大量的活动使城市的特征引人注目。这些活动使得淡季不淡,同时在各城市间巡回开展活动,使得业已成名的城市更上一层楼。

5. 在争夺地区主导权中,国家日益卷入了对大型项目的操作(规模是按大小和成本定义),纽曼和索恩利(Newman and Thornley, 2005:227—254)记录了上海、中国香港和新加坡等地的行政管理部门卷入大型项目的案例。虽然并不是所有项目都与旅游业有关,但由于其规模巨大,最终都会与旅游业挂钩。

政府和旅游机构急于创造永久性的城市形象,以确保城市的经济优势,从而着力进行地域打造(place making),而地域营销可以视作地域打造的占主导地位的形式。由于地域打造的当事人——一边是政府、各机构和精英,另一边是城市居民——之间权力的不平等,因而围绕着地域营销项目产生了一系列突出的问题,利波夫斯基和弗雷泽(Lepofsky and Fraser, 2003:129)指出,这种地域营销计划只有在城市的文化意义上才能生效,如"谁对城市有支配权"和"城市为谁服务"。这种新型的城市项目是对经济全球化的反应,马歇尔(Marshall, 2003:24)在对此进行评论时指出,这种计划"概括了城市生活和城市文化具体而狭隘的定义"和"这种城市愿景成了主导性的城市愿景,所以其他的城市愿景都必须与此相关"。

国家旅游政策的重点是随着艺术的增长而确立的。政策目标是相辅相成的。开发一套高效的休闲娱乐专用设施,不仅可以提供永久性的和可举办活动的(event based)旅游景点,而且它是一份资产,可以满足日益增加的富裕的服务业阶层生活方式的需求。如贝尔曼和隆帝内里(Behrman and Rondinelli, 1992:116)指出的,经济全球化和专业人士迁移的便利促使城市创造高质量的生活,从而"吸引经理、科学家、技术人员和白领工人,以形成国际知识产业的骨干"。1989 年,艺术顾问委员会对此表示认可,并表示,"高效的文化基础设施是任何城市的资产……艺术为城市增添了活力,有利于生活质量的提高。良好的设施和舒适性有助于吸引人才,并为投资者和企业家创造适宜的环境"。

生产商

如前所述,本章的重点和宗旨是突出生产过程中的方方面面,就其对内在环境的影响而言,它是有独特意义的。马库森和她的同事(2006)采用的产业和职业的研究方法对评估文化经济的规模十分重要,但是城市的内在环境如何受到这些生产活动的影响,我们仍知之甚少。所以相应地,我们要进一步聚焦于慎重选择的一些生产商及相关的生产活动,旨在考察它们对城市中的地域(places of the city)的影响。

笔者对这样一群生产商特别有兴趣,他们的工作方式是把创意和生活方式联系起来。音乐产业就是一个显著例子,它表明了工作一玩耍模式是以个性化合作的创意过程为特征(Wilson and Stokes,2005)。德拉克(Drake,2003)也把这类工作方式描述为个性化创意,格拉伯赫(Grabher,2002)把其描述为自行组织项目。这些概念都出自于生产是高度个性化、合作形式自行决定、由人际网络而不是由组织安排的经济环境。这些概念还指出了顺应这种经济环境的工作风格,在这种环境中,个人交往和相互影响决定了实验的成果和变化。

相当广泛的生产商具有这个特征。如格拉伯赫(2002)所描述的,在一端是广告这类生产商服务活动,其中个人网络和组织间的(当地的和国际的)联系成了重要的因素,以此启动合作和项目。格拉伯赫(2002)认为,可用的人和物、传递的速度、非正规学习和跨界服务联系(例如,广告和电影制作)决定了此类服务在当地集聚的结果。

另一端是生活一工作安排。由劳埃德(Lloyd,2006)提出的新波西米亚主题的关键理念是，非传统的生活方式往往会在某个地方集聚，而这种地方的社会环境又有利于某种创意经济活动的产生。北京和上海的艺术家群体就属于这类格局，在早期阶段，艺术家是塑造脱胎于老工业基地的艺术家部落的关键人物。一般而言，在某些行业中，生活方式和地方多样性就是灵感的形式，工作者社区就意味着学习的机会，而生活－工作合二而一的格局就是脱胎于这些行业。

视听作品的制作又代表了另一种文化生产的形式，它在东亚有了令人关注的进展。Shin and Ho(2009)所做的比较分析表明，它们都起源于20世纪60年代，韩国和中国台湾的流行娱乐活动都为其行政管理机构的意识形态服务。虽然其速度和时机不同，韩国和中国台湾的流行音乐还受到美国驻军的影响，且台北和首尔都是消费场所。在韩国，韩流是国家政策的综合产物，这些政策为鼓励电影制作提供奖励，韩国财阀还出资进入媒体业(Shim,2008:17)。但在中国台湾和香港，流行音乐的成长与本土产业和艺术家有关，其与跨国公司有联系(Ho,2003;Ho,2009)。

东亚的音乐、电视和电影等传媒业，在中国香港、中国台湾和日本特别发达，它们有三个特征。第一，如同其他地区的传媒中心，传媒业的各分支都是相互关联的。第二，传媒业都集中在东亚的大城市。有一份评估报告显示，在全国音乐、电影制作和广播业的就业人口中，首尔占了50%以上(Kim and Yoo,2002)。

哥德斯密和奥里根(Goldsmith and O'Regan,2004:33)指出了电影制作对城市形象和声望的重要性："摄影棚是'梦工厂'。电影制作——使人联想起摄影棚——意味着荣耀和出人头地，足以激起人们的想象力，并有利于个人、企业和地域的无形资产——即他们的形象或声望——的设计或定义"。

新消费者和新生活方式

早先我们谈到了随着东亚工业化而成长起来的城市中产阶级。

亚洲城市的新生中产阶级有了财力,更重要的是,有了提升消费层次的愿望。按照灿(Chan,2000:117)的论述,中产阶级的消费层次(status dimension of consumption)可以分解为三个过程:作为与工作和工作流动性相关的文化资本;在品味方面,作为相对于其他社会团体的分化机制(differentiation mechanism);以及中产阶级家庭儿童的社会再生产方面。

作为文化资本的消费,其作用部分依赖于工作的性质(Ho,2006)。生产商服务是以客户为本,并比较注意自我表现。这些特征表明,装饰活动以及由客户对服务的专业水平做出推断的各种不同的消费活动都成了工作的一部分,反过来,这意味着服务业更倾向于支持一系列消费设施。在品味问题上,鲁利(Lury,1996)指出,当代社会的阶层细分(class fragmentation)促成消费成为各阶层间的边界维护机制。刚刚形成的亚洲城市中产阶级可能对阶层分化有着同样的紧迫要求,中产阶级将利用品味和消费作为达到该目的的资源。最后,作为社会再生产手段的消费活动,使得中产阶级家庭让他们的孩子参加一系列活动,并对拉鲁(Lareau,2003)关于由中产阶级母亲共同培养孩子的观念深信不疑。

跟随着中产阶级消费活动膨胀的还有城市的青年群体。亚洲城市的年轻人待在学校的时间可能比较长,部分是因为他们父母的教育期望,部分是因为城市经济日益由服务业主导,就业岗位对教育程度的要求高。迈尔斯(Miles,2003)认为,现在城市的年轻人面临的青春期比较长,消费成了他们学做大人的一种应变手段了。中产阶级家庭的年轻人争相出入商场和购物街,这是亚洲城市经历过的现象。面向青年人的购物和娱乐场所开始出现,其中东京的原宿(Harajuku)最具标志性,而且这种模式又复制到中国香港的旺角和首尔的弘大地区(Hongdae)[见本书的赵(Cho)]。这种面向青年人的场所是如何演变的,不同的机构(包括不同的政府机构)又是如何按照适合这类场所的活动和身份进行改造和试用,赵(Cho)都列举了实际的例子。

所以,就文化经济包括消费活动的程度而言,亚洲城市的新消费者不仅引发了我们现在看到的消费空间,而且青年人的活动场所还呈现出年轻生产者和消费者的活力,并不断地适应时尚和音乐的趋势,从而牢牢地抓住了城市人口中不同层次青年人的心。

文化经济以何种方式改变亚洲城市的面貌?

本章重点论述文化经济嵌入亚洲城市的方式,一方面考察政府的文化和旅游政策如何在城市扎根,另一方面考察文化经济的生产者和消费者的活动,追溯他们与特定场所的联系以及他们与城市经济中其他成员的联系。

对于政府投资促进机构在构筑城市关键产业的竞争优势中的作用进行论述,是发展文献中众所周知的特征。在本书中,我们看到有关政府如何支持重要城市发展经济的例子,如上海作为国际金融中心的发展,首尔江南区(Kangnam)新的数字内容产业等。在沃格尔和赵(Cho)撰写的章节,我们看到了更为具体的联系,它表明政府的文化政策是如何不仅支持金融和制造业这样的基础产业,而且发展到以城市的规模(例如,韩国釜山高度成功的釜山电影节)和地区的规模(例如,韩国首尔的弘大区)进行区域营销。如沃格尔(援引 Stringer)所述,在制作引起全世界关注的新电影上,"现在扮演关键角色的",已不是国家的电影产业,而是城市。成功的电影节成了一项重要的活动,它在更为广泛的区域巡回展出,保证了城市能够定期地向外界亮相。电影节为城市增添了一定的魅力,成了当地经济的重要部分和标志性事件,是一系列旅游景点的一部分,这是任何城市都向往的。

斯道兹撰写的一章说明了新经济活动的集聚倾向。斯道兹以产业创新方法为例,说明了游戏开发活动集中在东京,尤其在涩谷

(Shibuya)是社会网络的产物,和对老牌公司进行战略分拆的结果。这种行动反过来又与更广泛的产业和经济背景相联系,例如,特定工业产品的复杂性以及欠发达的资本市场。其结果形成了一种特殊形式的生态环境,即它周边有着特定技能、大公司的赞助和一批小企业。

弘大区是这种集聚倾向变异的例子。这个区是从原先的大学区逐渐演变而成的文化娱乐区,形成的原因部分是该区内的经商人士活动的结果,也有国家政策的因素。

在这两例中,特定区域的形成支撑了城市的竞争优势(东京的例子),增添了城市的色彩(弘大区的例子)。

就手工艺和创新的生存条件而言,京都又呈现出一种不同形式的组织生态。尽管东京的事例表明分拆能延伸原有的组织,而京都事例则表明社会(工艺品的固有品位和以此为傲)和经济的互动之间的联系如何使老的经济活动得以延续。用和子(Goto)的话说,手工艺的创新并没有太多的制度因素,而是出自于从事传统工艺的企业家。就京都而言,生产体系保存完好,地方层面上的生产和消费存在着共生关系,工艺的深层要求反过来需要进行创新。亚洲城市中,只有少数国家有类似的体系。也许只有河内的 36 街区(36 street quarter),因历史悠久,而且不像京都,没有首都城市面临的发展压力。其他像曼谷和清迈,以及会安那样的城市,都有如同京都那样的问题,而且像河内这些城市也有发展的压力。就手工艺人传统的保存问题,其绵延存续需要当地人和旅游者的共同滋养,由于生产者社区与现代企业同时存在,城市经济就变得更为多样化。

艺术需要一个支持其发展的社区和表达的空间吗?上海 M50 文化区和北京 798 艺术区在其发展过程中具有类似的模式。刚开始时,艺术家们只是为了寻找一个实惠的地方便于他们集体发展,碰巧遇到一个废弃的工业用地(上海 M50),和一片老旧的盖在农田上的工业园区(北京 798)。各类艺术家搭配在一起产生的协同效应最终必然使这块地方提高了档次,并出了名,成了当地人和旅游者常去的景点。如果把上海 M50 和北京 798 的形成放在艺术家群体想竭力找到不同的社会表达方式这个历史背景中,我们就可以发现,出现一个支持新兴意识形态的社区的必然性。而且一旦这种空间形式在社会上(认同)和经济上(造就了市场)达成一致,其他进程就会应运而生。

上海和北京都从这些场所获益。这些场所一经政府接受,都获得了新生命,成了政府艺术和文化政策的一部分,成了旅游线路上的固定景点。作为新的艺术景点,这些场所使这两个城市保持了艺术和文化中心的名声。但是,据柯里尔和钟盛观察,作为实验场所和先锋派社区的上海 M50 和北京 798 在此过程中迷失了。文化上有活力的亚洲大城市将会继续培育艺术、时尚和音乐的新的表述方式,而这些积极性的发挥需要新的低成本的空间进行催化。从这个意义上说,融合生活方式和工作方式的新波西米亚风格将由寻找意义和表述方式的新一代的年轻人来完成。这些场所使他们的城市更多样化、更具活力。

关于族群社区,我们注意到林[Lin,2005(1998):269]的论述,传统上的社区身份资源现在被当作文化遗产和文化"宝藏",变成了旅游收益的来源。赛利娜·谭调查了胡志明市、曼谷和仰光的中国城。这些中国城所发展起来的特性(如销售纪念品,方便游客的标牌和菜单)与美国和欧洲的中国城相同,都参与了商品化的过程。然而,谭也指出,这些中国城还是保留了作为市场的这个主要功能,正是这些商业活动,继续吸引着中国人,使中国城成为一个族群地域(ethnic place)。

这样的张力是健康的,因为我们看到,社区参与、身份和商品化的遗产继续保存下来了。诚然,在曼谷的中国城,社区建设机制,庙宇、学校和同乡会(ethnic associations)仍然是中国人身份表达的重要节点。

也许这是比较普遍的观点,我们可以撇在一边,看看这篇有关文化经济和城市空间再分层的文章,只要社会群体(艺术家、手工艺人、小企业主等)和社区(中国人)仍然有身份认同感和组织感,则由此产生的社会和商业活动共存现象会引发活力四射的场所,从而因为其多样性而共同使城市变得更有趣。倘若这种场所的社会基础完整无损,参与活动的人就和这个地方有利害关系;这些活动不仅会创造商业价值,而且增添了地域的认同感和凝聚力。政府的政策和做法可能有所助益,但不应扼杀这种非正式、动态的组织方式。正如本书许多作者指出的,这些地方没有僵化;新的活动还在出现,不管是新旧共存还是推陈出新。就城市层面而言,多元化得到维护和尊重,新的形式将会出现,为城市的文化经济添砖加瓦。

第二部分

新文化经济和
亚洲城市空间的重建

5. 亚洲城市的电影节

安·沃格尔

纵然金色大厅降下帷幕,电影节的魅力永不褪色,这就是每个亚洲大城市都要设立电影节的原因——连小城市都想分一杯羹。

蒂奥(Teo),2009:120

在过去30年左右的时间里,电影节已经成为世界电影庆典的引人注目的表现形式。在不足半个世纪中,目前的组织形式已从西方扩展到全世界。在欧洲或亚洲等地区,电影节常常得到国家和当地政府的赞助,直接通过文化和媒体业的政策组合进行监管;而在北美,则通行私人非营利的组织模式。电影节组织的总数约为3 500个,从实力雄厚的组织到许多组织松散、低预算的项目,应有尽有,这些组织由得到当地慈善捐款、税收优惠和企业赞助的比较正规的组织以及一些自发和临时发起的活动组合而成,所有的组织和活动几乎涵盖了电影艺术表现方式的方方面面。进入新世纪以来,这些组织和活动出现了最密集的遍布全世界的增长,这个时期大致与全球公民社会的增长相吻合,而且与这些城市的政府把文化创意产业作为潜在的经济增长点相吻合(Hesmondhalgh,2002;Scott,2004)。

我们在本章主要论述东亚流行文化地区,以实例说明电影节组织的兴起及面临的挑战。东亚流行文化的概念是蔡(Chua,2004)在对亚洲价值观的辩论进行反思时提出的。如他所说,在作为东亚和东南亚文化基础的儒家学说中,几乎不存在分析之框架。而且,亚洲价值观争论只是政策制定者对繁荣社会中无情的社会分化的回应,旨在防止政治解体或社会动乱,通常归咎于西方价值观的渗透。蔡认为,以儒家学说为基础的亚洲身份认同,除了韩国外,几乎都没有成为现实。那么,是什么造就了中国、日本和韩国文明的东亚身份呢?他认为,自从20世纪80年代以来,包括消费和生产的"一体化文化格局"已经崛起,它脱胎于经济活动,包括东亚和东南亚地区劳动力市场的扩大。

> 值得注意的是,与美国流行文化同步发展,东亚每个大城市——香港、新加坡、上海、首尔、台北、东京——文化产品密集地在大城市间流动,只是流动的方向和数量不均衡而已。
>
> (蔡,2004:202-203)

这些文化—经济活动既不受限于语言障碍,包括形形色色的中国的方言,又不局限于民族国家国界内,组织模式显然都是合资企业和跨地区的无定所的(trans-location)文化产业。而且,我们还可以在文化产品、组织、文化资本和劳动力的密集流动中加上电影节的组织。在文化经济中,电影节有其独特性,但并不是唯一的组织。如同展销会和专业会议,它们为其他团体和个人参与者提供临时的和季节性平台,便于他们进行交流,但是,它们通过在业内和"艺术界"的亮相也变得与众不同了(Becker,1982)。若简要归纳电影节最重要的特征的话,我们把这种组织形式看作是意义制造者、名声制造者和市场制造者。

电影节的首要功能是展示新旧影片,进行艺术评估,发现新老人才,包括定期对影片的艺术质量和意义重新进行诠释,借此电影节成了意义和名声制造者。鉴于这样的组织能力,电影节自1932年在意大利威尼斯创设伊始就列入了文化政策的议事日程,出现在美国好莱坞主导的电影业"文化战"的舞台上。在最近几十年间,各国政府均利用电影节发出全球经济和技术竞争的信号。

  由于电影节具有诠释艺术作品和文化产品的功能,因此,在电影业相应的产品部门,一些电影节变得很有实力。它们不仅与业内以导演为中心的制片制度主导的独立部门(导演的重要性)的变化有联系,而且制片厂和发行网络等大公司同样热衷于利用电影节搜寻和宣传影片,包括做生意。在这个意义上,如鲍曼(Baumann,2007)所说,电影节有助于好莱坞的智能化,但是它们不会再还原到"高雅的"(highbrow)艺术电影(art house cinema)或另类的独立电影中去了。综观整个电影行业,电影节成了另类的销售平台,特别是加强了独立电影的发行(Cave,2000:99—100),虽然其数量与日俱增,但一般而言不具备商业上的可行性。然而,这类电影欲借助有文化品位的经纪人而获得观众和正统性。

  最后,尽管电影节作为名声和市场制造者的组织力量往往依赖于制度环境,但电影节还要与不受其直接影响的全球机制契合,这种电影节的网络结构,通常指的是"电影节圈子"(festival circuit)(Stringer,2001)。这种电影节圈子,名义上是每年举办一次,但也是一种各层次相互联系的结构配置。电影节圈子影响了——主要通过组织的做市活动和与媒体的松散耦合——文化—经济商品和组织活动的变动,而且还能决定电影制片商、制片人和明星的命运。名声制造功能日益遵从电影节圈子的"规矩"(grammar)。尽管著名的大电影节——法国戛纳电影节拔得头筹——一直以前述的方式产生影响,不过个别电影节也能有所作为,但不包括全部"电影的艺术类别"(DiMaggio,1987)。电影节经纪人的实力在于他们同时切入电影节和电影业的全球结构——这种情景正是各国政府希望在国家和地区层面上影响经济参与者(economic actors)和经济活动在有利的法律和制度环境的定位。1977年以来,东亚的所谓国际电影节以及更多的以社区为基础的电影节一直以现代的组织形式呈现,如中国香港国际电影节。我们以后还将对有些活动进一步讨论,它们已成为电影节圈子中吸引眼球的活动了。电影节策划人对电影艺术作品的意义制造对于东亚电影在20世纪的全球知名度具有重大意义。通过对电影的安排、分类和宣传,电影节常常对国家电影或艺术"潮流"做出界定。对于许多非西方电影传统而言,全部世界电影多半是由西方界定,大多数负有盛名的电影节位于西方,亚洲艺术家的电影第一次亮相常常也是在西方。东亚各国政府和制片商常常抓住巡回演出的机会,利用电影节象征性地展示才华和电影业的实力,以及通过电影节意义、声望和市场制造等各类活动,直接获得商业发行权。

我们在本章以四个国际电影节为例,对东亚电影节的组织进行分析:中国香港、釜山、新加坡和台北金马电影节。我们排除了同样重要的上海或东京电影节,为了把实证案例限于与"亚洲奇迹"相关的城市和国家,从而在有关"发展型国家"的论辩的背景下搞懂这个问题(参见 E. F. Vogel, 1991)。出于同样原因,我们还将进一步讨论在马来西亚、菲律宾和泰国发展起来的同样活跃的电影节和独立制片部门的背景,这些国家的电影史常常与华裔艺术家、产业工人和传统交集在一起(参见 Musikawong, 2007; Tioseco, 2007)。在分析中,我们讨论了过去几十年中有利于这些电影节组织宏观环境的相关的政治—经济条件,同时也注意到亚洲的电影传统。我们表明,电影节是如何参与了由产业、专业人士、国家和其他经济主体同步活动所推动和表述的文化—经济议程,说明各级政府如何通过电影节在文化经济中设定自己的位置。为了对此进行说明,我们利用和综合了有关电影、文化和电影业的丰富多彩的研究文献中的知识,包括亚洲各个电影节所在地知情人提供的若干信息。首先,我们简要归纳东亚电影节所在地宏观社会、宏观经济的重大变化,讨论城市和电影节之间的相关性。然后,我们概述东亚的电影传统,以强调整个东亚制片业充满动荡但在地区层面上仍保持持久活力的状况。最后,我们考察了四个电影节组织和政府决策状况,这在电影节和电影产业中可见一斑。本章的结束,我们比较讨论了作为东亚文化—经济代理人的电影节与城市和国家经济的相关性。

东亚的文化经济

发展型国家的文化经济

过去的 20 年里,通称为 APT(ASEAN plus Three,东盟加三国,即中国、日本和韩国)的地区,由于大量的资本流入和出口型工业增长而导致的技术发展,已经进入全球化,从而使一些城市成了跨国公司新的中心或重建的中心,以及跨国公司地区业务的总部和枢纽。由于企业和政治精英的紧密联盟,诸如高投资高储蓄率、廉价劳动力和吸引外资的政策等战略策略,都已付诸实施。1997 年的金融危机让人们吸取了不同的教训。首先,它阻止了城市的过度开发和资本外逃,要求地区和城市的决策者采取新的解决办法(参见 Newman and Thornley,2005)。此外,如我们将要讨论的,中国发展为世界强国,它已经以各种方式进入当下的电影产业政策领域。这些转变发生之时,正是东亚和东南亚社会日益富裕,一个强大的中产阶级发展之时,它日益要求体验西方的生活方式。伴随着经济的成功,现在各国政府通过为城市居民提供文化产品,努力证明"亚洲奇迹"的现代化效应。

中国香港、新加坡、韩国和中国台湾等新兴工业化经济体成功的主要方面是众所周知的(如 Feenstra and Hamilton,2006)。尽管文化经济事项在很晚阶段才纳入各国的经济发展计划,但"发展型国家"的历史遗产问题仍有待于全球化城市当前的文化经济决策趋势而确定(还见 Gugler,2004;Yeoh,2005)。

东亚各国政府在文化经济领域起了带头作用,最明显的就是通过接纳广义的创意产业和文化产业,采取冠以"全球性城市"和"亚洲城市"名称进行品牌和营销活动,各国政府由于对文化消费有了理解,还通过强大的房地产业、"博物馆化"和"迪士尼化"等策略使这些产业高档化(Velayutham,2007;Zukin,1995)。许多国家政府试图明确地通过补助、企业激励以及在审查制度这样的重要领域修改条例等办法来促进电影业的发展。许多国家政府还把目光投向"媒体园区"和"艺术产业区",借此把人才吸引和留在对政府和产业有利的场所。由于政府在意识形态和政治上对泛亚的做法(a pan-Asian approach)进行鼓励,实施"产业升级"的需要已扩大至针对文化商品的生产、营销和消费(还可见 Sassen and Roost,1999)。有些学者怀疑,全球化按这样的模式是否会受到国家的管制(见 Newman and Thornley,2005:185),又有人主张把东亚和东南亚国家整体看作是"发展型"的,认为国家和其他社会成员的实际关系对于理解公开和比较微妙的分歧至关重要,如政府与公民社会成员或资本的各自关系(Douglass,1994)。我们认为,对亚洲城市电影节的研究可以使我们对"发展型国家"的模式将会持续还是中断有一个初步的了解。

可以肯定,亚洲各国政府已大力推广城市成为电影外景拍摄地,目前正在专业的与促进创意的工作条件上扩大优惠措施。他们在寻找新的增长市场和低成本生产,包括利用低工资和宽松的劳工条例。各国政府还通过合作战略,保持外来投资的增长和扶持本国媒体产业的技能升级,从而进入全球领域。例如,提供了大量其他的金融和法律工具对企业进行支持,允许它们在合作生产协议范围外进行工作(Noh,2008;Shackleton,2007)。

近来,政策学者认为,由西方发展起来的著名的解释性理论(主要是城市体制和增长动力理论,Johas and Wilson,1999;Lauria,1997)并不适用于当代东亚的城市发展,因为这些理论是根据对美国城市的观察建立起来的,而且几乎没有对企业和政治精英相互关系的分析,而这正是弥漫在东亚经济和社会之中的发展型国家的政治文化背景(如Bae,2010)。同时,还存在着全球治理机构对城市规划明显的外来约束,例如,联合国科教文组织对文化产品的全球贸易政策有所界定和概述。再者,像民族国家游说团体那样的地区说客(regional players like nation-state lobbies),尤其是美国和欧洲的说客,其目的就是影响东亚电影业的环境。

电影节和城市

电影节"在地区、国家和泛国家层面上都具有重要意义;它们给城市带来游客,给国家电影业带来收益,把国家电影文化带入世界电影体系"(Stringer,2001:134)。它们多半定位于城市,日益成为城市的重建项目。城市以特殊的方式提供"电影和人员的跨国流动"(Gupta and Marchessault,2007)。城市拥有高密度的人口和较多有教育的潜在受众,因此城市在广义的节日经济上是电影节可以相互竞争的场所。

> 电影节满足了这个新经济阶层("创意阶层")的需求,市政或大都市当局都设法赋予城市拥有各种活动永不落幕的现场感。为充斥着建筑物的城市空间增添时间维度,已建城市变成了"编程的"或可编程的城市,从而另添了一个城市。
>
> (Elsaesser,2005:87)

电影节就像城市那样,因处于特定的社会空间,能提供一种创造可感知的文化产品稀缺性的方法,从而扩大了这种商品的大众消费,同时通过接受/排除的操作创造意义—边界(meaning-boundaries)。后者体现了能使文化对象(cultural objects)与众不同的潜在的重要能力(Bourdieu,1984),同时能并存于更大层次的被认可的文化生产中。

这种电影节和城市组织间的互相支持结构不经意间使举办电影

节的城市与电影节的全球网络挂上了钩,成了"圈子"——尽管成功的程度不同。在打造当地和国家电影文化和企业家精神的过程中,并不是所有的电影节组织者都把城市作为重要的另一资源,而是一抓住机会,就常常发展有力的协调效应,我们在鹿特丹、戛纳或帕克城(Park Ciy)这些城市和电影节的事例中即可验证(Turan, 2003; Valck, 2007)。按照斯特林格(Stringer, 2001)的说法,"现在,电影节的节点是城市,而不是国家的电影产业"。把电影节纳入城市活动,这种"电影节演出季的时间管理就决定了相互有联系的不同城市的活动"。尽管这种说法貌似有理,但由于电影和媒体业状况的不断变化,这也许多少有点武断。电影节和城市只是在某种程度上涉及城市间的"竞赛"时才存在圈子依赖关系,因为政府和企业以及社会精英所能给予的资源和意义,只能赋予地方一级的活动。这可能会对电影节圈子本身有一个重新配置效应。釜山对香港的竞争就是一例,最终只是改变了两个电影节在电影节圈子中的排名,对香港的全球城市地位几乎没有什么负面影响,即使在回归中国后也如此。也就是说,釜山可能在韩国内的竞争地位更接近于首尔,而且这也只有在促进分权的指导性的韩国国家政策的背景下而已。

东亚电影和电影节

值得注意的是,东亚和东南亚的电影与欧洲、美国和印度电影几乎同时起步,但只有好莱坞和印度的电影业在经济上和品位取向上主导了世界(参见 Moretti, 2001)。东亚的电影生产和发行早在 20 世纪初就发展起来。上海以 20 世纪初的黄金时代而扬名,当时它就有蓬勃发展的好莱坞式的电影业,直至日本入侵。中国香港的电影业与上海平行发展,1913 年制作了第一部电影,从 20 世纪 50 年代到 80 年代支配了华语电影生产和影片出口,其后濒临垮台。中国台湾电影从法国发明电影以来一直受日本的压制,直到第二次世界大战结束,20世纪中叶再度发展,尽管政府颁布了严格的条例,它还是试图拷贝中国香港的经验。韩国于1919年制作了第一部电影。但只是在1953年朝鲜战争结束后才开始制作流行的活动电影和音乐剧。其艺术电影制作在20世纪60年代刚刚开始萌芽,其后又在20世纪80年代再度发展。最后,新加坡电影在国家独立前有过一段短暂的历史,到20世纪90年代才复苏(参见 Uhde and Uhde,2009;Vick,2007)。

20世纪中叶,日本电影为西方和亚洲观众呈现了亚洲电影的特征。之后中国香港的功夫片又增添了新的内容。所有这一切都是在东亚各国电影生产和发行不稳定格局的背景下发生的,电影业要顺应不同的政治—经济和政治—意识形态的环境。早期区域化的若干重要内容就是劳务移民,一些电影专业人士从中国内地分别迁移到中国香港和中国台湾,电影公司从中国内地和香港搬迁到新加坡,在其后的时期又搬迁到中国台湾——这个趋势受到了日本入侵和中国的政治环境变迁的制约。一些早期的电影公司通过剥离和多元化操作,有时通过国际安排——诸如中国香港和台湾的例子(Lim,2006)——保持了地区性影响和产业领袖地位,所以这些城市成了电影业、艺术家和政府会合的场所。东亚电影的历史发展是一部电影业兴衰的历史,它与好莱坞的历史截然不同,在某种程度上,整个欧洲的电影业都很稳定。但是,按电影业的关键指标——故事片产量来说,亚洲拥有当代富于创造力的电影业。中国、韩国和日本的电影按国家产出量计,是数量最多的三个。

如前所述,东亚电影在艺术成就上的全球知名度多半归因于制片商在电影节圈子中的艺术"发现"。仅举一个著名的例子,所谓的第五代中国电影首次通过中国香港进入西方专家的视线,在柏林电影节上(德国首要的电影节和欧洲艺术电影展示的关键角色)显露头角,是张艺谋的《红高粱》捧得了奖杯(1987),这也是中国首次在美国进行商业性放映的电影。中国台湾、韩国、新加坡和中国香港电影也在电影节圈子中取得了类似的声望，与此相反，它们的早期名声是通过商业性发行获得的，如武术电影，而日本，则是获得最顶级的"奥斯卡"奖。

　　西方电影节提升为文化经纪业是与世界范围的非殖民化密切相关的。20世纪70年代以来，电影节不仅把它们关注的重点从国家电影的展示转变为对独立制片商"比较严肃的"艺术作品的鉴赏，而且还抓住了"第三世界电影"分级的机会。在庆贺电影艺术地域多样性的同时，这些发展还为电影节提供了一项重要功能，即作为星探和信誉经纪人角色，包括作为西方观众的教育者。实质上，人们必须参加西方电影节和上西方电影学校，才能搞懂"第三世界"国家的电影（东亚各国政府为顺应这种趋势，向学习电影的学生提供去西方学习的奖学金）。这种情景使得西方，甚至使得越来越多的非西方电影节反复对"新浪潮"电影进行界定。制片商也相应调整制片计划，即专门为电影节量身定制，以确保电影能够放映以及增加国际销售量——由于他们以电影节组织者和政府"说了算的品位和眼光"（hegemonic taste and gaze）为准则，以西方电影艺术标准为圭臬，在艺术上进行妥协，因此许多电影学者认为这种情形是喜忧参半（Ma，2009：118）。此外，电影节的奖项也不总是颁发给亚洲以外的市场，从对中国台湾导演侯孝贤的观察即可知悉（Vitali，2005：281）。电影节的这种新兴角色——主要指西方的电影节——为亚洲电影节划出了一条新型制度化（now-institutionalized）的组织轨迹，而且为寻求进入电影节圈子的政府提供了案例研究。在这种背景下，东亚电影节似乎把自己设定为国内的玩家（domestic player），以促进国内和地区的艺术：促进国家的电影传统，以及日益成为泛亚身份为基础的制片界的促进者。同时，它似乎不再是发达国家电影节的挑战者，而把自己设定为亚洲电影的经纪人。

东亚城市及其国际电影节

中国香港国际电影节（HKIFF）

20年来,中国香港国际电影节是东亚唯一的电影节,它主要推广粤语和国语电影。它从本地开始,很快就在20世纪80年代获得了声誉,成为展示亚洲电影和支持新浪潮电影、特别是中国大陆和台湾电影的场所。它还为当地影迷提供欧洲电影,成了华语电影制片商的社交活动(networking event)。今天,香港国际电影节放映的海外非主流制片商的电影可以与普通票价的好莱坞及香港大片以及在其他地区商业剧场放映的流行电影形成鲜明的对照。香港国际电影节还因备受赞誉的双语电影评论而著名(Teo,2009)。由当地一名艺术剧场的经理提议,港府城市委员会对电影节进行资助。1977～2004年间,承办电影节的当地政府决定把电影节"公司化",除了政府对电影节的经营预算外,要求其寻求企业赞助,香港国际电影节的行政法律地位发生了变化(Cheung,2009)。由于来自韩国主要电影节(以后讨论)的竞争、具有重叠功能的其他艺术组织的发展(如2001年创办的香港电影资料馆),更重要的是,中国香港政府的全球化城市规划等外部环境的因素,电影节又出现了一系列变化。事实上,1997年香港回归中国成为特别行政区后(SAR),其电影业和制片环境都发生了很大变化,既带来了内地的竞争又提供了在内地发展的机会。

据组织内部人士披露(如Teo,2009),香港国际电影节为釜山和新加坡电影节提供了样版,包括程序结构、亚洲电影的重点和当地人才的发展。2001年,香港国际电影节利用庆祝25周年的契机,确立了其作为华裔电影陈列馆的场所,旨在加强与釜山国际电影节PK的地位。香港国际电影节下降为二流电影节,除了政治变化外,还存在很多产业及更多的经济因素。其基本的因素是地区性产业网络的转变及亚洲电影市场的短期变化，但同样强烈的因素就是韩国政府推动釜山作为泛亚洲电影的中心枢纽。当好莱坞电影在20世纪90年代如潮水般涌进当地剧场，并最终拔得香港票房头筹时，香港的电影业遭受了严重的衰退(Teo, 2008:341)，这种趋势也始终与20世纪80年代肆无忌惮的盗版光盘和过度生产，以及日本和韩国的流行影视产品的地区性竞争有关。虽然常有预算的问题，但香港在电影节圈内仍享有高度象征性地位，特别是因为香港被视作全球化城市的目标。虽然有许多其他的电影节存在，但本质上都不是其竞争对手。香港电影节目前最重要的利好就是它能够抓住中国这个新兴的电影市场，特别是电视制作市场。

中国香港政府为保持其电影业竞争优势而采取的若干措施对香港国际电影节已产生了直接的影响。在产业层面，香港政府——2004年在业内说客的压力下——通过CEPA，即《与内地更紧密的经济联系安排》，为当地企业和艺术家能够免配额向内地输入香港电影打开了通道(Teo, 2008:345)。但是，香港作为特别行政区的地位，意味着电影业将面临新的审查制度和内容限制。当地政府对香港电影节所做的工作常常被其组织者感到"不足"。正如钟(Cheung, 2009:113)指出的，企业赞助不时会干预其内容，政府也缺乏制定长期文化政策愿景的眼光。

也就是说，香港国际电影节似乎成了大战略的一部分。中国香港政府改变了类似活动的时间表，把21世纪初的香港国际电影节、香港亚洲电影融资论坛(HAF)和亚洲电影大奖(AFA)的举办时间拉近。从2007年起，香港国际影视展也加入其中——这反映了釜山捆绑式活动的战略。2004~2005年，电影节逐渐成了电影业的推广活动，政府官员和艺术家共同走上"红地毯"，这显然是媒体业和创意业出的点子，要把香港国际电影节变为当代浮华世家的盛会(glitz-and glamour event)。由于香港国际电影节并入香港娱乐博览会这个由九个多媒体产业活动组成并由香港贸发署(HKTDC)、香港电影发展署(HKFDC)、电影局和国家广播电影电视总局资助的伞型组织,才出现了这种情况。这种"娱乐盛会"是各文化产业的结合,我们可以在高级(high-street)时装设计师为最佳服装设计奖提供赞助的仪式上看到这种情景。香港国际电影节在此类活动中的排名表明,香港并不依赖于电影节而成为全球性的城市。相反,倒是香港亚洲电影融资论坛成了香港政治精英的核心文化活动。香港亚洲电影融资论坛被标榜为亚洲首屈一指的项目市场,它让亚洲电影制片商可以与国际著名的电影投资人、制片人、银行家、发行商、采购商以及合作制片公司的出资人搭上关系。

釜山国际电影节(PIFF)

釜山国际电影节在香港国际电影节创办20年后才起步,但在不足10年的时间里迅速赶了上来,成为亚洲当代最具声望的电影节。不同于香港国际电影节,釜山国际电影节在其早期阶段,就在组织执行层面上把艺术家、业内人士和政治代表的力量结合起来。它的创办是为了推广即将到来的1988年汉城奥运会,它在第一年取得的成功就足以让政府倾力支持地方政府与组织电影节的首尔电影行家进行联盟。釜山现有的娱乐和旅游部门都加入了联盟,但是釜山国际电影节地位的提升经过了多重决策的过程,因为釜山市政府一直在寻求釜山在国家经济中再定位的途径,它包括把港口城市转变为创意产业枢纽带,沿着工业走廊从首尔延伸到釜山。这些愿望在韩国蓬勃发展的电影浪潮和电影产业的背景下实现了,随着好莱坞风格的电影"希林"(Shirin,1999)的成功,它成了寻求类似利润的电影投资人的追逐目标(参见 Shin and Stringer,2005)。

釜山国际电影节通过节目编排(programming)战略,以推动其建立在亚洲地区的地位,从而与东京国际电影节和香港国际电影节展开无形的竞争。创办伊始,它就放映了日本、中国、中国台湾和中国香港的电影,而且还扮演了印度、印度尼西亚、伊朗、菲律宾和马来西亚电影放映室和集散点的角色,迅速闯入香港和新加坡电影节的"领地"。同时,它们与众不同地成立了韩国电影节目制作部,与当地和全国的产业以及全国的观众挂上了钩。部分因为存在着民众的反好莱坞情绪以及政府传统的韩国电影配额条例(参见 Yedes,2007),釜山国际电影节已尽力成为引人瞩目的全国性活动,同时扶持了釜山当地的产业。

  如同香港国际电影节,釜山国际电影节毫无疑问是亚洲电影、尤其还是西方同行的意义制造者。釜山国际电影节声称不参与竞争,并不把自己打造成强劲的名声制造者。但是,它也像香港国际电影节那样颁发奖项和现金奖励,这也权当是艺术声望的标记(status-signallers)。而且,重要的是,釜山国际电影节把日益增加的"亚洲优秀电影"鉴定者的角色和做市功能结合起来,寻求亚洲电影小众市场的地位和建立产业推广活动。这些因素使其日益成为亚洲电影市场(AFM)的象征。在这里,国家起了强有力的作用。

  釜山促进计划(PPP)早先就建立了釜山国际电影节产业协调机制,为电影制片商提供和协调优惠措施以及与有市场前景的产品行业的联系。PPP 奖获得者可以进入釜山国际电影节的放映场馆。釜山国际电影节还与艺术电影部门重要的欧洲组织有牢固的协作关系——但联系松散。PPP 是个项目市场,其模式有点像附属于鹿特丹国际电影节(IFFR)的电影市场(CineMart)。鹿特丹国际电影节是东亚和东南亚电影早期的意义和声望制造者。通过荷兰赫伯特·波尔斯基金(Dutch Hubert Bals Fund),釜山和鹿特丹两个国际电影节在放映亚洲电影上紧密协调,更具体地说,釜山国际电影节旨在协调而不是与专门放映亚洲电影的西方电影节竞争。

釜山国际电影节一直还是国家电影委员会(KOFIC)设立的许多其他组织的平台,它们是亚洲电影产业网络(AFIN)[这是欧洲国家促进和出口组织(EFP)的翻版]、亚洲电影市场(AFM)和亚洲电影委员会(AFCNet)等组织。通过这些活动,釜山国际电影节创设了几个聚会"场馆",地区和其他参与者可以在这里进行做市活动。釜山国际电影节以自己的名义展开这些组织活动,而且还把原有的 NETPAC 会议(亚洲电影促进网络)于 2002 年移至釜山。2008 年,KOFIC 把办公地点从首尔搬到釜山,释放了地域重要性的信号。然而,尽管釜山国际电影节成了亚洲电影成功的展示馆,但它仍不能确保韩国电影在西方电影节圈内全球首映的资格(世界首次公演)。

釜山国际电影节在韩国电影节舞台上享有特权的地位。如同香港国际电影节,它周围还有不少小型的电影节——例如,首尔妇女电影节,它们也有了稳定的观众和媒体公司的支持。其他的电影节,尤其像同性恋(GLBT)和人权电影节,受到政府严格的审查(Ahn,2008:110)。

釜山国际电影节的成功似乎也支持了城市—增长的主题,因为政府官员和业内人士的紧密合作有可能迅速造就一个通常需要几十年才能出名的活动组织。在某种程度上,这种名声的来临是因为从业人员对香港回归中国的恐惧,以及明显成功并迅速振兴的韩国电影业使得釜山成了对销售公司有吸引力的目标。基础产业(industry on the ground)、旅游业、娱乐业,特别是多元化建筑热潮都在推动着文化—经济活动的集聚——最终形成了"电影城"的新形象。尽管釜山国际电影节以及它所发起和协调的活动在当地政府比较自治的环境下,享受着先发优势的利好,但它的出现毕竟是挂靠在国家走向经济全球化的进程中(参见 Jin,2006)。

新加坡国际电影节(SIFF)

在新加坡,有人把新加坡国际电影节看作"认可当地电影制作潜力和重要性的第一个重大文化活动"(Uhde and Uhde, 2009:493)。新加坡国际电影节的创办比香港国际电影节晚了十年,创办伊始,它就规定只放映未经删剪的影片,虽然政府对内容的审查很严。新加坡国际电影节是非营利的慈善组织,其运营依靠企业赞助(为其最大收入份额)和捐款。其他支持来自于媒体发展局(MDA)以及大使馆和外国文化机构的零星资助。20 世纪 90 年代恢复故事片制作时,人员严重缺乏,缺乏当地的专业人员和技术人才,包括他们使用的设施,甚至没有评论员和观众(Teo, 2009)。

新加坡国际电影节由一名澳大利亚商人发起成立,以前一直由其本人和一小群电影节负责人领导,直至最近,管理人员的变动才十分频繁。新加坡国际电影节支持国际电影界,放映东南亚和南亚独立制片商的影片。它对新加坡的短片制作做出了贡献(参见 Harvey, 2007)。它的非主流性排片方式与商业电影绝然不同。新加坡国际电影节让那些分散在市中心不起眼地段的小型艺术电影场所也拥有了国际艺术家和影迷们共享的欢乐时刻。

如同香港和釜山国际电影节,新加坡国际电影节多年来把节目编排多样化,以保持人们的注意力(例如,东南亚制片商的回顾展,中东电影新趋势,菲律宾的数字作品等)。它旨在确立自身为当地电影的意义制造者(2007 年放映稀缺电影,2008 年成立新的节目编排部门,命名为新加坡全景)以及通过 2009 年创办的新加坡电影奖——1991 年创设的银幕奖(Silver Screen Award)旗下的又一个奖项——成为声望制造者。据一名电影节组织者披露,该活动"不是赚钱,而是讲究质量和标准,为电影设立新的标杆"。新加坡国际电影节"竭力设法不接受政府的直接支持,因为我们觉得,这会使我们丧失现在拥有的自由/独立"。这个历时 24 年的新加坡首个电影节不对外售票,通常只在少数场所(其中有邵氏公司的电影院)和艺术组织中举行。

新加坡有越来越多的小型地方性电影活动,以及举办小型准电影节的优良传统,由一些文化组织和大使馆主持,包括欧盟的代表机构,这些活动常常只是在一周内放映不少特定国家的电影,并无独立的组织结构。没有什么宣传活动——显然是财力不足,这也说明新加坡国际电影节及其他一些准电影节并不为多数当地居民和旅游者所知。

目前,新加坡国际电影节对于新加坡政府打造全球性城市的计划并无明显的意义,这种情景与前述的事例相反。据知情人士披露,政府抱着"等着瞧"的态度,按一名负责人的说法,即是继续支持但"不大张旗鼓"地进行的态度。新加坡国际电影节仍然得到当地独立电影专业人士以及该电影节和亚洲其他电影节评委的绝对认可。

据蔡(2004:209)的论述,新加坡"没有电影和音乐产业,电视业也相对比较新"。进一步考察发现,这种说法多少有点低估了新加坡艺术家、企业和政府机构为参与全球媒体界所做的努力。新加坡因预期1997年香港的政治变化,曾试图吸引香港影视界专业人士。吴作栋执政时期,政府为发展电影业推出不少举措,如建立促进基金,奖学金,以及通过经济发展署(EDB)和两个澳大利亚企业出资人推出低预算的制片支持计划。其产生的最持久结果是,在主要的理工学校普遍进行电影教育,至今已经形成了进行人才教育和上述小型活动观众的密集网络,并为短片制片商提供了相对大的社区。

釜山和韩国电影业取得成功后,新加坡电影委员会(SFC)成立了。国家艺术委员会和一些其他政府机构,如文化事务部,经济发展署和新加坡旅游署都是国家吸引"国外人才"行动的后盾,几十年来,这一直是特定产业的国家政策。新加坡还重新定位为电影拍摄地,以电影来促进公众艺术鉴赏力的培养。1998年,成立了政府控制的媒体公司(MediaCorp),具有制片的职能部门(Raintree),2002年又创办合作制片基金,这是一项新加坡电影委员会合作投资计划和故事片电影投资计划。到2009年,新加坡进入了电影融资领域。上述努力,包括新加坡电影委员会、审查局和广播局并入媒体发展局(MDA)都是吴作栋政府把新加坡打造为"复兴城市"以及后来的发展"全球媒体城"计划的一部分(Uhde and Uhde 2009:499)。吴作栋政府显然把这类城市与"活跃的艺术舞台"和多媒体为基础的文化经济联系在一起。政府创办了大量艺术组织和历史区域,以有助于打造一个"新亚洲"的品牌城市,在这里,西方的"优秀"价值与本城的儒家传统价值结合起来,不管如何,即同时把现代和生机勃勃的多族群多宗教的传统结合起来(Uhde,2009;Velayutham,2007)。

在政府促进艺术—娱乐的一揽子计划的大思路中,新加坡国际电影节还只是次要部分,并不与政府想要吸引的电影产业相关。总体上,新加坡国际电影节的命运类似于新加坡独立电影,在 Eric Khoo and Royston Tan 的著作中,已经把这个城市国家放在全球电影版图上加以考察,但连受过教育的公众都尚不知晓。

中国台湾金马电影节(TGHFF)

1989 年,当侯孝贤的《悲情城市》(*City of Sadness*)在威尼斯电影节赢得金狮奖时,中国台湾的电影舞台,作为业界、艺术家和政府机构积极活动的领域业已存在。台湾金马电影节作为地方政府发起的承办台湾金马奖的持久性组织,在 1991 年已具现在的形式。该奖项创设于 1959 年,有针对国语—方言影片的管理条例,以促进电影业的发展和鉴定台湾的制片商。从 20 世纪 60 年代到整个 70 年代,该奖的授奖仪式是华语电影中人气最旺、最著名的活动。围绕这项活动,地方政府试图控制电影产业的内容、光碟盗版和放映部门,而业界试图攻下台湾和香港市场。1972 年,台湾向 53 个国家出口了 150 部电影。东南亚和东亚的少数大型电影制片商(如邵氏影业公司)把电影生产迁移到台湾,国民党的中国文化 & 电影中心是功夫片制作中心。到 20 世纪 80 年代末,台湾电影业已经衰落,故事片产量只是香港的1/5,许多剧场关闭。

政府信息办公室（GIO）正式设立奖项，并把其转变为金马电影节，一个非竞争性的国际电影节。台湾金马电影节包括华语电影金马奖竞赛，1980年后，重新定名为台湾金马电影节。20世纪60年代，市场对当地制作的电影获台湾金马奖提供了宽松的环境，从创设之初，它就有许多奖项类别和奥斯卡风格的授奖仪式。它的奖项编排还包括一系列授予全世界导演的奖项［"焦点导演"（Director in Focus）］。台湾金马奖从创设之初就是产业的声望制造者，至于增添的市场制造和意义制造的特征那是后阶段的事了。台湾金马奖和台湾电影业对中国台湾和中国香港这两个市场的期待也与众不同。许多中国香港艺术家得了金马奖，这样，由于台湾人才老是落败而常常引起地方政府的干预。

直至20世纪80年代末，这项活动才真正由业界和地方政府深入参与，而且也有了接纳艺术电影的空间。1983年台湾建立了第一家艺术电影院。台湾金马电影节成了纯粹的意义制造者，那时它增加了在台湾放映的外国电影，提供导演系列活动，让导演和观众互动，以及建立电影讲座和论坛这类教育部门。1986年设立了旨在培养人才和资助教育机构的广播发展基金。电影业持续接受补贴用于电影制作。授奖仪式以颁发金马奖开始，接着又增添了金马电影学院奖和金马电影电视项目促进奖（Golden Horse Film and TV Film Project Promotion, FTPP）的授奖仪式。

在长期的历史进程中，台湾金马奖面临着其一年一度的连续性问题的诸多挑战。除了监管电影的"教育"质量，地方政府还要密切关注两岸间的紧张关系。政治局势继续对经营环境的宽松与否以及对于电影的艺术自由度和创意精神产生影响。尽管放松了电影审查，但地方政府与业界开拓大陆市场的意愿仍有冲突，犹如香港这个隔壁的竞争者曾经发生过的那样。政治还会不时地对艺术家和赞美艺术家的电影节产生影响，如电影节评委对于中国艺术家贡献的评价会受到

"当局"的质疑。只是在1993年,地方政府才接受两岸艺术家的合作。还有其他一些质疑虽然针对着电影业,但也会影响到电影节,譬如"政府信息办公室"会因为制片人或演职人员认为电影没有充分考虑到当地民众的要求而临时要求偿还补贴。

尽管台湾有亚洲最自由的评级体系,据行业观察家说,在台湾评上PG12的电影在新加坡能评PG21以上(Cremin,2008)。

台湾金马电影节可以让几百万市民在电视上观看,从而满足了产业的需求。地方政府通过"信息办公室"促进和补助活动的开展,支持了近期的艺术电影浪潮,而且鉴于当地电影的票房份额低于5%这个事实,试图利用电影节,引领台湾电影业更具竞争力。但地方政府的举措也引起争议,因为它主要奖励那些能赢得巨大票房的电影。由于大多数独立电影几乎都不能产生票房,势必形成压力,转而制作更多有商业利益的影片。

台湾金马电影节与全球化城市项目并不相关,但是像台湾新电影那样,在许多方面针对作为意义制造者的城市。首先,2003年以来,台湾金马电影节由许多城市轮流主办,这样就起到了城市项目的作用。并不是在于把电影节和某一个城市建立联系,重要的是,电影节和城市的关系成为台湾普遍的艺术体验。台湾电影在通过媒介以呈现城市身份的作用是非同寻常的,因为当代台湾电影等同于城市现实主义研究(Davis,2007;Wei,2008)。1999年以来,另一个蹿升且人气很旺的电影节即台北电影节呈现了世界城市的一个截面,使中国台湾的影迷成了城市热点新闻,新近又为台北业余的短片制作人授奖。除了台北电影节,2005年以来,由著名的新浪潮电影制片人侯孝贤的艺术资助,以及台北市政府的大量支持,台北举办亚洲女同性恋电影视频节(Perspex,2006),如同具有7年历史的女权人士节["妇女掀波澜"(Womem Make Waves)],它是亚洲最大的同类活动节。台湾的电影节景观是充满活力的艺术公共领域的象征,既有主流的声音又有草根的声音,同时如同别处那样,票房还是由商业性的国家电影和好莱坞电影来创造。

总结:东亚城市的电影节和文化经济

东亚城市的各电影节已经得到政府的不同待遇,但是有三件事情仍然很薄弱:影迷组织者的激情,在政府和赞助商缺位的情况下能起作用的志愿者和电影节圈子,这就给电影节提出了全球城市网络中的制度意义问题。东亚电影节是以当地的资源为基础,同时学习全球可供的经验,在某种程度上,为了在电影节圈子的层级中获得自己的位置,他们必须拷贝这些经验。通过展示亚洲电影,它们举办的次数增加,更有连贯性,电影产品种类也大大增加,使得更多的组织步入华语电影和亚洲电影的意义制造和声望制造的行列,并进行竞争。为了成就自我,它们拷贝节目编排结构和组织蓝图,政府创造市场以吸引业界参与这样和那样的仪式。

在案例层面上,本书讨论的电影节在不同程度上都是地区性的角色,釜山处于领先地位,香港仍属于高端电影节,新加坡和台北处于电影节圈内比较边缘的地位。按照权威的国际电影制片商协会联盟(FIAPF)规定的正式标准,多数电影节都缺乏竞争力,但是从长远看,它们通过引进各种奖项试图成为声望制造者的角色。

只有两个电影节(中国香港和釜山)——与正规市场相关——参与做市,但釜山、中国香港和中国台湾金马等电影节都参与各自政府与地方政府补助的电影促进基金。新加坡国际电影节是个例外,它通过业界人士、电影专业人士和国家的计划者或代理人的合作,把与地区及国家电影相关的仪式活动和促销活动捆绑在一起,形成了活动网络。相应的制片团体也有良好的网络体系;它们之间交换评委,进行合作制片(亚洲—欧洲基金会和 Lars Feilberg,2005;Teo,2008),而在政府层面,合作制片——特别是就欧洲制片商和企业而言——目前正是一项蓬勃发展的战略,此外,政府还对电影制作或当地和其他项目的市场开拓进行补贴,从而使电影节或相关城市在深入全球化的电影产业版图上留下重要印记。釜山和韩国政府为促进国家的电影业、城市和电影,在利用电影节和相关活动方面居功至伟。

东亚电影节能否主导东亚和东南亚制片舞台并超越西方主要的电影节尚须拭目以待。从目前提交的电影来看,尚无此迹象。还存在其他的障碍,如新角色的出现,其中许多为小众电影制片商和少数观众带来了机会(例如,见 Kim,2007)。地区外的竞争来自于规定放映亚洲电影的电影节(如鹿特丹)。越来越多的移民社群的电影节也在发挥作用,因为它们常常参与洛杉矶和纽约这些精英电影节。这些相对小的电影节都是为了集聚国际的专业人才以及在全球媒体语境下,实现对第二和第三代移民进行艺术教育的愿望。尽管它们在电影节圈内的知名度还比较低,但是,它们显然是在一个对艺术实验的自由更为开放的全球环境中茁壮成长。

尽管与"亚洲主题"的电影节合作有着产业层面上利好(如鹿特丹和釜山的例子),但这些活动对东亚城市和电影节之间的协同效应的潜力形成了威胁,因为亚裔美国人、亚裔欧洲人等就不需要到东亚去看亚洲电影了,这样使亚洲"枢纽城市"的电影节与旅游业的发展脱了节。

正如 Lim(2006)所述,城市间不需要以相互竞争来谋取成功。我们的讨论认同这个观点,因为东亚的文化商品生产是迅速发展的集群形态,与恶性竞争和政府主导合作引出比较稳定的地区网络之间的问题。釜山电影节的管理实践反映了发展型国家政府的一个明确信息,即国家只有强大,才能控制地区层面的经济和文化活动。我们的分析表明,国家,尤其是民族国家和城市政府,是电影业的影响者和规划者。然而,这种功能在文化经济中的实施远比在发展大规模制造业的第一次工业化阶段和为外资创造税收优惠和良好监管环境更为复杂——不仅因为文化经济议程与城市经济进程紧密相关(Ho,2000),而且因为艺术对经济政策的反应不同于"其他"产业,只是因为电影是复杂的创意产品,艺术家过剩,电影艺术难以大规模生产(Caves,2000;de Vany,2004)。此外,这门艺术的声望遵循的是诸如电影节圈子这种复杂的机制,因其全球的复杂性,除了决策者进行短期干预外,它是不能由国家政府进行管制的。

6. 手工艺与创意：京都的新经济空间

后藤和子（Kazuko Goto）

引言

世界著名的电脑游戏公司任天堂坐落在京都，尽管电脑游戏公司有充分理由把公司设在东京，但是任天堂自从1889年成立卡式游戏公司以来一直活跃在京都。为何任天堂公司设在京都而不是东京呢？

794~1868年的1 000多年，京都是日本的首都。长期以来，该城通过开发有形和无形的文化遗产，培育了充满活力的文化，仍然保持着丰富的文化遗产和各种不同的工艺。一个像任天堂这样十分现代化的创意型公司坐落在这么个传统城市而不是世界性都市东京，使人感到有点奇怪和吊诡。我将以这个吊诡讨论三个问题。关键问题是重新思考手工艺和技艺以及此类技能组合和各类活动为城市创造新经济空间的途径。

第一个问题是：对于我们所关注的经济活动，什么是"新的"？经济活动中的"新"是否就是意味创意产业？21世纪以来，创意产业吸引了越来越多的关注，并在西方国家和亚洲国家取得了迅速的发展。吉本（Yoshimoto，2009）运用2006年的国家统计数据，考察了日本创意产业的规模和增长。他按照1998年英国采用的创意产业定义,包括13个方面。日本创意企业的数量约为25万个,占日本全部企业的4.4%。英国创意企业的数量在2008年是15.74万个,占全部企业的7.3%。这意味着日本创意企业的规模小于英国。但是,2001~2006年,日本创意企业的雇员人数增加了2.7%,而且创意产业雇员增加的同时,整个产业的就业人数却下降了1.3%。吉本指出,就业高增长的领域是视频、电影和摄影、音乐、软件和电脑游戏。他还指出,17.1%的创意企业和35%的创意产业就业人员都集中在东京城市地区。

2009年,笔者和东京都政府产业和劳工事务局合作,考察了东京创意产业的规模和集聚状况。[1]这还表明,2001~2006年期间,东京的创意企业数和就业人数与整个产业相比有了迅速的增长。这种迅速的增长得到信息与通信技术(ICT)和知识产权的支持。空间和大销售公司的吸引力——例如,大的广告公司和电视广播公司——就像一块磁石吸引着东京的小型创业企业。东京城市地区吸引出版商、设计师、广告、表演艺术、软件和艺术家。另一方面,京都不具备这样的大型销售公司,但吸引了艺术家、工匠和设计师以及与生活方式有关联的小型老牌企业。

创意产业是艺术和商业的契约(Caves,2000)。艺术和创意与商业结盟就能开发出一个新的经济空间。艺术能为创意过程带来灵感,引发产生变化和创新的行动(Bille and Schulze,2006)。一个地区的艺术和文化活动通过艺术部门的创意向其他经济活动扩散,会间接导致更多的创新产业的发展。创意是普遍性的东西,艺术带来的激情对于企业人员是很重要的,也即是对经济增长是很重要的。

创意联盟推动了与艺术相关活动的发展。过去几年,文化和企业

---

[1] 奥山先生(Okuyama)是东京都政府产业和劳工事务局规划总务科科长,笔者呈递了一份2010年7月在京都的日本文化经济协会会议上关于东京创意产业集聚的文件。该报告可上网查阅 http://www.sangyo-rodo.metro.tokyo.jp/monthly/sangyo/creative.pdf 2011年2月18日。

之间的新型合作得到了发展,它比传统的赞助协议内容更为广泛,例如,包括设计和产品开发,销售和组织发展。首先,关键是艺术和文化创意如何影响创新型企业。

笔者在本章将对作为创意和当代艺术创意源泉的手工艺和技艺的重要性进行新的思考。根据传统理论,许多从事创意活动的企业是所谓的创业企业,意指它们是小企业,也许多数存活不了 3 年(Towse,2010:383)。人们认为,传统与创意是一对矛盾。那么,要理解京都这样一个拥有丰富手工艺传统、吸引当代创意企业的城市的"新"经济空间,仍能沿用这种思维模式吗?据说,京都 1/3 当代小型制造业公司都是运用传统工艺转化的技术(Iguchi,2004)。这样,京都这个出色的案例就为我们提供了另一种视角。

如果我们对作为创意源泉的手工艺和技艺的重要性加以关注,我们也许能够解决旧和新的悖论,从而对新的经济活力有一个深入的洞察。创新型企业把高端手工艺与自身的结合有着巨大的潜力。我将列出有关的例子,如日本的造纸技能如何在当代建筑业上应用于美观的室内装置。

第二个是有关区位的问题。区位对新经济空间的重要性何在?众所周知,地域吸引力对于创意产业的重要性。创意人士和小型创意企业关心的是地域的形象。这个形象须是当代的,并不介意其历史长久与否,即使这地域历史上曾有过特殊的氛围。

创意产业内不同形式的关系是重要的。历史对创意产业的集聚至关重要。例如,东京的出版社、动漫公司和手工艺业的集聚经历了很长时期。斯科特(Scott)认为,地域和社区对文化产品有重要意义。他认为,地域是历经岁月锤炼积累起来的几代工人间人际文化资本的宝库(Scott,2000:32—33)。另一种形式的关系与减少创意业务的风险有关(Hanzawa,2009)。企业集聚有助于减少各种形式的风险。企业集聚还有助于提高业务效率(Midorigawa,2008)。

笔者将在本章讨论与手工艺和技艺有关的新经济空间。桑尼特（Sennett）认为，技艺就是把东西做好的技能，技术是文化问题而不是无意识的程序（Sennett, 2008:8—9）。手工劳动是大脑的反映。同时，工匠有强烈的自傲感，它会受到嵌入社区的社会和文化价值的激励。因此，技艺与地方和社区紧密相关。笔者讨论区位的意义不仅在于地域的吸引力和形象，不仅在于集聚对减少风险和增加效率的好处，而且把其作为能形成社会和文化价值、激发人们的自傲感、美感和技艺的积累人际文化资本的宝库。

第三个问题是京都作为新经济空间案例的重要性。具有悠久历史的创意公司不仅是京都而且是整个日本的突出特征。创意的冲动和长期的实践也是一个悖论。然而，历史悠久的公司可以建立创新业务。笔者在后面将讨论为何那些小公司能长久生存，它们为何并如何建立新的业务。令人感兴趣的是，长期生存的一个重要特征就是创新。更为重要的是，工匠的自傲感与回馈社会之心并行不悖。京都的创新成为可能的原因何在呢？

新旧并存，传统和现代并存，这是一个悖论。但是，这正是京都的鲜明特征，更具体地说，是日本的特征。新与旧并存就是京都"新"经济空间的经和纬。即使在十分现代的城市东京，我们也能发现新和旧并存的现象。笔者将重点就技艺上的悖论广泛而深入地加以考察。

京都的技艺

艺术和手工艺的关系各国均不相同。自从18世纪左右机器开始在现代生产中起重要作用以来，艺术和手工艺就开始割裂。但是这种割裂在日本并非如同西方那样深刻。手工艺和技艺都以不同的方式有着长久的生命力。贝克（Becker）指出，有些手工艺从它自身的传统中产生了美感，产生了合适的审美标准和一套准则。生产者和使用者都认为,有些家具之所以美观,除了可以使用外,还存在着差别(Becker,1982:275)。贝克认为,工匠的审美标准是功能、技能和美感,而日本的工匠这三项标准都具备。1950年,日本政府制定了保护有形和无形文化遗产的法律。包括不同手工艺的无形文化遗产的定义是,称为文化遗产的东西必须包括显著的审美、文化和社会价值。这就是为什么笔者要对作为日本各城市、乃至整个亚洲城市创意和新经济空间重要源泉的手工艺和技艺进行再思考的原因之一。

《京都的工匠》一书的作者(Yonehara and Fujita,2008)对36家历史悠久的企业进行了饶有趣味的采访。其中一个问题就是,那些企业为何能得以长久的生存。虽然回答各不相同,但是它们的共同特征告诉了我们,京都工匠的理念是什么。

一家成立于1603年的药店主说,他之所以仍在经营这家老药膏店的原因是,顾客要求他开下去。一家经营用竹子和日本漆制作的筷子的商店老板提到了一种氛围的重要性,人们评估各种手工艺的质量,比一比哪个能从旧传统推出新产品。一家有千年历史的咖啡馆坐落在圣坛前,制作和供应米糕,它的女老板强调说,她是被上帝选择来开这家店的,她感到很骄傲。咖啡馆的座右铭是:不追求利润,不开分店。

有一家店专门生产做高汤的蒸鱼酱,店主对产品的味道十分用心。他们一直保持着传统的生产方法,从不用既方便又便宜的冻鱼酱。他们用鲜鱼做蒸鱼酱已经160年了。一家建于300年前的著名日本餐厅的格言是:不扩大餐厅规模。

一家建立于18世纪初的生产和销售日本醋的店主强调了自豪感、声誉以及顾客和社区信任的重要性。社会认可这家店做了好事,雇员就会感到做这份工作很自豪,这是很重要的。这家店主的父亲曾在大学从事酿造醋的研究,当时他必须在继续从事研究与继承家族企业之间进行取舍,最后,他还是选择了家族企业。

一家制作上等金箔的店主认为质量最重要,该店制作100%纯金箔,用于修理庙宇和高档工艺品。金属箔用于手机那样的电子产品。但是,这种纯金箔可以用于更多的东西——例如,各种工艺品和烹饪。

简单地评述了京都几个手工艺企业表明,生产过程中强烈的自豪感是干好工作的动机。它还表明,京都那些历史悠久的企业关注的是质量和高度的审美标准。为了保持和提高质量,他们保留了小型的企业形式。令人瞩目的是,那些公司强调创新的魅力。传统和创新是长久生存的根基。高度的手工艺技能、质量和美感会以不同方式转让给现代的企业。

例如,1891年成立的雕版印刷出版商采用由一个国宝级工匠发明的日本优质纸张,并与京都一家西阵织(Nishjin)纺织设计事务所合作。法国的爱玛仕公司曾采用这种雕版印刷技术把神坂雪佳(Sekka Kamisaka)的绘画作为它2001年目录的封面。神坂雪佳(1866~1942年)是出生于京都的画家,他对于开发工艺品的设计和样式多有贡献。

审美眼光会提升品质和美感。人们会彼此对品质和美感进行评价。具有美的鉴赏力对制作精良的好产品起着重要的作用。长久以来,京都一直都是首都,早期的顾客都是贵族、商人和各种手工艺人,他们具有美的鉴赏力和高度的审美标准。这种特殊的氛围孕育了出色的技能。商人作为手工艺传统的中介人也起了重要作用。他们把品种繁多的优良商品和无数信息从日本各地带到了京都。桑内特认为,技艺远比手工技能更吃香,认为技术不是无意识的程序,而应视作文化问题,注意这点十分重要(Sennett,2008:8—9)。京都一家生产各种家用工具的锡店老板认为,他不只是生产物品,他通过手的劳作体现了他的身份和精髓。

此外,桑内特还描述道,制作物质产品的手工艺还使得我们能洞察为人处世之道。制作物品的难度和可选择的方法完全可以应用到处理人际关系上。他提出了手工艺的探索特征,即详细说明、质疑和开拓的基本能力。这种探索能力也可以适用于人际关系。笔者认为,技艺的探索特征就是文化企业家精神。它也会影响社区的氛围和社区价值。

更具体地说,文化和企业创新的关系可用于分析传统的公司。有趣的是,老公司强调创新。创新对长期生存十分必要。对家族价值和老公司格言的研究指出了三个要素。第一是创新,第二是接班人的教育,第三是对当地社区的贡献(Kita and Nishiguchi,2009)。Kita等人强调了以下几个京都老企业的气质特征。

1. 风险管理的能力,在战争和经济衰退中幸存和发展起来;人们经历多次战争并长期生存下来。因此,人们已经产生了风险管理的能力。

2. 长期发展起来并由共同拥有的设计和生产的高标准支撑的工艺生产,使人们的自豪感油然而生;生活方式不奢华,但人们有着强烈的自豪感。

3. 京都一直是精品交易的场所,因此京都的商人对美有一种成熟的判断力。

4. 一个排斥外来者的倔强(strong)社区。但外来者一旦被接纳,就会得到社区的支持。

5. 京都长期以来都是日本的首都,因此京都人眼界开阔,总是想当日本的老大。

6. 人们始终能接受新思想和创新,同时不抛弃传统。

这种出自于普通生活的对美的成熟判断力以及强烈的自豪感促进了高度发达的手工艺技能。老公司极为强调基于传统的创新。对其而言,传统和创新是一枚硬币的两面。他们还强调公司对当地社区贡献的重要性和互相支持的重要性。企业与企业、企业与顾客间的交易才能得以长久维持。长期交易和公平关系是京都交易的特征。

分工合作是京都企业独特的特征。对上一节提及的老企业进行的采访表明,历史悠久的企业都保持着小的规模。例如,和服染色包括12道工序。每道工序由一个独立的工匠执行,且各在一个独立的加工地点。协调人(Sikkaiya)把衣服或和服从一个地点送到另一地点,协调整个工序。协调人在协调各工序,以及控制质量以满足顾客品位过程中扮演了重要的角色。京都的西阵织(Nishijin)在其生产和销售过程中也有这样的分工合作组织。

  分工合作形式可以使公司保持小的规模。对坐落在祇园(Gion)那样传统地区的花街(Hanamachi)企业的研究表明,京都与东京的企业经营方式是如何的不同(Nishio, 2007)。京都的高档餐厅供应精致菜肴和舞伎(Maikos)或艺伎(Geisyas)表演,但从没有一个厨师。他们向餐饮服务商订餐。他们的餐饮和舞伎适合顾客的需要。顾客和餐厅、工匠(包括餐饮服务商)和餐厅间保持着长期的关系。这种信任取决于质量。如果餐厅老板认为其质量不够好,关系则很快结束。餐厅老板拥有大量信息,不断进行创新。他们互相竞争,同时又通过保持传统而维护着社区。

  另一方面,在东京,这类餐厅就会投资扩大面积,招聘上等厨师。倘若经济形势良好,它就会赚大钱,一旦经济萧条,就会出现大量库存而难以为继。

  小规模、分工和合作是京都企业的典型特征。减少库存,相互供应零配件是京都风险管理和创新的方法。信任对于长期交易十分必要。但是,分工和合作是一枚硬币的两面。它们针对生产和销售的分工组织而发挥不同功能。倘若生产和销售的分工按垂直方式组织,由一家大的销售公司牵头,例如,以西阵织纺织业为例,那么创意和灵活性就会丧失。所有的市场信息都集中在大销售商,而生产部门没有信息,就会失去对需求和市场的敏感性。它使得生产流于形式,失去创新和创意的功能。此外,销售部门获得的利润就会大大多于生产部门的利润,从而减少了改善生产的积极性。

然而，若分工合作的组织是水平型的，每个部门都有生产和销售的功能，情况就不一样了，正如花街的例子。小规模公司的分工合作具有不同的效果。当每个部门都设法建立市场信息库，以激发自身进行创新时，就能形成承担风险的良好制度。分工合作及信任，并以质量和技艺为基础，就是一个承担风险的良好基础。笔者将在后面以京都电脑游戏公司为例来说明这种关系。

以详细说明、质疑和开拓的能力构建的手工艺的探索特征也可以适用于风险管理的能力，适用于平衡传统与创新的开放性态度。优质的工艺，审美眼光，注重质量的小规模企业的分工合作，以及遍布全日本甚至全世界的小众市场，是京都工艺和企业的关键特征。

京都当代企业的技艺

794～1868 年的 1 000 多年来，京都一直是日本的首都，造就了无形和有形的文化遗产，在此过程中，它保持了各种不同的手工艺、文化创新精神和企业活动。与京都的生活方式相结合的公司存活了上千年，其中一些公司已转变为具有现代结构和产品的公司，像任天堂电脑游戏公司。

日本约有 900 家公司拥有 200 多年的历史。公司拥有悠久的历史是日本的一个重要特征。在日本，京都拥有的工艺品种类（有 73 种工艺品，包括纺织品、染制品、日本漆器、陶器，或佛具）最多，拥有历史悠久的公司比率最高。这种悠久的工艺生产基础反过来使现代产品设计的创新有了连接点。

例如，日本纸制品工艺现在已经延伸到生产灯罩和隔板，从而创造了新的企业。一位生活在京都的名为堀木江梨子（Eriko Horiki）的妇女开办一家企业，把传统日本纸用于现代建筑和室内装饰。她的工作就是把现代企业和传统技能结合起来。她的动机就是防止工艺技能的失传。为此,她一直设法让工匠用传统技术生产日本纸,她创造了适合现代建筑的室内装饰。在日本及国外的机场、酒店和使馆都能看到她的作品。这是文化创新精神和文化企业的出色范例。

京都另一种形式的现代公司就是现代的高科技公司,它们的生产技术来源于古老成熟的工艺技术,如陶器、佛具和染制品。京都三分之一的现代制造业公司采用传统工艺技术发展起来的技术(Iguchi, 2004)。

一家具有300年历史、生产用于全世界手机的铜箔公司占据了40%的市场份额。这家公司由一位诗人创建,制作工艺品用的金银箔——例如折叠屏风。技艺对制作手机用的铜箔很重要。技艺和工艺技术仍影响着产品质量。例如在高温下融化金,若没有工匠的经验判断,很难找到一个确切的温度。

还有一些其他的实例,岛津公司(Shimadzu)是一家物理化学公司,其雇员中有2002年诺贝尔化学奖获得者,它以制作佛具起家。1868年,日本首都从京都迁移至东京,京都的人口迅即减少了30%。政府开始支持京都成为科技中心。京都第一个开设小学和初中,并积极引进高中和大学。教育对于吸引高级人才落户京都很重要。京都市民对这种学术氛围很欣赏,对大学生十分珍惜。

岛津公司的前身生产佛具,如金属制的香炉、烛台和花瓶。1860年,岛津源藏(Genzo Shimadzu)继承其父的手工艺,开始生产佛具。制作佛具需要精细的劳作,这就成了制作物理和化学上精密仪器所需技能的来源。同时,源藏还建立了与在京都大学前身工作的欧洲工程师的紧密关系,向他们学习高技术。他对新技术很有兴趣,于是1895年在京都中心区建立了岛津公司,坐落在京都大学前身的附近。源藏生产各种不同的物理和化学的精密仪器。

1896年,即在1895年发现X射线后不久,源藏就成功发展了X射线摄影术。

1909年，岛津成功制造了X光摄影机。1897年京都大学建立，自此它一直向岛津公司订购各种物理和化学用的精密仪器。岛津公司之所以能开发如此高水准的技术和技能，就是因为它有京都大学这样的重要客户，京都大学还培养了许多自然科学方面的诺贝尔奖获得者。

具体来说，制陶技术的开发为瓷器生产准备了条件。陶器生产始于江户时代（Edo）中叶的京都。制陶技术可应用于制作现代电子业的瓷器材料。陶器在低温下制作，而瓷器须在极高的温度下烧制，才能成为适用于高技术（例如手机）的牢固材料。京瓷（Kyocera）公司是一家于1959年在京都建立的瓷器公司，其后扩展到其他地区。高级瓷器的用途很广，制作要求严格。例如，它可用于承受摄氏1 500℃以上高温的宇宙飞船，也可用于玻璃和刀具。村田制作所（Murata）是一家电子设备制造公司，成立于1950年，其核心产品是瓷制电容器，并主导世界市场。

染色工艺中的转录技术发展为应用于半导体的现代转印技术，染色技术是通过制作和服开发成功的。日本和服是传统的丝制服装（有男式和女式）。和服染色在日本仍是一项很常用的工艺。工匠对和服染色要分为12道工序。罗姆（Rohm）半导体公司成立于1958年，它通过在硅片上绘制电路图案来制造半导体。该工序涉及染色中的转录技术。纺织技术也转移到高技术中。尾池公司（Oike Co. Ltd）成立于1876年，生产金银线。为使线涂上金银色，他们发明了干式和湿式涂层技术。这种技术应用于汽车导航和手机等产品的薄膜材料。尾池公司控制了世界便携式导航设备和手机用的触摸板薄膜市场。现在，尾池公司与京都大学合作进行研发（Iguchi, 2004：67）。

此外，技术和技艺在现代公司的高质产品上都起了重要作用。京都有一些世界著名的公司包括采用生物技术的酿酒厂，其中有两家著名的酿酒厂，一家是月桂冠（Gekkeikan），建于1637年，另一家是宝酒造(Takara),建于1842年。现在临近京都南部河边上已建有二十多家酿酒厂。季节对日本清酒的生产影响极大。然而,月桂冠利用机器技术和生物技术发明了全天候清酒生产技术。1909年,该公司建立了研发部门。工程师和来自全日本的清酒工匠起了重要作用。全天候生产扩大了清酒产量,从而使月桂冠独霸了20世纪70年代的日本生产份额。

宝酒造建于1842年,生产烈性酒,它对发酵进行了研究。然而,在发明新的生产方法上并不十分成功。20世纪70年代末,宝酒造研究所的研究人员试图生产一种能切割DNA的酶,这个试验成功了,宝酒造开始生产7种能切割DNA的酶。此外,他们还成功发明了另一种生产糊状DNA的酶。这样,宝酒造就成为一家生物技术公司。

日本的工艺品生产不只是包含在大规模生产过程中的一些单调的工序,它们有高度发达的技艺。现代技术来自于古老的工艺品,它们对于追求高质量以赢得世界性的竞争具有强烈的敏感性。京都还有23所大学,包括京都大学在内的高水平教育和技艺的结合加强了其在全世界的竞争力。

京都被山脉围绕,可供土地有限,因此公司规模较小,而且时时感到环境和资源的限制。1997年联合国气候大会在京都通过的《京都议定书》框架也影响了公司的活动。此外,在2004年日本通过《景观法》之前,京都已在1996年通过了《景观法》,1997年通过了《环境法》。京都长期以来一直在提升景观政策,以保护美丽的自然景观和古老的寺庙、花园和住宅。这样的环境唤醒了各公司对有利于提高环境质量的环境技术的重视。

现在,京都许多公司用高技术来改善环境质量。例如,京瓷公司采用制瓷技术生产住宅用的太阳能电池。有些公司最近才建立,且规模较小。京都有无数文化遗产,包括文化景观。因此,文化遗产的保护是环境政策的重要内容。高技术同样涉及文化遗产的保护。例如,一家坐落在京都市外、名为"新"(Newly)的新公司发明了一种把扫描仪和照相机结合的技术,称为 Scamera。"新"公司成立于 1979 年,它与 1943 年成立的大日本网屏制造有限公司(Dainippon Screen Manifacturing Co. Ltd)建立了关系。他们的技术根基是染制和服时的转印和转录技术。"新"公司在探查纤维上的污迹和斑点时开发了这项技术。要察看出纤维表面上细微的不规则和异色需要很高的技术。

Scamera 可以很精确地扫描和反映出多种维度。它可以反映出第三维度和光泽、不均匀和色差。Scamera 尚未发明前,一般的照相机从下方对文物进行扫描,无法反映出粗糙和柔软的表面、光泽感、不均匀的表面和色差间的差异。因此,它可以恰如其分地保护和再现文物。如果用 Scamera 拍一张文物的照片,就可以抓住这个文物的多重维度,反映出大量的信息,诸如粗糙和柔软,色差和光泽。博物馆对这些发明很感兴趣,它可以保护文物并可创建文物档案。它还可用来制作古旧书籍、地图和木简(plates)的档案。"新"公司的生产目标就是高度专业化的技能和技术的小众市场,这是京都典型的制造风格。"新"公司的这些有前景的技术已获得了多个奖项。

京都创意产业的案例——任天堂和东星

任天堂是一家与众不同的、全世界著名的电脑游戏公司,它坐落在京都。它并不是高技术公司。听上去有点奇怪,因为人们往往认为电脑游戏公司一定会采用高技术。然而,任天堂宁可采用比较低端的技术以降低硬件成本和电脑游戏的价格。它使任天堂在整个市场上拥有强大的竞争力。任天堂的主要成本都用于软件开发,它有鲜明的创意产业特征和一套强有力的制度。

任天堂成立于 1889 年,长期以来一直生产日本扑克牌。但是任天堂总裁山内(Yamauchi)(他祖父是公司创始人)感到扑克牌的市场有限，决定进军其他行业——出租车、方便食品、酒店管理。但他都失败了。此外，扑克牌市场到1964年已经饱和。山内先生决定进军电子玩具业，并着手雇用研发人员。时至今日，任天堂10％的雇员都是研发人员。山内先生通过与半导体生产商合作，试图开发制作芯片的技能，以及发明新式电子玩具。20世纪70年代末，任天堂进军街头游戏，它不采用现成流行的人物如美国的大力水手（Popeye），而是发明一个新的原创人物马里奥（Mario），它同时还发明其他游戏和电子手表，所有产品都取得了巨大成功。

1983年，任天堂发明了家用电脑，并于1989年开始销售游戏机（Game Boy）。山内先生讲究的是内容质量，他宁可用二流的技术以减少生产成本。他大力关注新的理念和创意。新理念是娱乐产业的核心，这个理念就是来自于扑克牌生产的基因。山内先生强调，游戏是娱乐而不是生产（Inoue，2009）。任天堂开发独特的创意理念，而把元件的研发部分外包出去。

电脑游戏业的分工合作与其他产业不同，其他产业的母公司拥有子公司的股份。相反，电脑游戏产业的公司是独立的，母公司不拥有子公司的股份。它们间的合作是契约关系。任天堂生产游戏机的软件和硬件，它还外包软件的开发。但是，由哪个公司生产软件则由任天堂选择和决定。这种情况在电脑游戏产业并不多见。任天堂特别关注软件的质量，并试图控制它。它建立了一个名为马里奥俱乐部的质量评估机构（Shintaku等人，2003）。合作关系并不固定，而是向每一个能生产符合马里奥俱乐部标准的高质量软件的公司开放。软件制造商乐意把视频游戏制作委托给任天堂，并支付委托生产价格。任天堂收取70％的使用费和委托生产的费用（Shintaku等人，2003）。生产的实际成本只是30％。这意味着任天堂通过合同关系获得高额利润。

在任天堂，对于理念和创意的评价实实在在地基于制作扑克牌的体验。应考虑到,顾客在娱乐上的品位与在必需品上的品位是不同的。没有扑克牌,人们照样能生活,所以我们的努力应更多地施展在创造人们必需的产品上,山内先生强调发明、高端的理念和软件的重要性。京都在其悠久的历史中孕育出娱乐上的新发明。高端生活方式对各种娱乐文化的需求与供应的互动就会造就创意产业所需要的制度创新(creative constitution)。如果城市是大规模生产的场所,那么情况就完全不同了。

因为任天堂是玩具制造商,遵循玩具制造商的一套规则,所以产品的销售体系就遵循传统玩具制造商的方法。两三个月推出一款新产品,一级批发商店下订单,任天堂、软件制造商和批发商店预测需求并决定生产和销售的数量。

任天堂有一家很好的合作伙伴东星公司(Tose),它也是设在京都的游戏公司,建于1952年,1978年开始销售游戏机。但是在1983年任天堂发明了游戏机后,它开始专业从事研发活动。东星是一家很独特的公司,它几乎与日本所有的电脑游戏公司都建立了网络关系。但是,它的工作方式是与其他公司建立合作联盟关系。东星接受其他公司的研发要求,再与其客户公司一起工作。东星公司的雇员比其他公司年轻,因此劳动力成本比较低。一般而言,研发成本都很高,风险也较大,因为其需求不明确,能够盈利的软件产品又寥寥无几。东星公司利用年轻人的才干和积极性、低劳动成本和灵活地满足公司客户对最后期限的要求等办法来化解这些风险。对它们的顾客电脑游戏公司来说,开发期限是很重要的因素(Kita and Nishiguchi,2009)。抓住时机对于竞争至关重要。例如,数据表明,30%的产品是在第1周售出,80%的产品在10周内售出(Shintaku等人,2003:33)。东星公司总裁强调合作,而不是通过自己销售游戏机、软件来与其他公司竞争。他说,那些青年才俊愿意在这里工作,是因为他们有机会与著名公司合作。通过合作,东星公司又发展了巨大的网络和知识库。这样,东星公司在日本和国外的竞争力都提高了。发现小众市场、开发独特产品、保持质量和知识库是长期生存的途径。东星公司总裁齐藤先生(Saito)还强调把长期生存而不是迅速增长作为公司战略。而且,它们没有任何债务。现在,它们不仅继续发展与游戏公司的网络关系而且发展与出版商、电视台和音乐软件公司的关系(Kita and Nishiguchi 2009)。

日本约有 61% 的电脑游戏公司集中在京都城市地区(Midorigawa,2008:221)。但是,电脑游戏产业的集中率相对低于其他创意产业。原因是大的销售公司如电视广播和广告公司没有起重要作用,公司间的关系是水平型而不是垂直型。

京都的无形和有形的文化遗产

京都有大量的世界性遗产和认定的文化遗产。在 828 平方公里土地上坐落着 14 处寺庙和神殿等世界性的文化遗产;还有 211 个包括"活的宝藏"(living treasure)在内的国家级宝藏和 1 840 个认定的重要文化遗产。自然界对精神文化和生活方式的塑造起了重要的作用。

笔者曾经与著名的神学哲学家山折哲雄(Tetsuo Yamaori)[1]交谈过。他提出了城市形成与塑造文化和文化遗产的精神生活之间的关系。他指出,京都市的东、西、北三面环山。京都市是由山地塑造的。因此,城市本身及寺庙似乎被山脉优雅地拥抱着。对比之下,东京由海域所形成。这种差异造成了精神生活和文化上的差异。京都市还有众多美丽的花园,其中许多都是世界级的遗产地。人们觉得,京都皇宫周围的东山、西山和北山有不同的神。

花园不仅塑造了文化遗产而且塑造了日常生活的方式。在京都,

---

[1] 2009 年 12 月笔者曾在京都与山折哲雄先生交谈,他是著名的神学哲学家。

几乎所有住宅的院子里都有花园。人们还很关心邻近他们房门和道路的小花园。这种行为隐含着人们对自然、对邻里和对自然价值和精神生活价值的尊重。

精神生活和自然价值间的牢固关系带来了新颖的城市生活方式,发展了不同的成熟的工艺技能。例如,京都原创的烹饪十分讲究季节感,人们不仅欣赏口味而且享受由烹饪表现出来的季节变换的感觉,例如根据季节采用不同的新鲜材料,配以小叶子作装饰,造成一种季节感。人们走进餐厅也能观赏表现季节、花园和花草的绘画和悬挂的画轴。这种生活方式造就了各种工艺技能的精致性,且发展了艺术。同时,这种贴近自然的生活方式及其价值还伴随着现代环境技术和企业的诞生。

作为前首都,京都形成了一种相当精致的生活方式,反过来,它又导致对工艺品和艺术的强烈需求。与欧洲的城市相比,京都的手工艺与艺术、工匠与艺术家之间的关系是非常亲近的。不仅是贵族阶级,就连普通百姓也十分欣赏小花园、茶道和诗歌这类东西。

茶道不仅需要配备茶杯,还要配上日本漆器、铁茶壶、和服、立轴和插花等茶案。所有这些工具都需要十分精致的工艺品和艺术。工艺生产就此发展起来了。我们可以说,生活方式的文化导致了产业和经济的发展。手工艺技能成了非常重要的无形文化遗产。工艺技能包含着高度成熟的技能和敏感性。高度发展的工艺技能及其与生活方式和娱乐的牢固关系激起了像任天堂那样现代产业的发展。

京都文化以及总体的日本传统文化的一个重要特征就是集体休闲。例如,茶道就与社会生活密切相关。人们共享茶道的感受,造就了社会网络,人们在圈内积极赋诗,一人作诗与另一人应答,这也造就了社会网络。京都有400多个节日仍很活跃,这些节日也由社区共同承办。

这样,文化就成了公益。人们愿意出资予以支持。参与就是维护共享文化的方式。这个传统影响了共享和支持的价值：人们愿意分享理念和创意，互相支持。这些价值观也部分影响了企业的态度。

在日本，管理经济学和区域经济学的研究对京都的公司活动进行分析时，始终考虑到文化的重要性。但是，分析问题常常有点指向性。笔者提到京都市的形成时，指出了三个重要因素，它们是自然、工艺技能和公益。

结 论

创意城市是建立在现代文化和企业活动的基础之上的。艺术能为创意过程带来灵感，激发导致改变和创新的行动。地区内艺术和文化的活动通过创意部门把创意扩散到其他经济活动从而间接产生更多创新型的产业发展。关键是艺术和文化创意如何以不同方式影响创新企业。

高度成熟的技能结合审美眼光是京都企业发展的钥匙。小公司进行合作，创建一个基于小众市场的质量评估的信任网络。这种组织才能长期生存和承受风险。而且，它们的市场并不是偏狭的，它们的企业不但要与日本市场还要与国外市场打交道。共享信息和知识，开发人才是新经济空间的共同源泉。

堀木江梨子（Eriko Horiki）的事例是设计和建筑业的好榜样，任天堂是电脑业的好榜样。然而，在创意产业和高科技公司，工艺和文化遗产都会对它们的企业产生影响。自然的价值和土地的有限唤起了人们对环境的重视，这方面"新"公司是好榜样。对环境的关注与高度发达的工艺技能相结合造就了高技术的环境企业。

总而言之，据说京都1/3的现代企业采用古老的工艺技能，诸如制陶工艺、染色工艺的转录技术、纺织和佛具（Iguchi，2004）。高技术是工艺技能和高水平的科学教育与创新相结合的产物。东京的创意产业由大型的大众媒介和销售公司驱动。而另一方面,京都的创意产业却是由艺术家和技艺驱动。手工艺和技艺可以成为新经济空间丰富的潜力。精致的生活方式和精致的自然界是京都新经济空间富饶的根基。

7. 新产业创新模式的多样性："酷日本"的案例[1]

科妮莉亚·斯道兹

引言

国家创新体系的概念在解释创新过程和具体的创新模式中已获得认可(OECD,1999)。国家创新体系的研究——尤其是多数对日本的实证研究——在创新体系概念的诠释上往往显得很牵强。此概念常常用来解释日本在企业软件或生物技术等新产业领域丧失竞争优

---

[1] 本章经斯道兹的修订。该研究于2006年5~6月和2009年2~3月在日本进行。2006年,采访了19家企业,2009年,采访了7家企业,4家是同一企业,所以总共采访了22家企业。其中8家企业名列"2008年50大开发商"(Gamedevresearch,2009)中的前50位,14家是小型开发商。而且,被采访的是各企业协会、各部委、各研究机构的关键人物。总共采访50次,受访人54个(详见Storz,2009)。该研究获得日本劳工政策和培训研究所(JILPT)以及日本科学促进学会(JSPS)的资助。作者感谢他们的慷慨支持。而且,作者还要感谢JILPT工作小组,以及德国柏林第21届EGOS学术讨论会经济组织比较研究的常设工作组成员,尤其是理查德·惠特利(Richard Whitley)所做的有价值的评论。特别要感谢两位匿名审阅人和他们有价值的提示。同时我还要感谢日本那些接受我采访的伙伴:阿部和彦(Kazuhiko Abe)、新井尚(Shun Arai)、马场秋良(Akira Baba)、平井拓海(Takumi Hirai)、河合马里(Mari Kawai)、桐畋和(Tomikazu Kirita)、小林新宅(Shintaku Kobayashi)、工藤秋良(Akira Kudo)、松岛茂(Shigeru Matsushima)、佐佐木道博(Michihiro Sasaki)、新宅纯二郎(Junjiro Shintaku)、杉浦博秀(Hirohide Sugiura)、高桥敬之(Noriyuki Takahashi)、(Hajime Wakuda)、山田肇(Hajime Yamada)、山下胜(Masaru Yamashita)、敬之柳川(Noriyuki Yanagawa)、吉泽信行(Nobuyuki Yoshizawa)。

势的原因(Goto,2000;Cottrell,1996)。许多作者认为,给定创新体系的路径依赖,日本特别不能适应新的技术需求。它的劳工市场流动性低,专业化程度也低,资本市场规避风险,产业组织坚持长期交易,大学与日本私人企业的关联较弱。所有这些特征都抑制了新产业的崛起(Anchordoguy,2000)。20世纪90年代,这种说法使日本官方以惊人的高速度实施了具有远见的改革措施(Hemmert,2005;METI,2001)。

诚然,日本新创公司的比率低,缺乏硅谷型的小型、快速增长、研究集约型的新兴风险企业。据《全球创业观察》报道,日本的创业活动在经济合作与发展组织成员国内最低。大学与产业的联系是风险企业产生的基础,这在日本实际上不存在(GEM,2006;CKC,2005)。对改革的关注主要围绕着日本应如何建立一个硅谷型的创业企业的问题(Maeda,2001)。

笔者承认,日本的创新体系存在着需要改革的领域。但是,笔者不同意以静止的观点解释创新体系。笔者认为,一成不变地依照"美国的创新模式"会误入歧途。根据日本游戏软件产业在国际上的成功,笔者认为该部门成功的核心要素是其创新体系的可塑性。

对日本游戏软件部门制度基础的讨论十分罕见。由于该行业的普及,所以多数研究都集中在其"软实力"的政治意义上(Iwabuchi,2002;JILPT,2005)。新宅纯二郎(Shintaku)等人(2004)和青山和出石(Aoyama and Izushi,2003)分析了其成功的文化和结构性前提,但没有把他们的分析深入到制度变化和创新的一般问题。我将根据对50个出版商、游戏软件产业的开发商和供应商、各部委、协会和研究机构的关键人物的深入访谈所获得的经验证据[对于方法论的注解见(Storz,2008b,2009)],分析游戏部门的制度创新是如何发生的,达到何种程度。由于笔者的分析取决于案例研究,它拥有解释性的特点。然而,因为产业是由一些关键企业所组成,所以笔者的成果可以看作是游戏软件产业的代表。

可以预期,本章将丰富创新体系的研究。最近,区域突破的研究(Fuchs and Shapira,2005)和路径创造的研究(Garud and Karnoe,2003)都有同样的研究方向。这些作者不再关注无效路径,他们强调从业者(actors)要选择离开路径和/或创造新路径,更多地采用熊彼特关于人们如何离开既定路径创造新路径的观点。但是,由于何时才能宣布找到新路径的问题仍不清晰,以及既定的创新制度的作用往往被低估,所以,在谈及创新体系时,笔者更喜欢用"可塑性"一词。

可塑的创新体系的竞争性:日本游戏软件业

从业者、结构和增长

"酷"日本产品在年轻的顾客中很流行。日本的流行文化已扩散到整个西方世界,并日益向美国文化产品的主导地位提出挑战。[1]尽管日本在企业软件上约有 36 亿美元的赤字,但它在游戏软件这个次级部门仍是领先的生产商(OECD,1998:31)。

值得注意的是,几乎所有的游戏开发活动都活跃在东京:约 80%的日本游戏软件在东京开发和生产。由于 20 世纪 90 年代前,日本生产商在世界市场占有主导地位,东京的涩谷区(Shibuya)这个日本最重要的游戏软件集聚区被命名为"比特谷"。这个词表明涩谷对于游戏软件的作用如同"硅谷"对于企业软件的作用(Baba,1999)。企业集聚使企业能获得公共产品,否则小企业就无法克服青黄不接的问题(Pyke and Sengenberger,1990)。它们还与所有知识集约型产业有关,这些产业需要与顾客有日常的联系,形成"互动学习"。诚然,游戏

---

[1] 文化产品分类为"娱乐和媒体产业"。其次级部门是电影娱乐(filmed entertainment)、电视网络、电视发行、录制音乐、广播、互联网广告、商业信息、杂志、报纸、消费书籍、教育书籍和培训出版物、主题公园、体育和电视游戏(Chuo Aoyama,2005)。

软件企业集中在东京的状况与知识集约型的服务部门落户大城市的总趋势相契合(Kuratani,2005)。

在游戏软件开发和生产中,游戏软件发行商起了主导作用。多数发行商成立于20世纪50~70年代,雇员为几百至几千不等,属于中型企业(日语是chuken kigyo)。不过,它们的规模比核心产业中的领头企业小得多。[1] 约有一半这样的企业从娱乐业、游戏或消费电子业等相关领域进入游戏软件部门,多数企业在开发第一款游戏软件前已成立10~20年了(任天堂和索尼则更长;见Storz,2008a,b)。就其属性而言,这些发行商与"理想型"的硅谷模式正相反,因为它们是历史较久、更为成熟的企业,它们自行开发游戏软件,只是在时间上晚了些。日本游戏软件发行商是"日本式风险企业"的独特形式。新产业的诞生模式与美国模式不同,是成熟企业和少数新办企业起了至关重要的作用。这还表明,这些企业保持着"日本模式"[2]的许多"主导"特征;尤其显著的是内部劳动力市场结构的相似性(Storz,2009)。这些企业在知识集约和市场开发上与风险企业有共通之处,但不同的是,它们是一些老企业。这个特征十分有趣,它正好与最近发布的文献观点相反,文献认为,不断变化的技术必须要通过创办或分拆来开辟新的产业。

游戏软件开发者的创新活动与这种创新模式相反。这是些只开发不发行的小企业。目前东京约有200~300家游戏软件开发商,都建于过去20年间,其中约有70%企业已缴资本低于5 000万日元。按照日本分类体系,它们属于中小企业。当今多数开发商创办企业的时间都与20世纪80年代(Famicom Mege Drive)和90年代(PlayStation,Sega Sturn,1994,Super Famicon;Baba,1999)任天堂、索尼,或(早期的)世嘉推出新硬件的时间同步。前者有较高的进入率,部分是

---

[1] 例如,丰田共计265 000名员工。
[2] 话虽如此,但不应忽视日本企业的异质性在日益增加(Lechevalier,2007)。

因为利润很高。巴八(Baba,1999:268)发现,按营业额计,前 50 名企业绝大多数是中小企业。部分原因是二手游戏软件店的出现造成日本国内市场萧条,当时如同刹车一样遏制了创新的动力。然而,根据我们的调查,日本游戏软件部门的多数从业者——发行商、开发商或小型供应商——对未来的发展抱乐观态度,他们预期有一个整体上良好的商业环境。其中一个理由是,引进了新的游戏机操作平台(任天堂的 Wii 和索尼的 PlayStation 3),以及手机市场为游戏软件企业提供新的机会。

创新体系的可塑性:日本企业家如何成就他们自已的游戏软件的创新体系

可塑性的制度基础

创新体系的可塑性植根于制度和结构的变化。路径依赖概念的出发点是假设制度是相辅相成、相互促进的。但实际上,创新体系是由一套主导或后备的制度构成(Amable,2003),对不同的问题有不同的制度解决办法。因此,从业者不用遵循给定的、整体的创新体系所提供的优惠措施。相反,他们会从整套制度安排中选出适合其需要的若干办法,最近关于地区和部门创新的研究也持这样的观点。

根据给定体系的变化,斯特里克和西伦(Streek and Thelen,2005)提出了制度变化的五个模式,其中两个适合日本例子,那就是"转换"和"替代"。制度的转换意指重新制定新的目标(我们的事例中指的是开发游戏软件)。关键的是,通过转换,那些以往阻碍创新的制度似乎会在其他背景下变得有利于创新。若按此方法,那么根据路径依赖的概念得出的自我执行制度的假设就值得怀疑。自我执行并不受从业者的控制,而转换则意味着有创意的从业者会把制度用于新的目标。可塑性的第二个来源是替代,它指的是新模式对既定的制度形式提出了质疑。这些新模式可能借鉴一些后备制度或与转换的既定制度相结合。替代的更深一层形式就是创造全新的制度。两者都会在较长的时间里削弱占主导地位的体系。

转换

日本的劳动力和资本市场以及国家的产业组织被看作是新产业诞生的障碍。然而，在其后的时间里，人们发现，并不是所有重要的新产业都必须有相同的制度背景。如果它们转向新的目标或与新要素结合，即使"老的"制度也能适用。

有些作者提出了新的论断，认为我们在日本看到的劳工市场的特殊结构（尤其是长期就业）导致了更为开放的沟通流，改善了界面管理（Aoki,1988;Nonaka and Takeuchi,1995），从而使企业更好地解决异质性、不确定性和模糊性的问题。重要的是，在这个语境下，游戏软件的发展面临的正是这些问题，且在更大的程度上甚于占主导地位的核心企业。

异质性。参与游戏软件开发的学科异质性很高，从艺术家（游戏设计师、插图作者和音响工程师）到工程师（程序设计师和测试人员），若与硬件制造商合作，甚至还有机器工程师。不同的知识基础使知识共享变得重要，但这点并不容易做到。

不确定性。与不同的知识基础密切相关的问题是不确定性。这种不确定性来自这样的事实，即艺术理念必须转化为电脑语言，但是这些理念能否转化为技术语言以及转化到什么程度事前却全然不知。而且，创新过程本身与主要的核心产业相比也更不确定。例如，游戏开发商常常反映，汽车设计不会因电脑背景而变化，但人物特征可以通过其移动或明暗度的不同而变化。

模糊性。一款游戏内部的一致性对其成功至关重要。艺术家和工程师需要对游戏和游戏中的每个动作建立一个共同的想法。由于大部分开发工作都依赖个人的知识和理念，所以一款游戏的最初点子和第一张草图都是不清晰的，难以互相沟通，甚至整个开发过程都是如此。游戏开发之初,只是一张不会动的草图,动画片要经程序设计师之手才能实现,而他必须理解游戏设计师(和他的核心团队)的整体概念,例如人物形象如何,如何动作,脸部表情如何,动画片如何制成,等等。仅举一个简单的例子,游戏设计师或插画师能否接受比较"刺激的"或"尚未固定的"外形(looking figure),取决于程序设计师的心领神会。他或她必须把那个表情转化为具体的程序。另一个例子就是测试阶段。测试人员可以表述他们的意见,认为这游戏应该有"更连贯"或"更鲜亮"的形象。这时,解释和执行又需要心领神会。在汽车行业,若给定质量、价格和设计,人们可以相对可靠地预测出汽车的销售量。但在游戏软件行业,销售量高度波动,它仅仅凭借顾客的品位,取决于他们是否觉得这车"炫目"或"酷"。反过来,取决于创意的设计和连贯的执行力。

考虑到这样的需求,日本的发行商和大开发商往往依赖于"J型"管理,特别是依赖相对低的职工流动率和"多面手"式的专家就不是什么巧合了。这两种做法都改善了内部的知识流动,促成对不同知识的分享。日本企业的主创人员(creative staff)以及程序设计师和测试人员多半都是终身雇佣(as shains),即长期雇员。据一家软件发行商报告,艺术家是以项目制雇佣,这是为了鼓励内部新知识的流动,在解雇创意能力不合格人员上有更大的灵活性。实际上,该企业的艺术家只是在刚开始时临时性地雇用。甚至在初期阶段他们就常常在企业工作,待项目完成后的数月内约有一半人已被录用。换言之,因新劳动力市场日益开放,制度创新确已发生,但其效果只是暂时性的。虽然乍一看,似乎利用了较多机动的解决方法,但实际上,更多的是对既定的制度做了重新解释。许多企业还采用另一种办法,即临时聘用学生(arubaito)。但结果常常又是如此,即学生后来都被企业录用了。这两例都说明,长期雇佣的概念仍保持着。我们采访的合作伙伴都明确表示,宁可知识外流也要创建知识共享基础和维护沟通的开放性。砂川(Sunagawa,1997)的报告以世嘉(Sega)的事例表明,在职培训就是为了在错误中学习,为了提高意会知识(tacit knowledge)的转让。

在技能发展上,日本核心产业普遍实行的岗位轮换制也适用于同样的目标:造就开放式的水平型的沟通流。而且,它还是工作丰富化的工具。最初,岗位轮换制应用于管理部门要求其进行系列产品开发(在商业上更有吸引力)的那些出色的游戏设计师(目前,十有八九最成功的产品都是成系列的)。后来,这种方法普遍应用于从事游戏生产的雇员,因为系列游戏产品的开发和生产要求不是太高,甚至因这些游戏只有固定的套路,而使艺术家感到厌烦。

资本市场不够发达也是日本新产业薄弱的因素。由于初始阶段游戏软件开发所需的资本不是很大,一般在内部即可解决,资金缺乏问题在开始阶段并不突出。创业企业常常由准私人风险资本资助,而不是机构风险资本。据发行商 NamcoBandai 报告,它在 20 世纪 80 年代支持了 10 家以上开发商,并声称这种类型的支持在游戏软件行业十分普遍。世嘉公司支持那些希望成为独立企业家的雇员,他们只须提交"创业企业规划"(dokuritsu shien program)。除资本外,规划还要提供各种服务,如法律意见、有关知识产权和技术支持的意见。至今,世嘉公司资助了 9 家企业。这种形式的天使融资十分有意思,因为它可以在资助的分拆公司的已有制度内找到参照物——中小企业主在前雇员的创业企业中的临时投资。对游戏发行商而言,它作为资助者有几个好处。首先,初创企业销售产品的压力比老企业大。资助会促进"速度经济"。然而,如果被资助者有机会主义行为,与资助人的目标相悖,这种优势就会削弱。这样,资助行为就成了确保资助方和被资助企业之间战略目标一致的工具,有助于建立有益的协调基础,包括营造一种氛围,让期望成为企业家的前雇员不会过度气馁。代之以企业外的职业(out-house career)补充原企业内的职业(in-house career)。最后,把某些技能外包出去以便专注于自己的核心竞争力(见 Storz and Frick,1999)。就游戏软件部门而言,缺乏风险资本反而成了比较优势,因为出资的发行商能够提供高质量、专业化的内部咨询。在日本,天使投资人在种子期就提供启动资金并不是新现象,其目的与传统的资助形式类似:协调顺利,激励原有的雇员。但天使资金也有新的应用,即投资于知识密集型部门的新成员,又因为其转让到新的部门,所以也符合资助方本身的目标。现在,部分系列生产已经外包,内部创业者得以有更多的时间和精力创造出引人入胜的、新的、令人痴迷的游戏。[1]此外,资助方还鼓励对游戏开发进行定期协调,由于游戏的生命周期短(两至三个月),所以这点很重要。

最后,产业组织被认为是新产业发展,特别是软件产业发展的障碍。一种看法是,对长期合作的重视限制了外部知识的涌入、限制了企业间的竞争和全球竞争力标准的建立(McGuire and Dow 2003)。但是,长期合作会创造出新的工具,从而再次促进知识共享,如企业内的工程师和设计师的位置从开发商变为发行商;反之亦然。接受采访的游戏软件行业的合伙人都把知识共享作为最重要的工具,认为它能加速创新过程、减少软件缺陷和不连贯的故事情节。世界市场上从事角色扮演游戏(role playing games)的日本企业比美国生产商多得多,原因就在于日本具有深度的企业间合作,而这正是创造任何需要高度协调配合的复杂游戏的前提。

替 代

除了原有的制度,日本的劳动力市场和产业组织中出现了一些新的制度。其中许多制度是从原先后备的制度中选用的,从而使占主导地位的制度发生了变化。其余则是新创设的制度。

---

[1] 根据企业的战略,把风险较大的新游戏项目外包出去是另一选择。资助的企业分拆就是风险优化的手段。

谈到劳动力市场,游戏软件部门需要高度专业化的劳动力。该产业兴起伊始,不存在专业的游戏软件教育,市场规模也相当小。大量编程人员到处转悠找工作,游戏行业常常由一群不满意其他软件部门(常常是防卫部门)而想改换门庭的人填补了。在这种情况下,商业软件业相对小的规模成了有利因素,因为它不用招聘稀缺的合格人才。但是,游戏的技术基础设施越来越复杂,以至于专业化已经成了重大问题。今天,要在不同的软件部门来回变换工作已不再可能。在我们的访谈中,生产商业软件的企业反映,尽管刚开始时,它们既做商业软件又做游戏软件,但目前它们必须专注于一个或另一个软件部门。

这样,日本劳工市场目前最普遍的问题是,教育机构的专业化程度相对比较低,造成设计和技术软件知识方面合格人才的短缺。这个空档为私人企业家拓展了机会,并出现了全新的机构。囊括了设计、电脑图像、编程、工程及相关领域的私人教育机构的教学课程在全日本大量涌现。当前,日本约有109所与数字媒体业有关的新学校,约有30%的学校由私人企业家创办(Baba,2000:38)。最著名的一所是数字好莱坞大学,它创办于1994年,后又成立10所分校。数字好莱坞大学的授课时间从清晨至深夜,所以工作的人也可以参加。1994~2006年,有36 000个毕业生。据学校董事和一个外部的重要知情人反映,约有80%的毕业生已在娱乐业和数字媒体业找到了职位。

建立网络协会是又一个机构创新。非营利组织比特谷协会(BVA)于1999年成立,其宗旨是促进互联网从业人士的个人联系。它的社会活动,例如比特谷派对,既是维护游戏业人士[1]的相互关系又是发现人才的重要手段(Yukawa,2003:3)。这是东京成为最吸引游戏业人士的又一原因。

在企业内部,游戏软件部门对于创造力和独特性,以及对于创办人个人背景(他们把自己看作是具有"另类"个性的艺术家)有新的要

---

[1] 游戏部门的多数员工自己也玩,他们形成了一个大的"游戏社区"(otaku)。

求,从而产生了新的管理问题。一些主导的核心产业成了比大学更重要的人才来源。因为这个事实与人事管理的主导逻辑相悖而显得十分有趣。一般而言,绝大多数新员工从大学招聘,因为个人的创造力并不认为能在产业核心技术上起很大作用。当然,选拔的第一阶段仍是突出普通的标准,如读写能力或一般性知识。但是,在其后选择阶段,个人创造力和"艺术个性"则是游戏产业最重要的选择标准。申请人的创造力通过面试确定,在面试中申请人须解决某些问题,如设计某些游戏部件或根据给定的一些事实,想出一个有趣的游戏点子。所以,有点"疯狂"但完全合格的学生就很有机会在游戏软件企业找到职位。

在企业内组织中,市场波动性通过缩减战略投资来调节。索尼、任天堂和以前的世嘉公司等游戏软件部门的硬件制造商,即使与发行商有长期交易关系也一直克制对他们的投资。相反,发行商和开发商按所需的 ROM(只读存储器)和订单大小支付事前确定的提成费(Yanagawa,2004)。他们的合作建立在 Kohashi and Kagono(1995)称为"基于规则的监管网络"(rule-regulated network)的协议基础上,与我们在电视和电影业看到的项目网络(project networs)十分相似。这种组织形式多少有点像那些法律上独立、经济上有依赖性的企业间为完成一段时间内有限的、复杂的创新项目而形成的组织。这种组织与占主导地位的核心产业的组织截然相反,像丰田或日产公司这样的制造商拥有其供应商约 30% 的资本(Storz,2006)。

讨 论

多数研究认为,日本原有的制度是新产业兴起的障碍,乍一看,这种看法与日本游戏软件业的成功相矛盾。笔者认为,日本游戏软件部门成功的原因是创新体系的可塑性以及其与独特产业的"匹配"。以此来考察软件产业,我们发现有大量可兼容的企业存在。日本经济在众多产业上的成功意味着,日本的模式总体上是成功的,不管什么原因,商业软件和生物技术总归不是传统的行业(anomalies)。至少我们可以假设,大量"其他的"未来产业的存在是符合日本创新体系的制度设计的(Ratliff,2004)。例如,事实表明,日本在移动互联网、i-mode、纳米技术(Marinova and McAleer,2003)[1]和服务机器人领域(Lechevalier,Nishimura and Storz,即将发表)都有着高度的竞争力。从这个角度出发,游戏软件业的兴起可以理解为是既定的制度和结构的"合乎逻辑的结果",这意味着某些产业与某些制度相匹配;反之亦然(Lechevalier,Nishimura and Storz,即将发表)。

另一个重要方面:有人认为,新产业只是与制度相"匹配",而且为了造就一个"匹配的"制度环境,有必要对制度进行调整和创新,但情况并不如此。换言之,有些情况下,既定的就是合适的,但在有些情况下,创造的才是合适的。以游戏软件部门而言,既定的制度是从产业核心部门引介到游戏软件业的。在此过程中,它们经过了改造、调整和综合。例如,国内劳工市场历史悠久的管理方法仍得到保留,但它们与人员分配和招聘上的新方法结合起来。在产业组织上,传统的知识交流手段仍保留在下游企业(发行商和开发商),但发行商本身由于缺乏硬件制造商的战略投资而变得越发独立。制度既不是给定的,也不是一成不变的,一套合适的新制度是创造出来的。即使我们对从业者转变和替代制度的条件仍须做出鉴定,但这是创造性的行为,是创新体系可塑性的前提。

同时,非制度性因素也会促成游戏软件产业的发展。尽管对此进行深入分析超出了本章的范围,但可以列出一些重要因素,即文化知识存量,对游戏软件的强烈需求和网络外部性(network externalities)。第一,具有80多年历史的卡通风格的漫画传统表明,日本的设

---

[1] 日本拥有世界上纳米技术最高的专利转让率(Marinova and McAleer,2003)。

计师和艺术家拥有独特的知识存量。第二,虽然日本娱乐业和媒体业的总量约为130亿日元,低于美国(340亿日元,人口只是日本的2.2倍),但游戏软件市场的规模大致相同(日本:10亿日元;美国:9亿日元;DCAJ,2005)。第三,硬件制造商在消费电子和微电子上的牢固地位有助于造就网络外部性:硬件卖出越多,软件(它附在硬件上)也就卖得多。游戏软件业和硬件业的成功是相通的。这种情况在任天堂新开发成功的Wii主机上表现得最明显,它掀起了一股游戏软件的新浪潮。与此相关的是,由于产品开发能相对顺利地商品化,现存的生产、销售和发行网络以及消费电子体验更易弥合"知行鸿沟"。尤其是有微电子学的知识基础,硬件的存储能力从一开始就很高,从而通过可视化和采用新技术,简化了赏心悦目的设计的产生过程。

结 论

乍一看,日本企业在游戏软件上的比较优势令人惊讶。这与制度理论是相矛盾的(天真),这归咎于日本软件产业在制度上的软肋,譬如劳工市场和资本市场的欠发达。显然,产业的成功得益于与现有制度环境的"契合",因为游戏软件需要的制度环境不同于欠成功部门(如企业软件),而需要类似于消费电子产品那样成功的部门。此外,企业家的作用务必加以考虑,他们通过转让、转换和调整来创造这种契合关系:企业家通过转换和替代现有的制度(Streeck and Thelen, 2005),以及通过综合现有的制度形成新的制度环境,从而创造自己的游戏软件的创新体系。日本的事例表明,创新体系能具有重要的特性——可塑性。

转换和替代是可塑性的两种形式。转换意味着现有制度可以引向新的目标。就日本的游戏软件产业而言,现有的制度,如知识创造制度转让到游戏软件部门,就有利于解决(从业者的知识)异质性、不确定性和(项目的)模糊性等问题。一旦引入新的目标,甚至原以为不适合新需求的制度似乎也变得适合及有益于这些需求了。东京和涩谷空间上的集中也可解释为是转换的形式:正如在传统的机械、消费电子和运输行业,这种集聚使游戏软件业的企业能获得维持学习过程的公共产品,尤其对那些常发生财务拮据的小公司,间接抑制了对日常业务无关紧要的所有活动。例如,涩谷的非正式网络、展览会的会议或游戏相关的企业协会等五花八门的活动。这种集聚并没有政治上的动因,而是以比较渐进的方式发展起来。

替代是创新体系可塑性的另一种要素。尽管最近有关于创新体系多样性和内部问题的文章(Lundvall等人,2002;Melerba and Orsenigo,1996),但有关创新体系的文献在解释某些国家没有成功地建立起新部门的原因时,常常只涉及主导性的制度。而实际上,还存在着大量的、替代的、后备的制度。我们在游戏软件部门看到的正是这种情形:劳工市场上的后备制度,如根据创造力和个性选拔人才的制度恰恰是游戏软件产业兴起的重要前提。各企业挑选和吸引讲究业绩的年轻设计师,从而替代了现有的人事管理制度。

日本游戏软件部门的案例给我们上了一课,对多样性的包容在政治上是明智的。从给定的一套主导和后备制度产生的变异增加了选择新的制度组合的可能性。而且,那些被认为阻碍了企业软件部门竞争优势的制度至少部分正是让日本游戏软件业产生强大竞争优势的制度。但实际上,我们很难规定应该变化到何种程度,以及在给定的创新体系内,哪种制度不应该进行范式改变。我们能从日本案例中学到的是,互补性的缺乏未必是制度变化的障碍。至少就游戏软件部门而言,互补性的缺乏不能视为日本企业家的难题。相反,他们认为,主导部门的制度与后备制度结合可以适应变化的需要。

日本的案例还表明,并不存在一个十全十美的实用的创新模式,创新未必发生在硅谷型的创新企业中。领先的日本游戏软件发行商几乎都不是新近创办的企业。它们大多成立于 1950~1970 年的 20 年间,其游戏软件部门都是由其他业务部门转型而成。日本游戏软件部门的案例表明,诸如制度体系那样的制度背景"就像穿过沼泽地的柏油路。如果说,当前道路的位置会'约束'跨越的话,那基本上就没戏了。没有路,穿越是不可能的"(Nelson and Sampat,2001)。当从业者具有创意和创新精神,可塑性就可以阻止制度的僵化。

行文至此,笔者还要说明一些先决条件:首先,本章的结论基于探索性的案例研究。虽然这些研究确实包括许多领先的游戏软件发行商,但至今仍没有囊括所有相关的从业者。而且,笔者尚未回答对产业兴起更为重要的因素,即现有制度的转换或由新制度替代这个问题,同时笔者也不能确定独特的日本创新模式会阻碍竞争力进一步提高至何种程度,日本的模式相对重视企业内部和企业间的对话,而不是外部知识。即使不存在一个最佳的创新过程,日本也仍有必要进行一些调整。美国市场份额的不断下降,正是与这些问题高度相关。最后,笔者没有回答有关的从业者在何种条件下能够转换和替代制度的问题,笔者也没能充分收集非制度的因素,譬如现有的知识(例如漫画业),现有的产业结构和对数字娱乐产品的需求等。深入的研究需要涉及这些问题。尽管这些都是悬而未决的问题,但游戏软件业的案例仍是一个有启发性的例子,说明日本是一个极富创新精神的国家,虽然其创新活动的模式各有不同。

8. 新经济空间、政策和社会参与者：江南地区从城市边缘向新经济和关系治理中心的发展

纳姆吉·荣格

序言

国家和地方政府以及社会从业者创造新的经济空间

许多作者已经详实地记录了亚洲国家在打造高技术集聚区中的明显作用。虽然在细节上有若干差异，但亚洲这些国家和地区，从马来西亚到新加坡和韩国，都强调国家是产业集聚的倡导者（Bunnell and Coe, 2005; Indergaard, 2003; Lee and Tee, 2009; Lee, 2009）。其推动力就是，面对着全球经济竞争的加剧，民族国家努力在战略上培育面向世界的、集中国家技术和人力资源的城市地区，以改造其国民经济。国家资源在空间上的集中使得装备精良和专业化的城市地区能提升当地经济，成为经济发展、技术和知识转让的重点，促进国家经济融入全球经济。在这个过程中，民族国家不仅扮演了先知或基础设施提供者的角色，而且是研发活动、知识和技术转让的积极组织者；社会

网络的创建者；人力资本的招募者。有些作者认为，国家作用的变化在对于公民——族群或国籍——的差别化待遇上更为明显。例如，在马来西亚多媒体超级走廊这个高科技的集聚区，有选择性地撤销了一些对外国直接投资、跨国公司和国外工人的监管条例，以造成一个国家空间内特殊的全球性地域（global place）。这种有差异性待遇的空间让有技能的工人获得了优惠，促进了当地—全球间（local-global）的连接，造成了发展依赖于跨国公司和流动技术工人（Bunnell and Coe, 2005：845；Ong，2000）。

近来，在争论中产生了这样一种思想，即认为一味注重国家和外来力量对技术地区形成的决定因素会消除地方政府和社会从业者所起的重要作用。地方主义者只注重地方内源性因素而对国情多半避而不答，而国家中心主义者可能只认可社会和社会从业者的重要性。但实际上，如某些中央集权论学者所指出的，国家是镶嵌在一套具体的社会关系之中的，这套社会关系与社会相结合，并为目标和政策的持续协商和再协商提供制度性渠道（Evans，1995：12；Zysman，1977）。

这种思路已经被一些具体的事例所证实。例如，帕克（Park，2008）认为，国家试图发展的特定场所政策（site-specific policies）常常会与地方政府发生摩擦或冲突。他认为，在韩国，民族国家引发的政治分权制约了地方政治霸权的增长以及地方间的竞争。因此，具有讽刺意味的是，民族国家处于与地方协商的地位，并由于吸纳了社会的关切或呼声，从而改变了政策或实施规划的方法。

另一方面，荣格（即将）引证了技术变化如何对民族国家的治理权力带来新的挑战。迅速变化的技术环境使国家完全掌控产业发展的企图成为泡影。强有力的国家干预在有效应对持续变化的市场条件、消费者口味和技术进展上凸显其弱点。由于技术进展神速，国家必须调整其与社会的关系，根据持续变化的政治和经济条件，国家与社会相处的能力、更新政治权力、塑造与重要私人部门的关系是至关重要的。

为了进一步延伸这个新论题，即新经济空间的创造源自多层次和关系治理的辨证互动，笔者试图重建有关韩国首尔江南地区形成的叙事方式。笔者调查了"新城市空间"（江南地区）、"新产业部门"（信息和通信技术）（ICT）和"新经济从业者"（ICT风险企业家）共同演进的路径，以此建立笔者的叙事方式。经济空间和新产业部门的形成涉及不同的政府、经济和社会从业者之间复杂的纠结关系。为了使该研究切实可行，本章特别关注国家政府—市政府—新经济从业者间的互动状态。

江南地区：从莱地到特许的城市中心

江南地区是这类研究的理想案例。尽管江南地区是大首尔市的一个行政区，但直至20世纪70年代还多半是个农业地区。江南地区的城市化始于首尔市为应对人口的爆炸式增长及住宅、城市基础设施和商业空间的缺乏而实施的系统规划的一部分。尽管江南地区的城市历史很短，只占首尔的一小块土地和人口，但在20世纪90年代末，其经济实力和以中产阶级为导向的社会服务和教育机会都占有着无可争辩的重要地位。意料之外的是，在江南地区的中心德黑兰路办公区，一流的高技术产业集群20世纪90年代末才兴起。这个通称为德黑兰谷(TV)的集群区又增添了一层光环，成了新经济企业和创意的中心。

以全世界互联网泡沫破裂为标志的世界性经济下跌后，德黑兰谷地区迅速解体。许多人看到小企业集群、制度支持和金融投资的消解，预测德黑兰谷地区末日即将来临。然而，2003年前后，德黑兰谷地区再次雄起，成了数字内容产业的中心，并成为首尔市数字内容企业及其员工（占26.6%的企业和34.1%的员工）最集中的地区(Jung,2007)。

江南地区浓缩的发展经历、德黑兰谷地区的急速崛起以及持续的经济实力和恢复力提出了许多问题。江南地区如何成功地重新确立其新经济中心的地位？为何机会窗口只向德黑兰谷所在的江南地区而不是向首尔内外的其他地区开放？江南地区能吸引成千上万家ICT风险公司，它具有何种具体或特殊的属性？成千上万家ICT创业企业在1997年金融危机引发的空前的经济衰退时期如何获得资金来源？后危机时期，它们的经济实力和恢复力来自于何处？

对于ICT企业家和江南地区从20世纪80年代至21世纪前10年共同演进的路径研究表明，虽然民族国家在引导空间和产业的转型中仍起着中枢的作用，但国家与社会互动的方式会依据社会的反应和与社会的协商持续发生变化。

20世纪70年代末和80年代：集中并严格监管的年代

创建新的经济空间

在20世纪60年代和70年代的迅速工业化和现代化时期，汉城就像其他许多殖民地城市那样，经历了人口的爆炸式增长。起初，市政府对于迅速增加的住房和城市其他基础设施的需求只是设法提供一些临时性的解决办法。到了20世纪70年代中期，汉城市政府终于提出系统性的城市转型和扩展计划。计划设想了多核的城市中心，在汉江南侧的江南地区建立第三个城市中心。该计划把农田改造成近郊中等收入居民住宅区和城市办公区的组合，以补充现有的两个城市中心，即老城区和汝矣岛（Yoido）地区。

江南住宅区的初期发展遭到国家和地方两级政府的严格和集中的监管，它们积极利用其政治权力，形成庞大的队伍（sizable player）以造成强劲的房地产市场态势。1977年，汉城市政府在江南地区完全改变市政条例，推出"特别公寓区"，全部建造高层公寓楼。同时，市政府向承接开发高层公寓大楼的开发商签发独家执照。市政府把竞标大型公寓楼项目的权利授予有执照的大开发商的同时,还终止所有单一小块的开发建筑项目,最后让特许开发商全部买下,合并使用小块土地。这样,开发商就可以获得足够大块的土地来建造高层公寓,并使利润最大化。市政府通过控制私有权和参与建设新城市空间博弈的开发商的规模和数量,成功地打造了一台由城市官员和私人开发商组成的增长机器。这样,市政府就能以相对低的公共投资,迅速实施其大规模的新住宅开发的宏伟愿景(Son,1999)。

办公区内还包括更大、更新的会议和展览中心,以及国际水准的体育馆、酒店和娱乐中心。同时,老城区规划成为政治、行政、教育中心和企业总部所在地,而汝矣岛则成为广播、股票交易和其他生产性服务等功能的中心。汉城的目标就是打造一个对国际企业和跨国旅游者有吸引力的专业化的城市地区。这些国际性活动在空间上被规划在德黑兰路地区。[1] 沿着德黑兰路——城市主干道,宽20米,东西走向,穿过江南区——城市街区指定为城市设计区。该规划鼓励建造特别的高密度办公大楼,有秩序井然的城市街景,在街道层面上增设更多的活动,包括面朝德黑兰路的地区。因此,虽然在区内允许建筑物密度比较大,但对这些建筑物有一整套的规范要求。例如,要求大楼主留出一部分公众使用的空间,特别在临近街道的地方,大多数是在大楼前面向大街的地方留出半公共的空间。汽车出入口须设在大楼后面,使得汽车进出时不打扰街上活动的行人。

伴随着这些大规模城市开发计划,市政府还积极地重新设置和扩展一些重大交通功能到江南地区,以提供便捷,创造更多的发展势头。例如,汉城市长要求总统改变地铁建设方案,以期覆盖到新开发地区,要求统一的跨地区高速巴士客运站设在江南地区。20世纪80年代完

---

[1] "德黑兰"这一名词来自于穿越德黑兰路办公区的城市主干道——德黑兰路。这条路最初是三座墓(Samreung)路,因有三座朝鲜王朝(Chosun Dynasty)的皇家坟墓。1976年伊朗德黑兰市长进行正式访问时,为庆祝首尔与德黑兰成为姐妹城市,该路改为德黑兰路。德黑兰路办公区位于首尔江南地区,汉江地区的南部。

工的连接汉城东南西北部分的环行地铁线和设在江南地区的跨地区高速巴士客运站不仅提供了交通基础设施,改善了进出新开发地区的通道,而且造就了发展势头。为了鼓励居民分散到江南地区,以及补充其薄弱的社会功能(如学校),汉城市政府把许多顶级的高中和学院从老城区搬迁到新开发的住宅区。

这个发展计划与中央政府的政策,包括对大汉城地区人口增长和疏散人口以减轻住房短缺和交通拥挤的政策十分吻合(Son,1999)。因此,中央政府支持江南地区的开发并谋求给予便利。中央政府的若干主要职能部门都转移到江南地区,包括国家最高法院和检察院。在地理上区分三个主要的政府职能机构是该计划的一部分:在汉城的行政、立法和司法机构,在象征意义和实用意义上确保每个职能的独立性;行政机构集中在城区,立法机构集中在汝矣岛,江南地区则是司法机构的所在地(Son,1999)。

培育新的产业部门

在汉城经历重大城市转型的同时,韩国经济也在经历向后工业化和知识型国家的重大转型。在国际上,韩国制造部门开始失去竞争优势。韩国的技术官员决定,为了过渡到后工业经济,当务之急是打造当地的高技术发展和创新能力(Evans,1995)。同时,韩国的规划人员认为,应摒弃技术借贷或学习型模式,必须全力在韩国企业内打造创新能力,锻造在全球市场上的技术竞争力和知识型产业持续增长的内部能力(韩国经济计划署,1980年,第五个经济社会发展计划)。

韩国采取了三个重要措施。第一,为推动韩国企业投资于新的高技术部门,政府实施了旨在吸收初始投资风险的政策。例如,韩国政府动用政府购买力,创造一个高技术产品的国内市场。例如,政府从刚开始生产的当地企业订购大量私人电脑。这就为企业提供了最初而稳定的国内市场。

第二,为了便于知识转让,政府还承担了为高技术研发团体服务的组织者和融资者的角色。例如,对于开发长途呼叫系统中的一项新的交换系统,这个系统的技术仅有几个跨国公司掌握,为此韩国政府组织研究项目。当时,国内的私人公司在政府承诺给予采购优惠的情况下也不愿承接这个重大基础研究项目。因此,韩国政府在商务部(MOC)的重要研究组织——电子和电信研究所(ETRI)——(Evans,1995)与爱立信公司之间组织了财团,来转让他们某些交换技术和培训电子和电信研究所人员(Hyun and Lent,1999)。这种政府导向的研发财团通过本身承担部分开发工作而降低了技术风险,以便使韩国企业最终获得经典的熊彼特创新精神。其结果,通信基础设施延伸至新的地区,同时降低了外汇成本,发展了具有出口潜力的本土技术,加强了研发的基础设施。

第三,国家投资于人力资本的发展。技术教育是信息科学发展最基本的基础设施,韩国大力推动它的扩展。韩国还建立两个先进科学/技术教育的领导机构:研究生水准的韩国科学技术高级研究院(KAIST)和本科生水准的韩国技术研究院(KIT)。两所学校都位于国家资助的科技园区 Deaduk 科学城。由国营钢铁厂建在浦项的浦项(Pohang)技术研究院(POSTEC)后来成了先进科学技术教育的领导者(Evans,1995)。

政府的这些努力大大地推进了国内电话技术,增加了信息和通信(ICT)基础设施,培育了具有国际竞争力的电信制造商的诞生,如 LG 和三星。政府还培育一些小型的高技术企业,这些企业被看作是利用知识经济所提供的既有风险又利润丰厚的商业机会的重要的参与者(Aes and Audretsch,1990)。

韩国与中国台湾或以色列相比,在现代化的规模和阶段上都有所不同,后两者在制定创新制度上都是由美国教育出来的科学家和工程师起主导作用,而韩国第一代 IT 风险公司是由土生土长的韩国工程师创办的。据报道，第一家风险公司是 Qunix Computer，由 Bum-Cheon Lee 教授于 1981 年创办(Lee and Kim,2000)。他在韩国科学技术高级研究院(KAIST)取得工程学博士学位,并在那里教书直至辞去教职开办 Qunix Computer。根据当时的社会标准——高学历及在学术部门的职位即是社会高层次的标志——如此开办一家自己的公司是很冒险的,这本身就令人刮目相看。后来,他与比尔·盖茨合作建立了韩国微软公司。

Lee 的行动影响了许多 KAIST 的毕业生,他们在 20 世纪 80 年代和 90 年代也建立了 ICT 风险企业,包括如 Madison、Humax、TurboTech、SaeRom 和 Handy Soft 这些著名的风险公司。有些毕业生创办了 Gua-Gie-Hoi(专业的科学技术协会),后来得到个韩国创业学院(Korean Venture Academy)的外号;这个团体成了创业部门增长的温床(Lee and Kim,2000),在韩国尚无专业性或制度性基础设施支持这种风险创业行动的时候,引进了风险创业的概念,该团体起了重大的作用(韩国先驱经济,2007 年 1 月 29 日)。[1]

表 8.1 显示了把风险公司概念引进到韩国社会的韩国第一和第二代风险公司。

表 8.1　　　　韩国第一和第二代风险公司(1980～1995)

时　期	风险公司
第一代 (1980～1985 年)	Qunix Computer,Madison,Mirae Industry,Bit Computer
第二代 (1986～1995 年)	Handy Soft,Hangul and Computer,Humax,TurboTech,Ocsori,Nanum Technology,Namo Interactive,Locus,SaeRom Technology,Sae Won Telecom,Standard Telecom,C&S Technology,Apex,Ahn Virus Research Lab,Appeal Telecom,Insung Information,Telson Electronics,PanTac

资料来源：韩国风险公司发展史,2000,韩国。

---

[1] http://news.naver.com/news/list.php? mode＝LOD&office_id＝016&view＝1. Accessed on October 12,2007.

李民华(Min-Hwa Lee)还被视为韩国风险部门的领导者。1985年，他创办了 Madison 公司，后成长为一家中型企业，收益500万美元。他是韩国风险公司协会(Korean Venture Company Association，KOVA)的创始人之一，并任第一任总裁。KOVA 在 2000 年互联网泡沫破裂前有1 000个风险公司成员。在韩国产业尚不允许小企业进入的时期，这些企业家为 ICT 企业家创建制度性的基础设施做出了重要贡献。

20 世纪 90 年代：战略合作伙伴和选择性放松管制

处于新经济中心的江南地区

由于政府的强力推动，首尔[1]的城市结构得到了改造。20 世纪 70 年代中叶前，城区是唯一的城市核心，拥有首尔最高比例的黄金地段写字楼[2]（见图 8.1）。在 20 世纪 70 年代的下半叶和 80 年代的上半叶，由于汝矣岛建设的完成，新办公场地的供应量大大增加。80 年代下半叶以来，江南地区成了最大的黄金地段办公场地的供应者，超过了城区和汝矣岛地区。在 1991～1995 年间，江南地区供应的办公用房总面积是城区和汝矣岛总和的一倍。

与城区相比较，江南地区的办公地产市场上，中等规模的办公场地比率较高。同时，城区和汝矣岛地区的办公楼由大公司总部建造和使用，而江南地区的办公室市场多数用于出租，因此对于新型产业或短期租户而言，灵活性较大（根据与首尔房地产开发商和分析人士的深度访谈）。

德黑兰路模仿西方城市而密集开发起来的城市走廊和高耸的摩

---

[1] 在韩国房地产市场，黄金地段办公场所规定其总建筑面积大于 3 000 万平方英尺。

[2] 此处开始韩国首都统译为首尔。——译者注

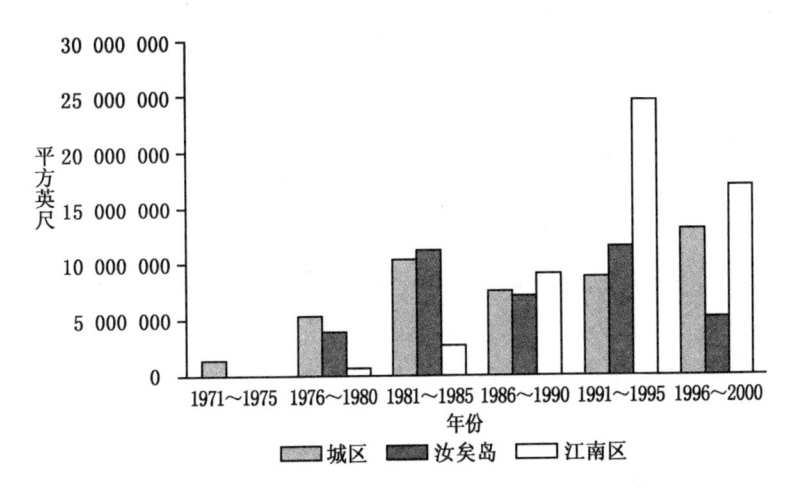

资料来源：Yang, 2004。

图 8.1　1971～2000 年首尔三个城市中心黄金级办公场地供应趋势

天大楼，成了韩国经济现代化和 20 世纪 80 年代及 90 年代经济增长的"象征性地区"或"橱窗"。就像其他许多在战略上为追求"全球口味"而建造起来的城市中心那样，这个地区拥有不同的城市便利的专用设施和设备，以吸引全球企业和旅游者，如国际会议中心、高端商场、民族餐厅、娱乐中心以及由各种生产性服务支持的五星级酒店和高档住宅区。

除了会议和展览中心（COEX），密集的金融机构和世界级酒店、优秀的学区、若干上层中产阶级住宅区，德黑兰路还有发达的交通基础设施，包括机场候机楼和四通八达的当地公共交通，又紧挨城市公园（包括奥运会体育馆）。具有这些便利的专用设施，20 世纪 90 年代德黑兰路地区成了韩国最昂贵的优质办公区。因此，在 20 世纪 90 年代，江南地区上升为高端产业主要的就业中心。

到了 20 世纪 90 年代末，该地区成了国内和跨国 ICT 公司如三星 SDS、Hansol PCS、Hyundai Electronics、微软、Sun Cheap、雅虎韩国和思科等公司的主要落户地。后来，这些有影响力的大型 ICT 公司和跨国公司的存在所发挥的作用,离不开 IT 创业热潮乍起之时小企业集聚的作用(江南区,2002)。

ICT 风险企业的制度建设

20 世纪 90 年代,政府的流行做法就是为即将引领新经济的知识经济和新经济的从业者进行一系列制度建设。这种举措增加了 ICT 创业企业,并促进了 ICT 创业企业在大首尔地区的集聚。这些变化都强烈地受到政治决策的影响。

1992 年,金泳三(Y.S. Kim)当选为韩国第一位平民总统,开始积极推动经济自由化,部分是出于应对外部压力,部分是为了把其政权与军人政权监管下的发展型国家划清界线。结果,他把"全球化"——全球经济的一部分——定为他的核心政策,并实施相关的经济和政府组织改革(Kim 等人,2008)。改革措施之一是在 1995 年建立"全球化委员会"。其功能是开发长期政策愿景和实际的政策纲要,促进韩国经济和社会的转型,从而充分参与"变化中的国际秩序"和"改善与国际社会的合作"(全球委员会议定书,政府信札,Vol. 12905,1994 年 12 月 31 日)。朝着知识型模式的经济转型提升了企业家和新技术部门,所以成了头等重要的目标。

其后,KOVA 总裁李民华应邀成为"全球化委员会"委员,代表委员会中的创业企业分部。KOVA 起草的政策建议正式采纳为政府政策纲要的一部分。1996 年,委员会向商业、产业和能源部(MCIE)提交了"关于创业企业启动全面振兴政策"报告草案,建议把风险企业部门提升为韩国经济中主要的创造就业的部门(Lee and Kim,2000)。

1997 年 5 月,"风险企业促进特别法案"获得通过,该法案描述了政府为支持 ICT 风险企业的启动所采取的具体行动,包括对风险投资部门的鼓励、修订政策纲要促进创业企业、税收增量政策、风险公司设施、风险公司产业园区、风险公司促进特区,以及放松对兼并收购的管制。这个法律不仅保证了促进 ICT 风险部门的全面政策措施,而且使得 ICT 风险企业的数量迅速增加。此法案实施的结果就是 ICT 风险企业的数量首次有了大幅增加(见图 8.1)。

MCIE 在工业化时期主要关注大公司,现在转向支持技术密集型小企业。MCIE 的 ICT 风险企业政策主要是旨在撤除对风险企业的监管障碍。例如,MCIE 获得国家土地利用规划委员会(National Land Use Planning Committee)的同意,豁免 ICT 风险企业受大首尔地区增长条例(Seoul Metropolitan Region Growth Regulation)的监管,该条例禁止任何新的产业设施设置在都市区内(Park,2008)。对 ICT 风险企业所作的这个特例,明显表明了促进 ICT 风险企业发展已成为优先考虑的政治项目。

金融危机和德黑兰谷的形成

20 世纪 90 年代中叶,IT 风险公司最初的集群就成形在德黑兰路地区外的杨宰洞(Yang Jae dong)(社群区 community district)和 Poi dong。这些地区是些低密度的临近德黑兰路地区周边的商业区(江南区,2002)。它们也邻近具有专业功能的小卫星城,如中央政府行政部门和中产阶级住宅区,那里的租金比较实惠,还有高速互联网设施。那时,大公司、金融机构(如银行)、学校、政府和非营利组织对系统集成(system integration)的需求很大。这些因素的总和吸引了许多小的 ICT 企业落户杨宰和 Poi 地区。

1997 年初,ICT 风险企业的数量迅速增加,韩国风险企业协会(KOVA)开始游说首尔市政府,要求其放开杨宰洞附近的市属土地来建造风险企业大楼(即专门容纳 ICT 风险企业的大楼)。但是,政治原因推迟了该计划,1997 年金融危机爆发以后,市政府对新大楼的建设表示强烈怀疑,因当时江南地区的空置率飙升,提议 KOVA 利用空置的江南地区的办公场地(Lee and Kim,2000)。结果,1997 年末和

1998年初,风险企业开始在江南办公地区集聚。

具有讽刺意味的是,德黑兰路地区办公场所的不景气反而成了IT风险公司的"机会窗口"。1997年韩国金融危机后,许多企业,特别是金融部门纷纷倒闭。在首尔的大部分地区办公室的空置率飙升,特别在城区、汝矣岛和德黑兰路地区这三个城市中心。德黑兰路地区影响最为严重(Shin,2001)。突然间,设施完备的办公场所的租金连小企业也承受得起了。金融危机后不久,当初集聚在 Poi dong 的 IT 风险公司开始蜂拥进入德黑兰路地区,即现在的德黑兰谷地区(根据深入采访)。

这实在是个外部震荡的"意外结果",令人哂笑的是,金融危机反而成了 IT/互联网相关企业——特别是风险创业企业——进驻中央商务区的关键机会。ICT 风险企业因为抓住了这个"天上掉下的馅饼"(在这种情况下,指的是黄金地段的可供办公场所),成了关注的中心,特别是它们成了经济复苏的引领者和大公司及金融机构的替代者,后者因经营上的丑行而遭痛斥。

德黑兰谷后危机时期的增长:政策和空间性

大力推动 IT 风险企业提升

然而,后危机时期韩国的经济条件并不有利于小型 ICT 风险企业。最具挑战性的障碍就是融资问题。传统上,韩国金融机构对中小企业就从未慷慨过,尤其是在金融危机后对具有风险的企业更是如此,为弥补资本市场的不足,为支持风险企业注入了巨额的公共资金,1999年总共拨款1 000亿韩元[1]给韩国风险投资基金(Korea Venture Investment Fund)(根据与 SMBA 的政府官员的深入访谈)。在1997~1999年的两年间,为建立 ICT 创业企业而投入的公共基金(借

---

[1] 按1美元=1 100韩元(KRW)计,1 000亿韩元等于1亿美元。

给风险资本和风险公司)增加了36倍,从343亿韩元(2 870万美元)增加至1.237万亿韩元(10.308亿美元)(Shin and Chang,2003:109)。这次,SMBA并非直接注资(如同传统的发展型国家以国家银行低息贷款的形式发放),而是设法保持资本流动的开放性和保持ICT风险部门的繁荣(Shin and Chang,2003;根据与SMBA政府官员的深入访谈)。

1998年,现有的《风险企业促进特别法案》(Venture Promotion Special Act)经过修订,通过采用风险企业证书制度(Venture Certificate System),更加系统地对风险企业进行支持。这个计划旨在通过签发证书时对风险公司进行注册来便利和调节政府对风险公司的支持。经SMBA认证为风险公司的企业将自动获得税收优惠和获得风险公司的特别设施等项支持。同时,获得SMBA风险公司认证的企业可以吸引风险投资。

这样,虽然ICT风险企业在德黑兰路地区的集聚象征着新经济的来临,但这些新经济的从业者在企业集聚后,若无政府的金融和制度支持,能否顺利度过严峻的经济下跌时期还是个问题。在这个意义上,德黑兰谷地区的兴起和发展是以政府政策为前提并得到其支持。同时,必须注意的是,韩国政府引导和支持这种特定的产业部门的方式并不是政府早先所偏爱的直接和监管的方式。

从幕后到前台:德黑兰谷的联盟

迅速发展的ICT风险企业大多集聚在德黑兰路地区。办公楼空置率反映了办公场地出租的速度。根据江南区发布的数据,金融危机后空置率即刻飙升,在1998年第二季度达到最高峰。但是,空置率立刻开始回落,最终在2000年达到"0%"。办公楼空置率的变化表明,空置的办公场所很快被新兴的ICT风险企业所填满。一名被采访人证实,他在2000年开办企业时,手握现金几天都找不到可供出租的办公室。这是当时ICT创业热潮的间接但十分有力的风向标。

江南地区的一个重要空间特征是地标区与日常生活区并存。就在五光十色的大街背后,人们一眼就能看到日常生活的空间,它们与首尔的其他任何地区毫无二致——鳞次栉比的餐厅、酒吧和便利店排列在小巷两边,街上人山人海(多数在邻近地区工作)。穿过几个房屋稀疏的街区和小型商业区后,人们突然发现房屋密集的住宅区、公寓楼间或是小学校和街心公园。

(A)

(B)

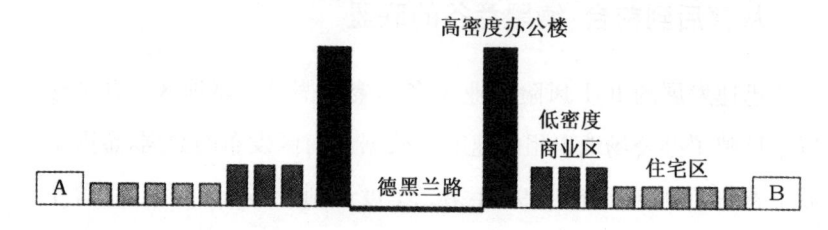

资料来源:荣格(Jung,2007)。

图 8.2 德黑兰谷的空间构造和截面图

(A)德黑兰地区航拍图;

(B)图(A)中 A—B 线的截面,表示大楼离黄金地段办公区渐远时,大楼的高度和体积是如何发生很大变化的。

如图 8.2 所示,江南地区土地使用的特点是,首先,它的线性发展,如高密度的黄金地段办公区(沿图 8.2(A)主干道的深色的地区)。我们可从图 8.2(A)中看到,高层大楼集中在沿德黑兰路。黄金地段办公区紧临着普通住宅区,有邻近的商业活动,如餐厅、诊所、零售店、便利店、停车场等。这种复合的土地使用和不同的密度为小企业提供了低层的、实惠的商业空间。从大小企业关系的角度出发,它还使得小企业更加靠近大公司,与它们有日常的接触和其他形式的频繁互动(Jung,2007)。

结束语

在工业化时代,亚洲发展型国家长期以来在技术发展、产业升级和新经济空间的形成上一直发挥着重要作用,甚至在受到自由放任的新自由主义学说的政治和经济挑战的情况下也是如此。本研究尽管保持民族国家在后工业化时代仍应发挥重要作用的观点,但试图把有关发展型国家应"如何"在新技术区域形成中发挥作用的讨论加以扩展。本研究报告以记录韩国发展型国家通过转变与地方政府和私人企业的战略性伙伴关系影响德黑兰谷和 ICT 企业家形成的方式,对这个问题开展讨论。

本研究报告的主要论点是,韩国官方在促进新技术部门的增长和接纳高端经济活动的新城市空间的发展上继续发挥着中枢的作用。然而,韩国官方并不是对特定的企业(economic actors)或城市地区作直接投资以达到其政治目的,而是创造 ICT 风险企业能赖以施展身手的制度和市场条件。这样,随着时间的推移,韩国官方的定性作用根据周遭的政治和经济条件,相应地从强有力的集中监管的方式转变为间接的放松监管的方式。

诚然,从 20 世纪 80 年代至 21 世纪初期,韩国经济经历了高度不确定的过渡时期,包括重工业国际竞争力的下降,政治上从长期的军人政权过渡到民主政府,以及1997年金融危机后韩国经济结构的整体改革。对私人企业的监督和严格管制等宏观经济条件的变化降低了韩国官方的效率。在向知识型产业的变化过程中,韩国官方虽然仍实行统一政策,但放松了对市场的严格管制,而且采用间接的落实其目标的方法,如组织政府主导的研发财团、增加教育投资、为国内的ICT产品创造新市场等。另一方面需要注意的是,韩国并不寻求外国直接投资和直接引进国外人才,而是集中力量发展本国的生产能力。同期,韩国政府积极地整合江南地区的发展建议并加以支持,该建议与韩国官方调节大首尔地区人口增长的目标相吻合。

这些政策制约了韩国国内ICT产业部门的增长,特别是ICT企业家,后来这批人成为促进ICT企业家成长而设计新产业政策时的重要合伙人。一个意外的结果——ICT企业家的兴起——为政府提供了改变产业优先程序和制定政策的新工具,从而在相对短的时期内把ICT的中小企业推进到20世纪90年代的后工业化结构。同时,在大首尔地区有选择地撤销了增长管理条例,导致事实上的ICT企业家在资源丰富的首尔地区的集聚。

面对突如其来的外部冲击,即1997年亚洲金融危机,韩国政府需要放松强力干预和以大公司为中心的经济政策。在这个时期,ICT企业部门成了恢复饱受损害的韩国经济的支柱产业之一。显然,韩国政府所起的作用至少在表面上是明显减少了;但是,对ICT企业家的空前大力的支持却以其他间接的方式进行部署。新经济空间的形成,正如在江南地区的案例所见,是民族国家、地方政府和社会从业者之间辩证互动的产物。

9. 首尔弘大地区的蓝图：
不稳定的新经济空间？

赵美惠

引言

  弘大（Hong-dae）地区是以弘益大学（Hong-ik University）的名字命名，位于首尔25个自治区之一的马坡区（Mapo district）。弘大地区由若干单位的洞（Dong）组成，洞是最小的行政单位。马坡区的面积是23.87平方公里，占首尔的3.9%，而弘大地区面积约为0.66平方公里［弘益环境发展机构（HEDI, 2004）］。该地区拥有的艺术氛围始于建立弘益艺术学院的20世纪50年代。80年代，该地区已挤满了艺术系学生创办的小型工作室，日益具备了艺术区的特征。艺术相关的企业和艺术院校如雨后春笋般地涌现出来，当地还出现了零星的艺术活动。后来到20世纪90年代，有乐队演奏朋克和摇滚乐的现场俱乐部（live club）开始出现，推动了当地乐坛蓬勃发展。这个地区因学生、青年艺术家和音乐人造就的活跃气氛逐渐广为人知，甚至刊登在"寂寞星球韩国"（Lonely Planet Korea, 2004）这样的旅游指南上。各种不同的城市福利设施和文化相关企业也集聚该地。例如，2000年，首尔

69%的俱乐部位于弘大区[首尔发展研究所(SDI[1],2000)]。根据2004年所做的调查,那时约有100家艺术院校,219家艺术、工业设计、电影、音乐、媒体、摄影、建筑、IT内容、游戏内容、公共关系和时装工作室,92家出版相关的公司,46家工艺品店,11家书店,20家艺术品店,5家剧场,16家美术馆和50家俱乐部(HEDI,2004)。据名为弘大区文化(Hong-Dae Vicinity Culture)的地图和2008年绘制的旅游地图记载,咖啡馆和酒吧的数量达到近60家。沿着该区转一圈,目前在马坡区内与出版、媒体、广播和IT相关的企业占首尔该类企业的11%[首尔市政府(SMG),2010年访问]。沿着狭窄的小巷聚满了小店,街头小贩兜售从手工艺品到时髦饰品等各式产品。这一切造就了一个独一无二的场所,成就了弘大区作为韩国最时髦地区之一的名声。

地区和市政府已经把该地区自发的创意氛围看作是新的文化形式。活跃的文化舞台和文化相关企业带动了区、市当局利用该地区为城市的旅游和产业发展服务。2000年,在为2002年世界杯足球赛建设旅游场所时,市政府确定该地区为"文化引擎"、"文化孵化器"和"另类文化中心"(SDI,2000),并有意把弘大区作为城市旅游场所而制度化。在这个过程中,自21世纪初,市政府试图指定每个地点的特定属性,清晰地对空间进行划分。例如,本着把首尔转变为具有世界文化意义的亚洲城市的愿景,首尔在纵向和横向上划分为6个区域,每个区域都有不同的文化内涵(SMG,2006年访问),分别为"生态/统一文化""国际文化和艺术""现代文化和艺术""大众文化""历史文化""汉江文化"。这些文化概念还体现了地理上的区分。例如、拥有国际文化概念的西部区域其重点是集中独立文化和数字文化产业。意味深长的是,其文化蓝图与产业蓝图正好相吻合。产业空间化的构想使首

---

[1] 首尔发展研究所是市政府的下属机构。它在2000年制定了第一份有关弘大地区的正式报告。它把该地区描述为举办世界杯的战略性地区,拥有首尔独一无二的文化内涵。

尔成为金融、IT 和内容产业[1]的中心。特别是,金融、文化、多媒体和时装业被提升为"首尔型业务",因为这些业务适合于把当前的产业转变为知识型产业(同上)。基于这些产业蓝图,首尔的中心部位被安排为创造文化内容的场所,首尔南部作为用软件和技术包装这些内容的产业场所。有意思的是,弘大区所在的首尔西部被指定为媒体和数字产业带。通过文化规划(cultural mapping)提升独立文化,以及按照产业区划(industrial zoning)提升媒体和数字产业,这几项任务都定点在弘大地区。这种现象表明,在文化和产业空间化过程中对地区进行整合,旨在把城市文化与创意产业结合起来。

弘大地区还设想为附近的产业综合体提供文化内容(马坡区办公室,2006 年访问)。例如,桑时(Sang-am)数字媒体城(DMC)是首尔的一个新项目,旨在把以前的废物填埋场改造成一个集 IT、媒体、娱乐和数字内容产业的巨大综合体,且在弘大地区旁建设厦门荣游戏中心(Hap-Jung Game Centre)。区办公室料想,文化生活、艺术家、文化工作者和弘大地区整个活跃的社区都可以为软件和媒体产品提供内容。虽然这些项目仍在进行之中,但重要的是,弘大地区正在成为集聚人力、社会和文化资本及其产业的节点。例如,为构建一个文化和经济的环境,该地区将实施创建一个名为"文化区"(Cultural District,CD)的文化区域(cultural quarter)的政策项目。根据文化区的政策,凡是拥有文化遗产、文化活动和教育、文化设施以及文化相关业务的场所都指定为推荐的文化地域(recommended cultural places)。这类场所有资格获得各种优惠,如低息贷款、融资机会、宽松的建筑—土地比率及豁免某些法律义务。换言之,只要确认与"文化"搭上边就会影响各种资源的配置。但是,若政策实施三年以后,指定的场所经评估对本地的文化经济发展贡献甚微,这种确认将被取消。总之,这个过程与

---

[1] "内容"指的是所有形式的媒体内容,如文字、影像和声响[人文内容学院(Human Contents Academy,2006:14)]。

产业朝知识型方向发展及首尔西部地区作为新的产业和文化中心发展密切相关。这种情况部分也是由于现有的人力和文化资本集中在弘大地区之故。赫顿(2009)强调,内城新经济的塑造与当地产业、人口统计、景观和住房格局的特殊性密不可分。他提出若干有助于形成城市新经济空间的因素,包括内在环境(built environment)、空间性、福利设施、活跃程度(liveliness)、合适的政策、人力资本、产业结构转型和市场的存在(existence of market)(Hutton,2009:989)。这些因素可以看作是"地域的本地化属性"(localized attribute of place)(Barnes and Hutton,2009:1267)。它们构成了"空间和空间性的质量(诸如空间的亲密性,连通性);内在环境(主要是相适应的建筑存量的供应),包括'具体的'和'代表性的'价值;人力资本(包括'才干'和其他社会文化因素);功能性的房产市场(property market);辅助性的当地机构和制度;对变化的机会做出响应的当地政策体系"。这些因素突出了创意、知识生产和当地特征(local contingency)的地理特点。它们诠释了某些地点如何更好地适应新企业和后工业时代的城市景观。下一节利用这些地点的本地特征,旨在考察弘大地区在何种程度上能视为新经济空间。

弘大地区的本地化属性

内在环境

弘大地区发展为"文化孵化器"多半应归功于画室和艺术家工作室的存在,那里主要是学生、艺术家和文化工作者生活和工作的地方。弘大地区一直是住宅区,因此对于大型商业和企业的建筑形式多有限制。该地区约90%的房屋是20世纪80年代前开发的住宅房,面积少于300平方米,高度不超过4层(HEDI,2004:4)。与首尔的其他地区相比,这里的住房在工作、生活安排上相对便宜些。例如,房屋的地下室多半用作工作室、咖啡厅、俱乐部和业务办公室,首层作为住宿、商业和文化设施(HEDI,2004:5;见图9.1)。

资料来源:作者拍摄的照片,分别摄于2006年、2009年和2010年。
图9.1 咖啡厅位于住宅房屋的地下室(左上和右上),俱乐部在办公楼(officetel)的地下室(多功能的办公和住宅楼)

虽然弘大地区并不鼓励重新使用老的工业或历史楼宇,但老的住宅房还是为学生、艺人和自由职业者提供了优惠的工作场所。这种情况造成了人口统计上的变化、职业的变化、社区的转型,以及当地景观的重新配置。在弘大地区所属的几个洞中,2008 年西桥洞(Seokyo-Dong)的 20~39 岁的人口占总人口的 49%(马坡区办公室,2010 年访问)。该比率高于首尔 2007 年约 36% 的平均统计数字(SMG,2010 年访问)。这些年轻的人群大大地有利于创建一个把生活和工作合二为一的城市乡村和新的生活方式。在这个过程中,白天和黑夜的活动已经变得模糊。例如,据一些知情人说,该地区一个典型形象是,在夜间,这里的居民穿着迷彩工作服,在街边的小摊上吃晚餐,拿着乐器、画具、图纸和大楼模型在四周漫步(访谈,2003,2004)。

弘大地区因有几个地标而使这个地方沾上艺术气息。其中一个地方就是弘益艺术学院,它以选择学生的标准重艺术感受力和创意胜过重技术和考试分数而著名。该学院的存在视为当地审美观的标志,即另类和多样性。这种审美观强化了本地身份(local identity),吸引了大量旅游者,包括外国旅游者的到来。它表明,学生住处那种率性活泼的风气吸引了那些欣赏独特、无形的本地身份元素的旅游者(Allison,2006;Richard and Wilson,2004)。同样,大学及其学生们也创造了地域身份(place identity),吸引了旅游者。特别是 20 世纪 90 年代以来,另一个场所也为该地区的空间形象增添了光彩,那就是毕加索街(Picasso Street)(SDI,2000)。该街名始于 90 年代初期,因咖啡馆、酒吧和后现代建筑形式创造的风格和艺术氛围而得名。由于出现了俱乐部文化和派对文化,这些地方还用作展览和表演场所(Goodtimezine May,2006 年 10 月 30 日)。帕京街(Parking Street)是又一个这样的地方,四周挤满了小店、咖啡馆、卡拉 OK 歌厅、街边摊和餐厅,一直通到名为马当桑桑(Sangsang Madang)的地标建筑——文化厅。[1] 过去,有一栋楼被各种企业租用。其中有一个地标性的剧场,名为零剧场(Theatre Zero)。这是一个地标性的空间,展示实验性的表演艺术。但是,由于企业付不起增加的租金,只得在2003年关闭。当地的艺术家对该剧场的关闭伤心不已,2004年,他们举行了记者招待会和示威游行,引起公共极大关注,作为对这些艺术家的回应,一家政府企业韩国烟草&人参公司(KT&G)于2005年接管了这栋大楼,并建了新的文化厅。剧场现在又搬回了文化厅内。新大楼强化了弘大区作为另类文化空间的地域—形象(place-image)。有一些街面上还矗立着一排艺术院校。一个在大学门前销售饰品的街头小贩看到,那些年轻的艺术家拿着线串、颜料和色粉在卖他们的作品(访谈,2004)。此外,在住宅区内狭窄的小巷中还有小型的俱乐部。这些特别的区域和街道造就了一种独特的氛围。

空间性

就连通性(connectivity)而言,弘大地区直通内城。二三十岁的年轻人把这个地区选作最热门的商业点[2010年7月16日互联网中央日报(Internet JoongAng Daily)]。这个地区地铁四通八达,有各种消费和娱乐场所,人们对此评价颇高。诚然,20世纪80年代以来,该地区已历经几次城市更新计划,包括新地铁线的建设和住房的重新开发。新地铁线把弘大地区和内城、邻近的产业集群、都市区和国际机场连接起来,预计将会吸引更多的旅游者和国内国际的活动。其他的城市更新计划,如新城(New Town)(大型住宅再开发计划)和Dangirin多元文化综合体(整修的发电厂)也预期会增加弘大地区的空间性(HEDI,2004)。这些开发计划的重点是培育创意产业、住宅市场和城

---

[1] 意指韩文的"想象力花园"。它容纳了表演厅、展览厅和教育厅、电影院、档案馆、和办公室。

市福利设施,这一点意义重大。这些变化被视为吸引更多的人员、投资和商业形态到该地区,从而使该地区发展成为丰富的文化资本、城市消费机会、新住宅区和产业综合体网络的基地。据估计,弘大地区有潜力成为具有竞争力的文化基础设施的中心,它将产生最终形成一个巨大创意产业带的集聚效应(HEDI,2004)。

社区和社会网络

正如赫顿(2009)强调的,城市社区和密集的社会网络的存在对新经济的形成至关重要。由于新经济需要生产和消费技术与有知识的人,所以为了维持经济发展,人力资本和社会资本是必不可少的。在这方面,有一个活跃的社区对促进生产、消费和维持劳动力的来源都是十分重要的。如早先讨论过的,弘大地区老的住宅楼为人们提供了优惠的工作空间。然而,这是一种社区感,即共享我们是弘大人的感觉[1],这就强化了地域身份和归属感。笔者虽经多年的采访和观察,但仍不能确认,弘大人和其他人的区别到底是什么。当地居民主要看弘大人的不同方面,如风格、态度和敏感度。然而,这是一种无论做什么都要符合当地特征的自我意识,是共享在一个地区生活工作的感觉,使人们把自己当作弘大人的一分子。这种共同的感情使当地的艺术家和文化工作者能够在一起工作。一名音乐家表示,她搬到弘大区就是为了更好地接触这里的人和资源,因为音乐会和其他活动多半在弘大地区举办(访谈,2004)。有一名某节日活动的代表在接受杂志采访时说,2001年他就把住处搬到了该地区,为的就是证明自己是当地人,坚决要把该节日活动定为当地的节日(电影2.0,2005年访问)。一个文化网络公司的代表说,当地的人们互相尊重、互相帮助,因为这里就像个村庄,邻里之间互相熟识(访谈,2004)。正如上述那名知情

---

[1] "弘大人"(Hong-Dae people)是一个常用词,它是指当地的艺术家、居民、学生和商店及咖啡馆老板。

人自 20 世纪 90 年代以来一直积极参与当地的文化活动那样，他们对于认可、网络和社区的重视表明，地区内任何节日、活动或文化事务的成功都十分依赖于社会网络和合作的作用。

还有些事例表明，社会网络对当地的劳工关系产生影响。虽然社会网络是否对产业集聚的形成产生影响尚未经调查，但它们在市场和协会团体的发展中对劳动力组织起了推动的作用。例如，曾经是零星出现的跳蚤市场，自 2002 年起已发展成为自由市场（Free Market）的周末艺术品市场。其主要目的就是把当地的艺术家和顾客联系起来（自由市场，2010 年访问）。原则上，人们只要注册成为艺术家市场的会员，就可以销售其艺术品。虽然跳蚤市场一开始只是个志愿组织，但逐渐有了工作委员会，进行会员注册、财务管理和销售。现在它已扩大到其他城市，并举办展览会、各种节日活动和工作室。在某种程度上，它已经创建和管理了劳动力资源，提供可持续的生产网络和市场。另一个例子就是当地艺术家和文化工作者建立的组织。起初，这些人形成组织只是为落实一个政策项目。如早先讨论的，根据"文化区"（CD）政策，某些地点可指定为推荐的文化场所。艺术家和文化工作者试图通过提升他们认为合适的部分，来影响推荐文化场所的决定。为了使他们的呼声能有效地得到关注，他们建立了组织，以期与市政当局谈判。当地舞蹈俱乐部的成员于 2003 年 12 月建立了俱乐部文化协会（CCA）。主要从事艺术、设计、文化网络、表演艺术和现场俱乐部（live club）的艺术家和文化工作者于 2004 年 2 月建立了一个名为弘大文化艺术公司（HCAC）的合作社组织。

弘大文化艺术公司是由那些培育了弘大文化的人们组织起来的，尤其是在 20 世纪 90 年代。事实上，大多数弘大文化艺术公司成员并不同意在弘大地区内成立任何团体。然而，由于弘大地区对于城市发展的战略地位越益显现，他们感到有必要应对日益壮大的当地经济，动员其社会网络以便站在变化中的当地环境的前沿。一名创始会员表示，弘大文化艺术公司的早期形式就是几个人组成的网络，是一个特设的形式（访谈，2005）。然而，当弘大文化艺术公司举行正式开幕典礼时，其成员却达到了120人和30个组织（HCAC,2004）。鉴于弘大文化艺术公司是短期内建立起来的组织，其在当地引起的共鸣可谓大矣。第一，它系统地协调了松散形成的当地网络，有点类似友谊网络的形成过程。第二，它是第一个由从事不同门类的人士组成的多学科的团体，发出艺术家和文化工作者代表性的心声。尤其是一些文化活动的规划者和组织者，他们往往需要有一个网络来组织各种活动和进行规划，他们积极主动地促使友谊关系融入到工作关系中去。例如，2006年，弘大文化艺术公司规划在当地文化工作者中建立沟通渠道，它举办讲座、研讨会、小型课程和工作室，讨论企业管理、营销、公共关系、艺术教育以及节日活动的组织。这些规划使当地的从业人员开始分享劳务信息，寻找合作伙伴、构建生产网络，开办新的企业。但是最近，弘大文化艺术公司的各项活动和成员间的团结变得松散，所以要断定这类组织能否造就新的产业集群还为时过早。然而，在某种程度上，社区感和归属感已经成为进一步扩大文化和经济合作的社会资本。

另一方面，根据文化区政策规划，俱乐部文化协调会试图把舞蹈俱乐部转变为推荐的文化场所。为达此目的，俱乐部文化协调会加强自我规范，以证明其是正宗的文化企业。任何会员俱乐部不符合俱乐部文化协调会制定的标准，其会员资格将被撤销。具体而言，俱乐部文化协调会对于所有俱乐部经理、节目主持人（DJs）、制作商、舞蹈艺人及工作人员的信息和组织的社区活动和规划状况都记录在案。这些活动包括每月第四个星期五举办的俱乐部节（Club Day），借此推广舞蹈俱乐部，吸引大量旅游者的到来。[1] 在活动举办的当天，持有人

---

[1] 直至2010年它发生了100多次。2010年有22家俱乐部参与（俱乐部节，访问，2010），一次俱乐部节的访客数量就达到7 000～10 000人（《互联网中央日报》，2010年7月16日）。

场券的旅游者可以进入任何一家会员俱乐部。这个活动是在 2001 年由一群经营舞蹈俱乐部的人构思的,后来就是这群人成了俱乐部文化协调会的创始会员。当初,该活动的目的是通过俱乐部的营销对劳动力进行分类和合作,为俱乐部创造持续的收入流。俱乐部文化协调会还打造与其他公司的业务伙伴关系,如广告公司、公关公司、IT 和媒体公司,以期创办新的文化活动,寻求合作营销和推广策略。[1] 这样,俱乐部文化协调会组织了俱乐部的劳动力市场以及与其他产业部门合作网络。在某种程度上,俱乐部文化协调会一直在构建一个经济上足以支撑的俱乐部舞台——换言之,即俱乐部产业区。总之,情感依附和松散联系的社会网络结合在一起,以形成固定的劳工组织,并促使地方人力资本和社会资本的生成。旨在构建文化和经济环境的文化区政策发布后,这个过程进一步加速。文化意义和文化价值的诉求浸淫在经济利益之中,它影响了社会网络和地方景观的形成。

由于相对老旧的住宅使人们获得了小型低廉的工作环境,艺术、工业设计、建筑、出版和音乐部门都蓬勃发展起来。还有一些代表性空间巩固了该地区的地方形象,引起了公众的关注和人员的到来。人员的聚集使其成为城市的村庄和社区,社会网络和劳工组织也随之产生。各种专用设施产生了城市消费。良好的连通性和在建的城市更新和住宅开发项目吸引了投资和政府机构对该地区的关注。这些属性说明,该地区是如何促进城市文化和专用设施的发展,如何更多地在地理角度推动创意产业的发展。但是,它们并没有充分解释可能影响地区新经济空间兴起的社会因素和认识论因素。

新兴的工作理念:作为企业家技能的创意

弘大地区及其文化业已成为发展创意产业具有竞争力的资产。

---

[1] 例如,CCA 与 KT&T、摩托罗拉、英美烟草、SK 电讯、Hanaro 电讯和 Auction 有业务伙伴关系。

重要的是，由于韩国社会已经历了从把文化作为国家认同(national identity)手段，到把文化作为经济和社会发展资源的范式转变，这个观点已经形成并获得共识。20 世纪 50 年代前，韩国并不把文化作为一个重大问题。70 年代初，韩国社会面临迅速工业化及传统价值消解的问题，文化因其文明效应而受到重视(文化和旅游部 MCT，2003)。提升文化的重要性被认为是保持传统价值的一个解决办法。在这方面，韩国政府开始实施文化相关的政策，其工作议程主要是处理艺术、传统和国家文化的问题。这些议程表明，文化主要被设想为艺术和文化遗产。80 年代，文化仍然与国家主权和认同有关。直到 90 年代初，当局才把日常生活也作为文化的一部分。90 年代以来，当局对文化的热忱大大增加。[1] 自此以后，政府开始涉及有关生活条件、空间和休闲的问题，同时由于知识型产业被定为国家的战略性产业，所以文化对非文化领域的影响受到了重视。文化部门的界限拓宽了，其表现为诸如电脑游戏软件和 IT 产品等许多工业产品被视为需要想象力和创意的文化产品。同时，文化也被视为社区创造以及信任和合作等社会价值观加强的重要因素。文化不仅是财富创造的重要因素，而且是地域打造(place-making)和社会包容(social inclusion)的重要因素。换言之，文化已经与经济和社会相联系。弘大地区被视为超越了地域亚文化的(beyond a place of subculture)文化内容和产业相联系的节点，正是这种趋势的题中应有之义。这种现象与韩国社会对文化理解的范式转变以及与变化中的文化和社会趋势保持一致。

  20 世纪 90 年代，韩国社会对文化有了新的发现，这时有关弘大这个舞台的论述大量出现。90 年代，有关肥皂剧、互联网咖啡馆和染发等议题成了日常生活研究的主要课题，扩大了文化研究的范围。年轻

---

  [1] 例如，2000 年文化和旅游部(MCT)的预算超过政府总预算的 1%，在文化关注度很低的情况下，这已是很大的成就了(MCT，2005：161—163)。

人的穿着、饮食、收听和购买习惯似乎成了那个时期的文化现象。[1]由于政治经济研究一直是社会科学研究的主流,所以90年代文化研究的繁荣意义深远。总之,90年代的韩国社会在很大程度上不同于80年代。例如,小说家吉米(Kim,2002:206)在80年代是20多岁,90年代是30多岁,她说,以80年代的语言是无法解释90年代的韩国社会的。80年代她是大学生的时候,"艾滋病"(AIDS)的意思学生们理解的是"反对帝国的直接斗争"(Anti Imperial Direct Struggle),她认为,到90年代没人会这么理解。另一方面,一位文化评论家对于90年代的自我放纵和无病呻吟、审美观和风格进行了批判(Lee,1999:117)。无论是对其新感悟的赞美还是批评其空洞的形式,弘大地区这个舞台总能脱颖而出,成为社会新现象的样板。它被视为先锋派和庸俗作品混杂的场所(Kim,1999:225),在这里,俱乐部的激增就像一面镜子,反映了年轻的中产阶级或上层阶级新的亚文化现象(Kim,1999:228)。该地区因把崇尚年轻人的恣意挥霍作为新兴的青年文化而受到批判(Kim,1993)。文化评论家和研究人员,以及大众媒体发表了大量有关弘大地区的论述,而使它声名远播。一位在弘大地区经营文化网络公司的知情人士敏锐地指出,那时的知识分子正在寻找社会科学的新课题(访谈,2004)。在很大程度上,围绕着弘大地区的种种论题都与80~90年代出现的经济繁荣和社会的自由化倾向有关联。

随着文化上的日益觉醒,20世纪80年代经济取得迅速的发展,韩国举办了几项国际性的活动,如奥运会和亚运会。随着80年代末国外旅游和留学的开放,这些重大活动使得韩国社会更加开放和国际化。社会的变化造就了一批积极创造社会和文化新风尚的人们。80年代,大批的年轻人,特别是从事艺术、人文科学、社会科学研究、媒体

---

[1] 据作者在20世纪90年代观察所得的经验,若年轻人穿上Levi's(美国牛仔裤品牌),这是文化殖民化的形式,若听涅槃(Nirvana,美国的乐队),这就是新青年运动。

研究、电影研究的年轻人纷纷奔赴国外,90年代初期学成回国。它表明这些人带来了新的文化时尚,表明当他们聚集在该地区的新兴咖啡馆、俱乐部和餐厅时,弘大的舞台就出现了(SDI,2000)。其结果,所谓的弘大风格产生了,并被吸收为新的社会运动、时尚的标记和时装业、广告新闻业的营销原理。文化评论界和大众媒体定期对这种新的文化和社会现象进行关注。21世纪以来,文化评论界和记者对弘大地区的兴趣减弱了。相反,市区两级政府、非政府组织、艺术家和从事文化企业的人士却突发想象力,对该地区表示出兴趣。有些人已经写出了有关城市发展、社区打造和文化产业的文章(SDI,2001;社区联盟,2003)。例如,弘大文化已经与公益、社会体制、自给自足的当地经济和世界著名的文化旅游产品联系起来。令人感兴趣的是,有些人已开始在创造弘大文化的新知识。例如,他们开始把自己命名为文化经纪人,并积极努力通过他们的文化作品和活动取得市场成功。他们开始谈论制作有文化含量的增值产品所需要的创意能力问题。2004～2005年,多数弘大文化艺术公司会员把弘大文化诠释为美学声明(aesthetic statement),把弘大地区视为艺术家村庄,指责俱乐部文化协调会把弘大文化商业化。这些弘大文化艺术公司会员以前并不赞同文化干预、文化管理和文化产业的理念。然而,他们把自己重新定义为文化经纪人,因而声称他们可以做到经济独立(HCAC,2006年3月15日)。他们认为,有必要建立一个经济生产结构,以维护弘大这个舞台。例如,一家文化活动公司的代表注意到,21世纪的文化规划者应该把各种文化资源转化为多样性的产品。同样,一名俱乐部经理说,必须有一个新的突破,对弘大地区加以改造。一名设计杂志的编辑认为,令人关注的应该是创新、创意和市场的成功。2009年,CCA的代表对关键词做了总结,它对作为企业、市场和需求的当前的弘大地区做了解释(访谈,2009)。早先,他认为公共部门和私人部门间的治理体系将发展弘大文化。然而,他逐渐觉得,文化生成的动能出自于欲望和市场规则。一名俱乐部经理表示,现在他的重要问题是生存而不是理想(如:另类和反抗)(访谈,2009)。这些知情者从20世纪90年代或21世纪初期以来一直在该地区积极工作,他们的观察和意见值得关注。显然,他们开始探讨的创意已经不是当作美学声明,而是把它作为创造增值产品的技能,且把自己定位于愿意引进新文化产品和市场的文化企业家。而且,他们开始把弘大地区作为由企业家精神、创意和市场规则支配的经济空间。在这方面,弘大地区已经成为"新的"经济空间。在某种程度上,这种新颖是由新理念的兴起而产生的,它阐明了弘大舞台的运作情况和当地艺术家与文化工作者的行为方式。在社会和城市持续变化的整个阶段,弘大文化处于一个更广阔的社会背景中,文化和经济的关系被重新加以考量。正如政府机构把自己定位为城市发展项目的企业家,当地的从业人员把自己列为文化企业家。他们认为,人们应该具备打造文化时尚和需求的能力,需要以消费者为上的态度提供服务。为此,他们提议,弘大地区的激情活力和正宗的文化内容应该以适合市场需求的方式重新加以诠释和包装。简言之,他们把真正的创意等同于创业精神、有利可图和具备经济头脑。他们的文化和经济活动的工作理念的转变对于他们赋予弘大地区以新的含义及其在运作和营销体系上的创新都是至关重要的。波尔坦斯基和夏皮罗(Boltanski and Chiapello,2005)观察到,诸如自主性、真实性和解放等文化批评和美学的概念同样适用于具有功效的创造性和灵活性的工作理念。这些概念强调把私人生活方式和工作结合起来拿出创意产品的个人能力。他们发现,这种新的理念对于说明当前的经济发展的合理性极为重要,因为那些通过人的劳动,即人的某些特质创造附加价值的产业具有日益增加的优势和盈利能力。在这方面,弘大地区的经济生产和自封的文化企业家的出现是紧密相关的,因为他们试图把弘大地区从原来的文化环境转变为经济环境。简言之,在形成知识型产业的压力背景下产生的新的工作理念——如何看待文化和经济关系的认识论的变化——在把弘大地区转变为新的经济空间上发挥了作用。

新的不稳定经济空间

赫顿(2009)强调,适当的遗产、地区和土地使用政策是创建城市新经济空间的要素。他的提议很有见地,因为这些政策对城市环境有着直接的影响。然而,应该考虑到,实施类似的政策可以用于不同的目标并产生不同的结果,这些都取决于行政机构和当地的诸多因素。如早先考察过的,文化区政策是有关保护文化资产和遗产、土地使用以及文化和经济的生产和消费的政策。政策的实施加速了弘大地区的经济变革。但是,2005年以来该计划一直延缓。当初,有关当局打算利用弘大文化促进城市旅游业、城市更新和产业发展。在实施该计划时,它们综合了不同的文化要义,搞了个模糊的政策说明和计划。为了向外国游客宣扬弘大地区是首尔独一无二的城市文化空间,市政府必须强调其独特性和正宗性。因此,它必须采取行动保护当地文化,防止过度商业化。另一方面,弘大地区又被当作适合创意产业的环境。在这方面,弘大文化既可以作为这些产业所需的资源,又可以作为文化导向的城市发展所需的基础设施。具有讽刺意味的是,文化区政策还务必保护弘大文化,以免遭市场力量及商品化和产业化联手的侵袭。这双重目标是以两个文化观为前提的,一个是综合的人类学定义——文化是整个人类活动的方式,同时还有另一个狭窄的定义——文化是集合体(collective entity)的组成部分。这就导致了保护文化和出卖文化这两个冲突的目标得以共处。在实践层面上,它造成了鉴别上的混乱,譬如,弘大文化是被保护的正宗的当地文化还是需要管制的商业化文化,新区的行政界限应如何划分,应选择哪种场所和活动作为推荐的文化地域和企业(recommended cultural places and businesses),应给予何种优惠条件。有意思的是,在亚洲国家和城市中常常能观察到此类困境,它们过分强调了地方正宗性(local authenticity)和经济增长的一体性。研究亚洲城市的学者们指出,亚洲城市往往采用独特文化来获得知名度和竞争优势,以便与业已建立起战略优势的西方对手竞争(Douglas,2000;Kim,2004;Yeoh,2005)。[1] 另一方面,近期全球朝知识型经济发展的趋势引导亚洲城市转向诸如文化、旅游、教育和技术产业等创意部门。这些产业被视为推动新兴经济体实现成功起飞的工具。在这方面,文化是实现区域和国家竞争力的资产的观点得到巩固。[2] 此外,政府对于文化部门干预的范围和作用扩大了,它包括文化导向的城市规划、媒体所有权、审查制度、版权问题以及市场和旅游业的开放问题。亚洲国家和城市对文化部门的干预是为了掌控各种发展规划,打造一个如同市场的新兴的亚洲共同体[3](Cho,2005;Iwabuchi,2005;Yue,2006)。同样,试图在弘大地区实施的文化区政策显示出发展政策原理基于对文化模棱两可的认识。然而,它的延迟实施表明,把文化政策、城市规划和产业战略结合起来进行一体化发展是个陷阱。充满生气的城市社区和文化可以承担起发展城市经济的基础设施作用。但是,他们也可能因发展政策的表述方式而捆住了手脚,从而经历国家主导的高档化、替代(displacement)和不平衡发展的过程。弘大的事例表明,干预可能会搞乱本可以使从业者和各种力量创造城市文化经济的错综复杂的本地特征,从而阻碍了新经济空间的同步形成。由于政策延迟实施,弘大地区已日益增加各种企业和旅游者,高档化和替代情况日益增加,特别是自由职业者和小企业日益增加。

---

　　[1] 例如,Yeoh(2005)观察到,亚洲后殖民地国家的城市常常一心想用文化反映自我形象的代表性的空间和谋求全球地位的决心。

　　[2] 近期,韩流在亚洲的成功使当局认识到,文化内容对经济增长的影响。新加坡通过在战略上利用文化正宗性以拥有全球文化产业的竞争优势,使文化的独特性和亚洲价值观一再得到重申(Yeoh,2006)。在日本,日本的民族主义成了文化产品的内容,并出口到亚洲(Iwabuchi,2005)。

　　[3] 这指的是新兴社区,它们共享浓缩的现代化过程的体验,并以自身经历和感受共享消费文化产品的愿望。

对于当前该地区的发展还有着一种复杂的感情（访谈，2009）；有些人认为，当地的活力和创造力已在消退。又有人认为，日益增加的个人主义情绪和竞争意识促使弘大文化产品大量出售。该地区被当作是新的但不稳定的经济空间，其文化活力和产业繁荣间的复杂联系——新经济的轨迹——已经受到挑战，仍在接受考验。

结束语

通过对弘大地区的地方属性及其社会和认识论变化的讨论，本章考察了促进该地区文化和经济发展以及它能否作为新经济空间的诸多因素。弘大地区的事例表明，对地点质量和维护其质量的努力具有共识的人员配置不加约束，以及这些人员的生活和工作空间的存在，对造就和维持城市环境至关重要。社区成员有共同的地方认同，对于孕育深厚的社会资本十分重要，它使得文化和经济生产的网络更为牢固。毋需赘言，诸如内在环境和空间性等有利的地理属性对于向这些人员提供生活和工作空间也十分重要。此外，需求并欣赏当地的文化及消费机会的顾客对促进文化和经济生产也很重要。为此，某种程度的社会经济发展及随之扩展的市场都是必要的。而且，合适的城市基础设施，如公共交通、住宅建设、教育机构、公共设施，以及制度规定，如许可制度、版权和劳工组织等对于创造内城的产业集群也很重要。虽然政府干预对提供合适的基础设施很有必要，但弘大地区的政策延迟实施表明，应当避免为特殊的经济和政治利益辩护，避免把权贵的好恶当作创意和有利可图的东西。对当地创意、产业发展和市场拓展做出平衡是一个复杂的轨迹，试图仅以发展和调和的理由进行战略方针试验是无法实现的。弘大的事例揭示，为了促进新经济的内生性发展，政府应着力解决各种法律和政策、公共基础设施，开放性沟通等制度的连贯性问题，以及考虑当地的生态。

弘大地区是一个新的不稳定的经济空间；文化生产和经济生产趋向一致，后工业时代城市景观还在打造中。然而，当地的从业者和政府机构仍在尽力就文化和经济联系起来的问题达成一致意见。例如，当地的艺术家已经接受了把创意作为经济生产的新理念，以维护弘大的舞台。但是，市政府通过政策的迟滞承认了难以把文化原理和经济原理合二而一。换言之，弘大的事例说明，促进新经济的发展应寻求多方面的解决办法，例如，如何分别在人员、地域和产业方面产生创意，如何把各方面的创意综合起来。这点对于亚洲城市尤为重要，因为本地特征是新经济最牢固的基础。亚洲城市遵循西方同行的经验，取得了跨越式的发展。但是，新经济并不会提供可以照搬的先例。其发展取决于重组的过程，即综合地方内在的文化丰富性，地理属性，产业的进步以及社会和经济稳定性等因素(Hutton,2008)。弘大地区不稳定的事例预示着亚洲城市面临的新挑战；它们应寻求必要的干预，借以防止它们本身对锻造创意的不必要干扰，不仅在经济领域，而且在社会和文化领域也是如此。

10. 从"东方的巴黎"到"亚洲的纽约"？上海金融中心的(再)发展

卡伦·赖

引言

俗称"东方巴黎"的上海,以其乐于接纳国际资本和国际影响著称,在20世纪初叶就成了亚洲最成功的金融中心。20世纪90年代初,北京一致认为,在战略上,上海是中国在国际舞台上取得成功的重要因素。在中央政府的支持下,上海着手进行重点发展第三产业的城市化规划。上海浦东新区(中国最大的经济特区)的建立是开发上海国际金融和国际商务能力的重要举措。处于浦东的陆家嘴金融贸易区(LFTZ)被视为上海充满活力的中央商务区,特别着力于金融服务、零售、房地产、企业咨询和政府服务。在宣传材料中,陆家嘴金融贸易区被描述为"21世纪上海的曼哈顿"(Yeoh,1996;Olds,1997)和"中国的华尔街"(Wu,1999)。

尽管金融市场和金融活动集中体现了全球化的无国界特性,但国际金融中心与其地理位置对全球金融架构和流程至关重要(Leyshon and Thrift,1997;Thrift,1998;Budd,1999)。虽然国际金融中心的地位常常通过国家的监管活动大力推进[正如20世纪80年代伦敦城的

"大爆炸"(Big Bang)相关的情况](Pryke,1991;Strange,1994),但它们的发展和维护还是需要信息、专门知识、人员接触和历史遗产等社会文化因素(Thrift,1994;Thrift,1996;Clark and O'Conner,1997;Leyshon,1997;Porteous,1999;Reszat,2002)。上海成为中国首屈一指的金融中心可以归因于它的历史作用和社会文化因素,但是它现在面临的挑战是,开发一个有利的社会、文化和监管环境,以维持金融服务的增长和达到亚洲主要国际金融中心的目标。上海已经是中国大陆的主要金融中心,但就市场开放性、市场规模以及可供的金融产品的品种和高端性(sophistication)而言,离世界主要金融中心的地位尚有差距。正如对其他中国城市那样,中央政府在决定上海发展的时机、速度以及经济和空间的配置问题上起着关键的作用。然而,市场力量和国际的参与者对于上海(再)发展成为国际金融中心也十分重要;在创造新的(或更新的)城市空间和经济角色中,国家的紧迫性和市场的影响是互相牵连的(Wu,2000;Wu,2003;Zhang,2003;Lai,2010)。

根据上海作为20世纪初著名国际金融中心的背景,本章考察它在经过共产党领导下的蛰伏期后复兴其金融中心地位的情况(旨在成为"亚洲的纽约")。各种历史、文化和政治因素成就了上海具有全球重要意义的金融和商业中心这样的独特地位,领先于北京或深圳等其他的中国著名城市。这样的成就与令人印象深刻的城市发展、浦东的改造和外滩的振兴密切相关。城市的转型有助于上海发展新的市场话语权,有助于为振兴产业提供必要的基础设施。然而,"硬件"(城市基础设施)的提供与"软件"(与金融产品和服务以及监管架构相关的技能和知识)的发展并不匹配,这就对希冀恢复国际金融中心地位的上海提出了挑战。[1]

---

[1] 本章的分析是基于2005年8月和2007年2月间在上海进行的45次访谈,访谈对象是外国和中国的金融机构,中国的监管部门和官员,外国的商会。辅助数据来源于中国分析人士对中国金融市场和监管变化的研究,政府报告,当地媒体报告,外国和国内银行和监管部门的中英文新闻稿。

从"东方的巴黎"到"亚洲的纽约"

上海常常被称为"现代中国的熔炉"(Wei,1987),在 19 世纪下半叶的商业和工业发展中就处于前列地位。1842 年《南京条约》规定,上海为五个开放城市之一,向西方贸易和居民开放。西方资本主义、中国的创业精神和处于长江口的战略性地理区位这三者的结合使上海获得了一个多世纪的空前急剧的增长,上海从一个小乡镇一跃成为欣欣向荣的国际大都市。它发展了活跃的商品、股票和外汇市场,到 1935 年,近 30% 世界最重要的外国银行在上海建立分行(Yatsko,2001:56),成了拥有 28 家外国银行办事处、58 家国内银行总部和 182 个分行的亚洲最大的国际金融中心,其金融资产约占当时中国的 90%,并拥有一半以上的对外贸易(Wu,2000)。到 1936 年,上海已是拥有 381 万人口的世界第 7 大城市(Yeung,1996:2)。

1949 年中华人民共和国成立以后,上海的发展有了根本变化。根据国家主导的工业化计划,其作用从贸易、金融和销售中心变成了工业城市(Yusuf and Wu,2002)。在新中国成立的前 30 年,由于上海的历史背景,以及半殖民地经历,它被官方视为问题城市。技术工人,产品、工具甚至整个工厂被迁出城市去支援内地新工业中心的社会主义发展,从而限制了上海的增长(Muphy,1998)。

20 世纪 80 年代后期,上海的命运发生了逆转。在邓小平的领导下,中央达成了新的共识,中国必须为世界经济全球化做好准备,上海注定是对取得国际舞台成功具有战略意义的地方。由于中国沿海地区奉行出口型发展战略,所以它需要有一个全球性城市以加强与世界经济的联系,增加国际贸易,创建有竞争力的城市—区域(city-region)就成为头等大事。上海由于地处长江三角洲的战略区位以及曾经的东亚最大的国际金融中心地位,因而担当了完成此雄心勃勃计划的角色。上海的再全球化具有全国意义,90年代中央政府给予上海一定的经济自由和优惠政策(Cheung,1996;Thant、Tang等人,1998;Yusuf and Wu,2002)。1992年,中国共产党第十四次全国代表大会公布了上海的主要任务是:

> 抓住发展机遇,开放上海浦东,把上海建成龙头和国际经济、金融和贸易的中心,从而推动长江三角洲的发展,相应带动整个经济地区的起飞。
>
> (引自 Yusuf and Wu,2002:1684)

与以往几十年的发展不同,上海将把发展第三产业作为其转型到国际经济、金融和贸易中心的一部分。

浦东新区

浦东新区有助于上海的经济转型和增长,具体地说,是旨在恢复其曾经的中国主要国际金融、贸易和经济中心的地位。第一,浦东项目标志着中央政府对继续改革和开放政策的承诺(MacPherson,1994;Han,2000;Yusuf and Wu,2002)。第二,浦东项目是20世纪90年代一项为吸引更高水平的外国投资和进行经济转型的经济实验。对浦东地区内的外国和本地投资商实行减税,扩大向外国投资者开放在中国其他地区不予开放的领域,允许浦东保留财政收入用于进一步的发展,这些优惠待遇对培育有吸引力的国际金融中心活动环境起到了重要的作用(见表10.1)。更重要的是,浦东发展成为新的经济区也标志着中央政府对市场化改造的承诺,对上海作为捕捉全球资金流动的平台的认可,这种政府的支持被国内外投资者普遍承认是成功的重要指标。在市一级,上海市政府也积极提供税收和其他优惠以促进上海国际金融中心的能力,局一级官员也在努力吸引特定的外国金融机构进入上海,如伦敦劳合社(2006年4月20日采访上海市政府官员;2007年3月6日《国际先驱论坛报》;2007年4月15日《独立报》)。

表 10.1　　中央政府对浦东新区项目实施的优惠政策

- 对在新区经营的企业实行税前扣除和减免。
- 以特别低的税率估算企业所得税。
- 允许外国投资商投资机场、港口、铁路、公路和发电厂以及金融和零售机构（这些领域在中国其他地区是不向外国投资者开放的）。
- 给予国内投资者的税收优惠待遇同样给予外国投资者。
- 土地使用权可在市场交易。
- 外国投资者可以直接进行大块土地开发。
- 浦东的财政收入允许保留以作进一步发展和提高，而无须上缴给中央政府。

资料来源：Thant、Tang 等人，1998：2097。

根据中国经济特区的模式，浦东旨在作为新的工业、商业和金融活动的中心，包括四个重要的开发区：陆家嘴金融贸易区，金桥出口加工区，外高桥自由贸易区和张江高技术园区。新浦东国际机场和外高桥港口对于上海发展为国际商业和贸易中心尤为重要。上海证券交易所和其他主要金融机构也迁到浦东的新设施中。1990～2000 年，上海利用输入的外资总计达 508 亿美元，其中 312 亿美元（占 61%）投入浦东（Zhang，2003：1557）。图 10.1 表明，随着 20 世纪 90 年代浦东的开放，进入上海的外国直接投资（FDI）显著增加。

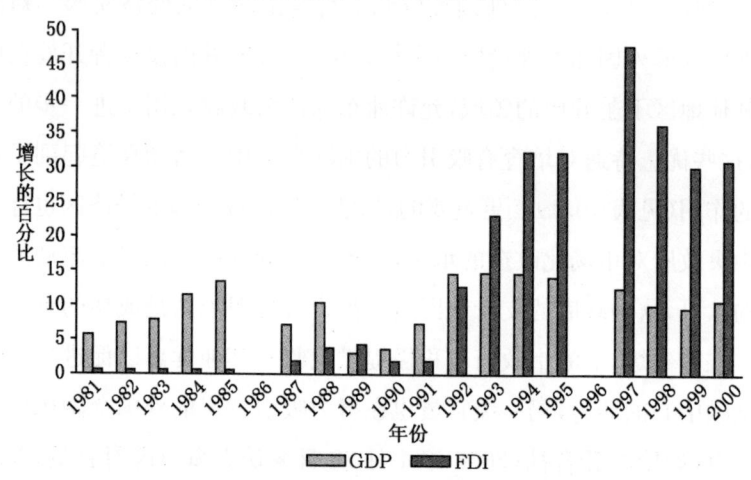

注：无 1986 年和 1996 年的可供数据（根据 Zhang，2003：1558）。
图 10.1　1981～2000 年上海的 GDP 增长和利用的 FDI

陆家嘴位于老城中心外滩的正对面,是浦东发展的重点所在,其目标特别集中在金融服务、零售、房地产、企业咨询和政府服务——这些活动是世界大城市的骨干行业。这个新CBD被设想为"21世纪上海的曼哈顿",它有助于外滩的振兴——沿着黄浦江西岸是著名的散步场所,1949年前,那里坐落着一百多幢金融大楼——把外滩改造成中国的"华尔街"(Yusuf and Wu,2002:214)。目前陆家嘴容纳了中国重要的金融机构(见表10.2),包括中国人民银行第二总部、国家外汇交易中心、中国债券交易中心、中国最大的证券交易所和70多家外国银行的中国总部(见图10.2)。

表10.2　　　　　　　　在上海的主要国家金融机构

机　构	成立年份
上海证券交易所	1990年
国家外汇交易中心	1994年
国家银行间借贷中心	1996年
国家债券交易中心	1997年
黄金交易所	2002年
中国人民银行第二总部	2005年
石油期货市场	2006年
中国金融期货交易所	2006年
中国人民银行信息服务(credit reference)中心	2008年

资料来源:Leung and Yim,2009。

过去和现在

浦东除了雄心勃勃的城市开发项目外,上海过去的国际化大都市和国际金融中心的历史形象在其发展战略中起了特别重要的作用。利用话语表述和历史叙事有助于证明大规模投资(中国政府及外国投资)以及对其经济诉求保持乐观的合理性。金融机构和监管官员常常

资料来源：作者拍摄。
图 10.2　陆家嘴金融贸易区集聚的外国银行

以上海在 20 世纪初作为国际金融中心的成功事例来解释当今的对外开放和接受外国投资、理念和实践的行动。多数上海人都认为上海成为中国最国际化和商业发达城市是很"自然"的事，因为上海对接受外来影响和投资有一种特殊的文化倾向，这是几代人发展起来的商业伦理：

> 这就是上海的历史；它并不是现在才发生，它已经发展了几代人。例如，我的父亲、母亲、爷爷，他们早就在做这些事——搞贸易，在西方公司工作，干着五花八门的事情。所以从这个角度出发，上海有着成为国际化大都市的天然的背景。同时从文化角度看，外滩有各国的租界，法租界、英租界、日租界等。各种文化都集中于此。这些文化传承了下来，成了上海很自然的事。

（中国金融机构的当地经理，2006 年 2 月 27 日）

20 世纪 30 年代的外滩到处坐落着殖民地风格的贸易商行、老银行大楼和豪华酒店。入夜，尖厉的音乐充盈着各夜总会、爵士舞厅和酒店,它曾经是中国乃至远东最富裕、最奢靡的地区。随着中央政府重新授权上海恢复其商业地位,外滩已重塑了形象并广受称颂,成为国际商业和国际交流的场所,早已褪去了曾经的殖民地色彩(Olds,1997;Wu,2000,2003)。虽然沿着曾经的散步长廊渐次排开的庄严大楼大多不再是银行,而是米其林星级餐厅、奢华的酒店、五光十色的酒吧和艺术画廊,但其历史上的成功和声誉的象征意义毫不逊色。过去成了对未来充满信心的源泉,成了一套关于上海话语权的基础,而被官方宣传材料频频利用,以证明外国金融机构开展业务的合理性。因为上海曾经是在一个很大程度上封闭的国家内"打破常规",允许有外贸和外国租界的城市,有"传闻"称,对外籍人士上海一直有很大影响,这种历史传统有利于造成一个生机勃勃的商业环境,在这个环境中,改革和对于新市场、新产品的实验都有望成功。

国际金融中心的"硬件"和"软件"

过去二十年,上海在吸引外国投资者,实施市场经济政策,改善其企业和机构的财务能力,提高其作为金融和商业活动首要位置的国际形象等方面都取得了显著进步。它的成功最明显地表现在城市面貌的巨大变化和开发浦东这样雄心勃勃的城市发展项目上,这不仅提供了国际金融中心所必需的基础设施,而且反映了前瞻性眼光和与上海对国际金融中心诉求相匹配的全球化城市的形象。然而,"软件"的发展——就金融产品和服务、监管架构相关的知识和技能而言——滞后于提供的"硬件"(即令人印象深刻的城市基础设施)。这对上海的亚洲国际金融中心地位的诉求提出了挑战,同时也道出了为何上海迄今为止已取得令人瞠目的进步,但实现其亚洲金融中心的诉求却仍然路途遥远的原因。

就建设金融中心的"硬件"而言,如建立证券市场,提供办公场地,建造交通设施和电信网络，上海已迅速赶上了其他国际金融中心。但金融中心"软件"的发展大大滞后，部分是政治原因（对金融改革步子和经济自由化的控制），且国际金融中心的"软件"建设需要较长的时间进行开发和巩固。上海在发展国际金融中心活动的新经济空间上，在信息标准、监管架构的软件能力和金融知识和技能方面需要与现有的"硬件"设施相匹配。地方政府和监管机构也明白这个问题，他们称之为是国际金融中心发展中"形式"和"内容"的差距。当金融和监管机构被问及上海在发展国际金融中心过程中遇到的最迫切、最具挑战性的问题时，他们强调的是监管环境不成熟，技术人才短缺，人民币可兑换性，对外国金融机构的限制，以及金融教育和基础知识；几乎所有这些问题都归结为发展国际金融中心能力的"软件"或"内容"问题(Xu,1998;Yatsko,2001)。

改善监管架构和环境

监管环境和程序的改善是引述最多的问题。这些问题包括过多的规则和官僚程序造成的过度监管，存在灰色区域和不清晰的指导线，审批制度不透明，不同监管部门和机构之间的混乱和矛盾。虽然当地和外国的从业者都会遇到监管问题，但外国金融机构由于不熟悉当地的经营和监管环境，处境就更为不利。除了让外国投资者感到困惑的经营环境外，这些监管上的混乱还使得外国银行不得不向其总部解释在上海的行动和处境的问题，对中国监管环境的特殊性常常不敢恭维：

> 我想是有很大灰色领域，这是在发展时期任何社会或监管法律框架都会有的，完全不知道边界在哪里……我仍觉得有很多灰色领域，我们（作为一个代表处）能做什么，不能做什么，一点也不清晰。特别是当你请伦敦的审计小组来，他们会给你一个非常清晰的（看法），在这里你只能得到模糊的结论。
>
> （外资银行国外代表,2006年3月9日）

繁复的申报标准和程序是另一种常见的抱怨，交易的额外步骤实在太多，这是其他国家所没有的。以伦敦和上海的还贷手续为例：

> 在伦敦，偿还贷款时，公司以美元偿还，打入我们的银行账户，我们就会在账上看到这笔钱，贷款到期时，自动完成还款。在这里，偿还贷款时，钱打入我们的账户，然后我们必须把这笔钱转入一个特定的还贷账户，与贷款账户是不一致的，接着再进入国家外汇管理局（SAFE）的申报系统，申报我们从该公司收到 100 万美元，我们必须输入这笔款来自何处，输入该公司的税则号或编码，还必须与最初贷款时的发票一致，这又是另一个系统……我们得动用四五台不同的电脑……一台针对中国人民银行，一台针对国家外汇管理局，你务必把所有的数据都输入，这实在是一件头疼的事！
>
> （外国银行的国外经理，2006 年 10 月 19 日）

简化日常报告和普通交易的监管程序将造就更加经营友好型的环境，提高效率。

提高法律和会计实务的标准

20 世纪 80 年代中叶以来，中国逐步建设法律基础设施，制定符合国际标准的法律程序，但是中国的法律和监管实践以及实施监管的方法仍与工业化国家有显著的不同。这可能是一个障碍，如同与金融业者的访谈（特别是外国人）所表明的，市场经济体系的管理和运作需要更加与国际实务相一致，以利于中国的金融市场成功地纳入全球资本流动，有利于上海国际金融中心诉求的实现。

中国的银行业监管分为"法律"和"条例"，中央政府颁布法律，而监管条例由当地的银行进行解释和执行。执行方法上的异同常常造成不确定性，抑制交易活动，提高交易成本。便于投资者做出明智决定的可靠信息十分匮乏。独立新闻的发展不成熟，缺乏可靠的上市公司信息披露标准,当地投资者宁可采取投机方法,根据政府的政策变化、谣言或有政府门路的投资者的行为,追求短期收益,而不是把投资放在公司的长期发展前景上(Yatsko,2001:77)。有一幅关于中国公司的讽刺画,指其有三本账册(一本对付税务局,一本对付银行,一本自用),这是一个真实而持续存在的问题。这种"中国特色的会计"有碍于精确地评估公司的财务状况和价值,特别对于不熟悉当地业务实践的外国银行而言更是如此。

1993年,由世界银行资助,中国财政部委托德勤公司(Deloitte Touche Tohmatsu)开发了与《国际财务报告准则》(IFRS)总体一致的《中国企业会计准则》(CAS)的主体架构。由于当时缺乏紧迫性(perceived urgency),20世纪90年代末以前,进展一直很缓慢,但是,可能出自于加入WTO的压力,2001年后开发《中国企业会计准则》的努力开始加速。2006年2月16日,财政部采用新的基本准则和38项新的《中国企业会计准则》,已实质性地与《国际财务报告准则》一致了,所有的中国公司现在都必须在年度财务报表中采用《中国企业会计准则》。[1]然而,中国在发展和改善国家会计准则以符合国际要求方面仍存在着特别的障碍。中国绝大部分经济是掌握在国有企业手中。即使在转型为股份制企业后,拥有大部分股权的当地或地区政府对企业、交易对象和交易本身仍有着重大影响。毫不奇怪的是,许多资产转移不是出于业务考虑。在这种情况下,财务报表有多重功能,它不仅为投资者服务,而且还服务于其他利益方,包括进行监督管理的国家和当地政府,这并不是IFRS的要求。专业中介服务,如审计师和估价师也还在发展阶段,会计业的成熟尚需时日。

人民币可兑换性

人民币可兑换性和放松外汇管制是另一个被频频提及的、对进一

---

[1] 见 http://www.iasplus.com/country/china.htm.

步发展上海银行业和金融市场至关重要的问题。虽然人民币不再盯住美元,现在按一揽子货币的加权计算,浮动率很小,且受到严格管制。没有人民币的完全可兑换,银行不仅在提供衍生品和国债产品上受限(这会限制资本市场的发展),而且也仅限于贷款和贸易融资等普通业务。通过限制每个金融机构的外汇配额(为对影响人民币估价进行管理),国家外汇管理局间接控制了金融机构和各公司进行交易的外币量和人民币面额的业务。外国投资者的长期业务前景因这种规定而受限。希望扩大在中国业务的外国银行和公司完全不能从其总部或全球网络中的其他公司转入资本,因为外汇管制限制了它们每年从国外带入和汇回母国的货币量。

因此,人们坚信,特别是外国银行界,在人民币完全可兑换前,上海的国债产品和资本市场不会真正起飞,上海不会成为完全成熟的国际金融中心。那一刻未到之前,银行只能闲置着交易室进行等待,到没有这种货币限制的中国香港国债部门(treasury desks)去经营国债产品:

> 实际上,中国的金融市场只有到那一刻才能真正起飞,那就是人民币可兑换——充分、自由地可兑换。在那之前,只能是空口白话,做点小修小补而已。因为国家外汇管理局断定,对汇率的影响太大,(某些)金融产品不再发行,令人十分恼火……所以当(人民币)可兑换,那时国债(业务)才有意思。
>
> (国外银行的外国经理,2006年10月27日)

培育更具竞争性的环境

中国监管当局小心翼翼地控制着金融改革的步子,限制外国参与到银行部门,以便让国内银行进行改革,待成熟后方可充分参与对外竞争。毫不奇怪,外国银行一直受挫于政府的管制。在华的外国银行始终要求修改监管条例,放松对金融部门的监管,允许外国银行更多地参与竞争,放松对现有业务部门的监管。现在这种小打小闹的放松金融市场和产品监管的做法引起外国银行界的很多抱怨。

这种缓慢而控制的做法的一个原因是为国内银行争取时间,以便于它们改善其金融地位,在比较好的条件下开展竞争,否则它们可能在外国的竞争下垮台,而破产在政治上是不能接受的。这对于依托强大的国内金融机构的稳定的中国金融部门的长期发展至关重要。因而,监管制度不可能一下子撤除。但是它们长期存在也会阻碍多元金融部门的发展,阻碍上海国际金融中心诉求的实现:

> 监管务必撤除,但不可能一下子办到……不过它一定会撤除。在今天的会上我们说到欧洲银行的态度,对银行业有这么多的规则和条例,要一个自由的市场,就应该撤销这些东西。你看看所有这些监管条例,显然很多都是为了排斥涉外元素,因此,也就是排斥了竞争元素。那么你就成不了真正的金融中心。

(国外银行的外国经理,2006 年 4 月 11 日)

中国监管部门不能硬性要求国内银行自行改革,它需要借助外国银行的帮助,通过竞争提高当地银行的标准。这意味着,他们应该小心,不要因太多的偏向性的监管条例把外国银行赶走了,应该放松对外国银行经营产品和服务的限制,通过竞争和合资经营让外国银行在加速市场化和改善金融部门上发挥更大影响。这个进程的势头可以说在 2001 年因中国加入 WTO 而提振了,其中包括向外国银行开放金融部门(人民日报在线,2001 年 6 月 12 日;世界贸易组织,2001)。到 2006 年末,有 115 家外国银行获准在中国开展人民币业务(中国银监会,2007)。2008 年起,有 21 家银行在当地注册,包括汇丰银行;渣打银行、花旗银行和东亚银行,它们可以从事利润丰厚的人民币零售业务(香港贸易发展委员会,2008;新华社 2008 年 3 月 6 日)。虽然监管改革仍然受到当地和外国金融机构的质疑(Lai,2010),但金融和银行部门的进一步开放和扩大外资的参与度将对上海有特殊的利益,因为它具有在华外资银行最集中的集聚优势。

技术人才短缺

就劳动力需求而言,当地劳动力市场并没有跟上金融业迅速发展的步伐。中层经理的短缺是特别严重的问题。过去十年,怀有全球抱负的金融机构为了招募具有必要的金融知识、语言技能和专业经验的中国员工,工资在螺旋式地上升。据受访者反映,当地具有五年左右本行业经验及英语技能的员工,其工资不亚于外籍员工。当地和外资银行都还面临着员工流动率高的问题,因为在劳动力紧缺的市场,员工往往跳槽到收益更丰厚的单位去。

对英语技能的需求不仅是外资银行的事;许多国内银行日益把目光投向海外市场,需要员工具有英语和其他外语技能。由于面临国外更激烈的竞争和服务国外市场和客户的需要,中国员工面临着一个新的环境,他们会比原先具有更大的责任感,在语言技能和技术技能方面达到所需的水准。然而这不会是一个长期存在的问题,因为每一代人获得市场所需要的技能会好于前一代人,这是个缓慢的过程,发展需要时间,正如当地一名分析人士对一家合资基金管理公司的解释:

> 实际上,中国有很多这种财务经理,他们很有经验和知识,但他们不能做所有的事,(主要缺乏)语言和一些技术技能。若你进了一家新公司,希望学一点东西,但全是英语的说明书,那些人就犯怵。你得有专业知识,能够沟通,能作演示,出差等,但我觉得情况会好起来。(另一名受访者)比我年轻点,英语比我们好得多,我们要比上一代人好。这是一个缓慢的过程。

(个人访谈,2006 年 11 月 3 日)

语言技能不仅对纯粹做生意的业务沟通很重要,而且对于专业教育，以及对当地语言中所没有的特殊概念和哲学用语的传递也很重要。英语技能甚至对监管和政府部门的人事晋升都起作用，因为它被视为候选人的开放程度和掌握外国思想和理念程度的指标。一名中国银监会的官员描述了为北京办事处的一个新部门招募员工的情况：

> 访谈时他们用英语。因此，即使我们业务知识很好，但若我们过不了英语关，仍然没用。我有不少业务知识很好的朋友同事，但就是因为英语不太好而被淘汰了，这真是件憾事。因为语言不仅是沟通的工具，它还具有文化意义，它影响你的思考方式，你的意识形态。
>
> （个人访谈，2006年4月16日）

如斯里夫特（Thrift，1994，1998）指出的，伦敦城那样的国际金融中心取得的持续成功不只是其地理区位、城市基础设施和监管环境所维系；它的竞争优势也是由高技能的金融工作者的实践共同体形成的信息、知识和解读的网络所构成和维系，这对于金融中心的运作至关重要，它依赖于货币信息的生成和解读（Amin and Cohendet，2004）。金融中心的社会和文化建构，特别是劳动力市场，需要进一步发展。随着当地人才储备获得更多的经验、语言技能和技术专门知识，情况将逐步改观。但是，劳动技能的进展速度还可以从更多的资源和对在职人员专业教育的关注中获益，提高他们应用新的金融产品和制度的技能与知识，重新重视英语和国语的双语训练。当下，除了一些个案，就该行业的专业化而言，尚无明显改善的迹象。

结 论

过去二十年来，中国的金融面貌发生了巨大的变化，其影响在上海最为明显，因为金融自由化和相关的城市改革政策首先在上海实施。上海作为国际金融中心的（再）建设，在国家层面上出于意识形态的需要,在城市层面是出于政治诉求,出于对历史上成功和卓越的回顾,是与国家要求的"全球化城市"地位的愿景相一致的城市发展项目。在这个过程中,上海因其历史上的成功而拥有的文化资本明显地影响了当地和国外的投资者对上海潜力评估的看法,从而转化为实际的投资和监管实践。

国际金融中心的意义不仅在于它是金融产品和企业服务的中心,而且还是有关全球经济、公司和资金流量等信息交流和诠释的场所(Amin and Thrift,1992;Thrift,1994;Thrift,1996)。因此,它们的成功是因其是表征(representation)和诠释(interpretation)的中心,是因专门知识、人员交往和流动性集中而成为专门知识和创新的中心;以及是人员交往和社会互动的中心等因素来维系的。就上海而言,它再次成为金融中心归因于如下因素:曾经的"东方巴黎"所获得的文化资本、它的大都市环境和对国外理念和影响的开放态度、中央政府支持其成为新的金融产品的试验中心、外国银行的中国总部和日益增多的国内银行选择其为落户地。然而,上海在发展金融市场化的过程中,也面临着因国际金融中心应具备的"硬件"和"软件"发展的不匹配而引起的挑战。尽管上海具有因某些历史和文化背景而形成的最初的"软件"优势,但它需要进一步关注国际金融中心发展中其他方面的进展,诸如吸引金融人才和开发金融技能和知识,改善监管准则,培育更具竞争性的环境,以成为在区域和全球经济中拥有金融领导地位和影响的"亚洲的纽约"。

11. 新经济空间，新社会关系：M50 和打造中的上海新艺术界

钟盛

在全世界许多国家的后工业化转型的最新阶段，"文化转型"(du and Pryke, 2002)起了重要的作用。从纽约到伦敦，从旧金山到芝加哥，从温哥华到新加坡，因艺术和文化的投资拨款，城市空间发生了脱胎换骨的变化(Zukin, 1982; Ley, 1996; Lloyd, 2006; Hutton, 2008; Currid and Williams, 2010)。这种现象在中国的过渡性经济中已日益显现。M50 就是一个著名的例子，它是上海内城的纺织厂转变而成的艺术区。在本章中，我把 M50 过去 10 年里的转型过程放在中国社会独特的制度语境中进行叙述和分析。据称，M50 新艺术区不仅仅表明城市空间的重新配置，而且更重要的是，它包含了中国艺术界新的社会经济关系的形成。

社会关系的解释力

经济地理学的最新进展强调了社会经济关系在经济生产中的重要性。例如，交易成本和外部经济的命题强调地理上集聚的生产者正式的投入产出联系(Scott, 1988, 2000, 2006; Scott and Storper, 1987,

1992)。另一方面,非交易的相互依存性(untraded interdependencies)的命题特别注重企业间的"软"联系,诸如互信、规则、习惯、行为规范、共同的语言等(Storper,1995,2000)。这两个命题都承认,密集的社会网络对某种形式的企业,特别是生产非标准化和复杂产品与服务的新经济企业比之其他企业更为重要(Storper,1995,2000;Scott,1988,2006)。

印德哥达(Indergaad,2004)和柯里德(Currid,2007)从事的研究提供了出色的经验证据,说明在城市创意/文化经济中,"社会"(因素)如何有助于解释"经济"(因素)。此外,考察知识创造、学习和创新的另一类文献进一步充实了以地理位置划分的生产体系的关系视角(例如,Feldman,2000;Lawson and Lorenz,1999;Bathelt,Malmberg and Maskell,2004;Maskell and Malmberg,1999)。

上述文献表明,经济地理学中的"联营经济"(associational economy)(Cooke dan Morgan,1998)或"关系转型"(relational turn)意味着什么(Boggs and Rantisi,2003;Bathelt and Gluckler,2003;Yeung,2005)。有人认为,经济从业者是处于历史上业已形成的社会和制度关系之中。经济进程和空间进程不能简化为几个静态解释的变量,相反,应视为依据个别战略和行动而定的过程。因此,空间属性被行进中的社会进程所替代,作为地理过程的重要解释力。

对于艺术的生产(Lloyd,2004,2006;Drake,2003)和销售而言,空间是物质和象征性支持系统的一部分。但是,关于集聚的研究往往集中在集聚企业间(空间的使用者)的以生产为中心的关系,而对空间产生过程(in the production of space)中参与者及其互动关系的论述一般都十分模糊。例如,像国家、房地产利益方(real estate interests)或当地社区等对理解新经济空间的形成十分重要的参与者(Hutton,2008),往往缺乏研究。空间的产生常常被看作是自然而然的事,似乎空间"就在那里"等着被占用。虽然空间只有住进了人才会有意义

(Friedmann,2007),但是从整体看,在空间供应过程中缺少了参与者,就会使得地理上集聚的错综复杂的社会关系残缺不全。此外,对集群的研究往往聚焦于当下的情景而不是历史的路径,因此,这些研究较好地解释了"何地"的问题,而不是"何时"的问题。

另一类文献叙述了城市地区的转型过程,进一步阐明了空间的形成问题。最著名的例子就是佐京(1982)有关纽约苏荷区阁楼生活(loft living)的经典著作。她的研究生动反映了为城市变革出力的人士错综复杂的、变化着的关系,他们是艺术家和其他创意工作者、中产人士、房地产开发商、当地社区居民、地方官员(local states)等。有关其他地方性问题的研究对于内城文化导向的城市变革增添了洞察力(Ley,1996;Lloyd,2006;Hutton,2008;Hii,2005)。这些研究特别关注城市的变化和进程,揭示了地域打造中的人际关系的复杂性以及城市变革中"地点和过程"的依存关系。此外,它们指出了城市文化经济的一个重要的政治维度,即新经济空间的形成过程充满了矛盾、争执和斗争,因此,城市重建的故事永远伴随着错位和混乱(Hutton,2009)。

传统上,社会学家在人类互联性的研究上得天独厚。经济地理学最新的"关系转型"概念就是受到社会学思想的影响。例如,阿什海姆(Asheim,2000)认为,工业区命题的大贡献就是把社会学引入到经济和空间分析。格兰诺维特(Granovetter)的"嵌入性"概念(1985)在人文地理文献上已被广泛引用(如 Boggs and Rantisi,2003;Currid and Williams,2010),而关系这个中国语境中互惠的社会网络也已纳入中国空间经济转型中的重要因素(Hsing,1996)。虽然社会学研究一般并无空间维度,但其提供的见解仍可以使人们获知依赖于人的能动作用(human agency)的空间过程。Indergaard(2004)关于硅谷兴衰的研究提供了这方面令人信服的经验证据。

为了考察艺术区的运作情况,还有必要理解艺术企业如何进行集体活动。贝克(Becker,2008)在其开创性的研究中对艺术界的运作情况做了最全面的诠释——艺术界人士如何互相联系,艺术界如何随着时间而演变。贝克把艺术界定义为"作为参与者之间合作联系的既定网络"。这些人不仅包括直接参与艺术生产的人(如艺术家或作曲家),还包括为艺术生产提供物质、金融、技术、符号(symbolic)和其他支持的人(如油画布生产商、私人赞助商,至于 M50,还有空间提供者)。按贝克的说法,可供的支持系统的性质也有助于最终艺术品的定义。而且,"艺术界"并不是一个静止的概念,而是一个动态的、不断演进的系统。正如艺术和文化日益与城市空间的再生相联系,我们可以预期,一个社会的艺术或文化领域景观的不断变化也可能对城市空间产生影响。

劳埃德(Lloyd,2006)对芝加哥威克公园(Wicker Park)新波西米亚艺术家的讨论增添了艺术界的空间维度。由于文化产业是赢者通吃的领域,所以只有少数幸运者才能最终显露头角,而且常常需要很长时间。在此情况下,一个以物质和象征性资源形式出现的集聚的支持性环境至关重要。关键的物质资源可以是空间和知名度(对观众和产业守门人),而象征性支持指的是波西米亚环境,艺术家可以在其中保持认同,获得同仁的支持,以及在经济困境和捉摸不定时期继续保持对艺术的追求。

简言之,上述引用的文献指出了社会的互相依存性对城市空间经济,特别是文化产业的重要性。另一方面,城市空间的形成也构成了社会关系得以考察和分析的领域。需要强调的是,"社会关系"应视作由或有情景(contingent situation)导致的具体而进行中的个别战略和行动,而不是社会上层建筑规定的抽象普遍性。接下来,我将叙述 M50 的转型过程,重点放在 M50 打造中的社会和制度关系。本研究的经验数据均根据公布的文件、深入而简短的访谈,问卷调查以及 2008 年 5 月至 2009 年 11 月间所做的现场观察。

M50：城市地区的再生

M50 的故事是从 21 世纪初期上海内城一群先锋派艺术家遭遇强制搬迁事件开始的。为了理解那时艺术家所面临的情境,有必要考察一下后改革时期中国的艺术舞台(art scene)。

20 世纪 80 年代中期前,中国大多数艺术家是为国家或"体制"(即国家的艺术机构)工作,自由职业者很少。那个时候,艺术展览大多由国家机构组织。国家主办的展览会的参展艺术品都是通过官方层层选择。同时,艺术的生产属于意识形态的范畴,需要符合规范和满足国家的政治需要,或至少不与其发生冲突。在这种情况下,作为实验性的、具有社会批判性的艺术生产在公共领域就难以生存了。私人展览会虽然很普遍,但多数都是在艺术家朋友或熟人的小圈子范围内展出。这种私下展出的信息只是口口相传,公众一般都接触不到。很多体制内的艺术家对艺术生产中的国家管制也感到厌倦。因为缺乏商业性的艺术品经销商,独立策展人和艺术评论家也缺乏非政府的展览空间,多数艺术家要想在国家允许的范围外生存,虽然不是不可能,但却是困难重重。至 20 世纪 90 年代中叶,上海开始出现了外国私人画廊。这些独立机构的建立为艺术家打开了新的边界。

然而,艺术生产需要物质支持(Becker,2008),空间是一个关键的资源。中国艺术界[1]的变化恰逢上海制造业部门和城市空间的转型,两者高度契合。上海因其战略区位自 19 世纪末以来就是中国具有主导地位的工业城市。至 20 世纪 30 年代,三大工业集聚区已沿着两条河边形成,其中一条即苏州河。虽然工业发展在 1949～1978 年受到重视,但经济改革时期(1978 年后)上海传统工业部门开始衰落。可以这样说,淘汰老旧设备、市场竞争、城市土地改革、国有企业改革、

---

[1] 在案例研究中,艺术界指的是美术界。

市政府提升全球化的城市功能,这一切都促使城市工业的衰落。转型的高峰出现在 90 年代,那时上海国企数量下降了 70%(Jiang,2002:65),同时国企职工数量从 135 万削减到 85 万(Jiang,2002:69)。

上海工业转型的空间表现就是在内城的一堆废弃的工业空间,这正好满足了艺术家对于艺术生产的需求——廉价、易变动,具有文化和社会意义(Han and Zhang,2004)。例如,红房子,原先是国企(上海第二碾米厂和上海饲料厂)掌管的两个旧仓库,现为几位著名艺术家和两个外国私人画廊使用。2000 年的上海双年展上,虽然许多参展作品其采用的形式在社会主义中国前所未闻,并受到保守官员及多数公众的尖锐批评,但它仍然吸引了人们对变化中的中国艺术界新景观的关注。另一方面,也许人们对这些展会更感兴趣的是,艺术竟然能够激活日益严重的被闲置的仓库空间,大多数上海居民有了一个新颖的概念,他们觉得上海无论在历史上还是当前都处于中国现代化的前沿(Lee,1999;Z. Zhang,1990)。

然而,艺术家寻求物质支持的努力正好与上海构建城市现代性的热潮相一致。20 世纪 90 年代是房地产市场繁荣的十年,上海内城的城市再发展的规模创了新高(He and Wu,2005)。其后几年里,虽然上海楼市过热,苏州河沿岸高价的水景公寓楼仍雨后春笋般矗立起来。[1] 在上海现代化的热潮中,尽管住户强烈抗议,媒体全面曝光,红房子最终还是被推倒了(Han and Zhang,2004)。结果,于 2000 年 5 月,[2]红房子的艺术家和画廊无奈搬迁到莫干山路 50 号(最初简称为"50MGS",后来又改名为"M50")这个破产的国营纺织公司的场地。后在 2003 年 2 月,一些从淮海西路 720 号大楼被驱逐出来的其他艺

---

[1] 例如,位于苏州河对岸面朝 M50 的中远两湾城是一个热门的商业性房地产项目,于 2002 年末完工,2003 年 1 月时,卖价是人民币 5 252~7 708 元/平方米(约 630~930 美元/平方米)。到 2003 年 12 月,卖价为 9 000~13 500 元/平方米(约为 1 080~1 630 美元/平方米)。见"2003 年上海住宅市场综览",2004 年 7 月 14 日"房地产焦点网"。http://sh.focus.cn/news/2004—07—14/69792.htm. (2007 年 3 月 3 日访问)

[2] 两个地段相隔只有 3 分钟的行走路程。

术家也搬迁到这里。这就是上海最出色的艺术区之一的开端。

这个位于苏州河岸边莫干山路50号的工业生产基地可以追溯到20世纪30年代。1994年,公司转变为"上海春明粗纺厂"(SCSC),是上海纺织控股(集团)公司的子公司,该公司是由负责管理纺织生产的原上海纺织工业局演变而来的。但是,在90年代的上海工业转型时期,市政府要求纺织部门大规模缩减生产。1999年12月31日,上海春明粗纺厂被政府关闭,部分原因是高能耗和污染问题。莫干山路50号60多年纺织品生产的历史遗产就是40 000多平方米、混杂着从30年代到90年代不同历史时期特征的工业楼宇(Chen,2008)。

在转型初期,公司雇用的1 500名员工在停产时多数都被解雇(下岗)[1]。上海春明粗纺厂的管理人员留下来照看工厂财产。同时,按照政府要求,他们必须采取经济手段来供养这些下岗工人,以避免社会动乱,这是党和国家压倒一切的迫切要求。在此情况下,仍是国营的公司在卖出了库存和旧设备后,面临着寻找新的收入来源的巨大压力。

一旦生产停止,现存的工业财产就成了公司最有价值的余留资产。对许多破产国企来说,出租空地给其他企业,尤其是小型私人企业(民营企业),是常见的做法。不久,50MGS就成了仓库和小型制造企业的混合场地。可是上海春明粗纺厂管理部门逐渐发现,这些小企业喜欢"胡来"(混乱)[2],于是他们又积极地寻找"有档次"的租客,特别想吸引一些电子、印刷和服装企业入驻,这些产业符合政府"城市产业"政策,据称是具有低的负外部性的、定义模糊的产业门类。[3]

---

[1] 少数前员工留下当服务员(如保安员、电梯操作员等)。

[2] "混乱"一词在中国往往使人想到非法和失控的事,因此常常认为是要避免或解决的问题。尤其是涉及政府和各个不同的政府机构的事情,包括国有企业。

[3] 正式列入城市产业的主要是服装制造、电子、食品加工、包装印刷、家用装饰材料、化妆品和家用清洁产品、珠宝和其他工艺美术产品、旅游产品和手表。上海市政府经济委员会向申请企业提供认定的"城市产业"清单。见上海浦东新区网页,http://pdda.pudong.gov.cn/webpdda/fulltext/link/bureau/jinmao/jm6.pdf.(2008年12月22日访问)

但是，把场地出租给艺术工作室并不是一帆风顺的。M50 的土地仍规划为"工业用地"，而艺术工作室不属于工业用地。而且，总体上，政府对先锋派艺术疑虑重重，因为这种艺术已经成为急速变化的中国社会表达个人观点和态度的新渠道。此外，某些艺术家正在实验的新艺术样式，特别是装置艺术和短电影，与官僚部门和上海春明粗纺厂管理层所熟悉的传统艺术格格不入，这些新艺术形式成了十分敏感的问题。

尽管有这些担忧，但上海春明粗纺厂管理部门仍继续执行其出租计划，因为有了足够的利润远比违反几条土地使用规则重要，而且这些规则在中国从来就没有被认真遵守过（T. Zhang, 2002）。对于新型艺术，虽然存在争议，但政府并未一味加以禁止，因为艺术和文化已日益与全球化城市地位联系起来了。

2002年，50MGS 的租金仍很低廉，约是人民币 0.4~0.5 元/平方米/天。[1] 制造企业照样相安无事地与慢慢增多的艺术工作室、画廊和其他文化企业共处一地。一位上海春明粗纺厂董事生动地描绘了这种"共居"现象：

> 许多工人住在那儿(50MGS)。下班后，那些工人穿着拖鞋，光着膀子，在工厂溜达。他们手洗的衣服和内衣就晾在露天，还滴着水。艺术家也在那里，还有外国人和时髦女郎，他们好奇地窥视着旧工厂的角角落落。外来工人的孩子们在那里高兴地玩耍，吵吵嚷嚷地叫喊着。各色人等共聚 50MGS，真是一个有趣的场面！像薛松(Xue Song)[2]这样优雅的艺术家和多数工人的粗鲁形成了巨大的反差。[3]

通过媒体宣传，陈旧的工业和仓库楼宇的新使用形式逐渐受到公

---

[1] 2002年，上海办公场地的平均租金是 18.9 美元/平方米/月（约为人民币 5.2 元/平方米/天）。见"2003年北京、上海和广州办公楼市清淡"，2003年5月10日《中国房地产报》。http://www.zjcom.cn/detail/house/K02294.htm.（2008年6月5日访问）

[2] 薛松是第一个在 50MGS 建立工作室的艺术家。

[3] 2009年6月3日匿名采访。

众的关注。作为植根于西方的理念，许多上海市民开始发现，把工业用房转变为艺术或"创意"空间还挺"酷"的。后来，更多的艺术家和设计师纷纷进入这个即将成为令人向往的地方，管理部门的议价实力增加了，他们开始考虑要选择那些更符合他们要求的租客。

2003年，同济大学"国家历史名城研究中心"（RCNHC）承担了M50的概念计划，由著名的、直言不讳的城市保护主义者阮仪山教授牵头。虽然该计划尚未正式批准，但它就50MGS的未来提供了专家意见。该咨询报告认为工业遗产就是城市资源，倡导把保护工作和对50MGS工业楼宇的再利用结合起来。报告认为，50MGS有潜力成为一个"艺术区"，而且还可以作为历史建筑保护的实例。此外，咨询团队还为莫干山路50号起了个新名称——"M50"。[1]

对上海城市发展轨迹的反思并不限于学术界；它还在艺术家的作品中反映出来。主题为"城市塑造"（Urban Creation）的第三届上海艺术双年展在2002年举办，影响深远。当时的同济大学建筑和城市规划学院副院长、建筑史专家吴江教授就是策展人之一。广泛宣传、观众踊跃的展会不仅吸引人们对中国当代艺术的关注，也促成上海的发展问题成为瞩目的焦点。

虽然社会开始认识到现代城市发展的破坏性后果，但由于苏州河沿岸土地的巨大商业价值，房地产开发商从没有放慢开发的速度。2004年，上海春明粗纺厂的部分土地卖给了实力雄厚的香港房地产开发商天安集团，靠近河的地方变成了绿地。有谣言称，政府已收了开发商的钱。显然，现有的法定计划迎合了开发商的利益，而"国家历史名城研究中心"制订的保护计划实际上与此有直接冲突。

在最危险的时刻，保护主义者也发掘大众媒体宣传他们的观点。最著名的例子就是一系列的文章和访谈发表在《人民日报》当地版"华东新闻"上。这些文章由著名学者撰写，包括阮仪山教授、厉无畏教授

---

[1] 上海春明粗纺厂的注册商标是M50；但公司名称仍是上海春明粗纺厂。

和郑石龄教授[1],他们还就上海工业楼宇迅速消失的问题发出警示。纽约的苏荷区出现在好几篇文章的标题上,它被频频地引用为上海应该效仿的榜样。大众媒体上出现的学者的担忧也得到了市政府内一些学者型官员的呼应。

除了进行呼吁外,M50的住户还采取行动阻止拆迁行为。很多艺术家和企业不仅搬进M50,以便保护这个地方,而且试图对潜在的拆毁行动发出大的"噪音"。最早进入M50的画廊香格纳画廊(ShanghArt),最初租用M50的地方当仓库。应上海春明粗纺厂管理部门的要求,香格纳画廊最终把其办公室和展示厅也搬迁到M50。作为一家有影响的画廊,它搬迁到M50稳住了不少艺术工作室。

"国家历史名城研究中心"在这个保护行动中也做出了积极的贡献。它是一个国有的研究机构,有着良好的声誉并与政府机构关系密切,它进一步推动了保护工作的实施。它促成建立关于遗产保护的松散的研究网络,并占用了M50最有可能拆除的那幢楼。据"国家历史名城研究中心"的首席规划师反映,他们原先向上海春明粗纺厂提出的租期只是半年至一年,因为人人都觉得随时可能被撵走,尽管没人知道这会是哪一天。[2] 后来研究网络组织了几次重要论坛,吸引了顶级学者和高层官员到M50。私下里,"国家历史名城研究中心"的学者还邀请一些著名艺术家,如瞿小松、谭盾、何训田和张艺谋,[3] 到

---

[1] 见阮义山,《保护上海的"苏荷"》,2004年5月26日"华东新闻",p.10。阮义山,《何谓"苏荷"?》,2004年5月26日"华东新闻",p.10。楼京,《构筑上海的"苏荷"——访上海社会科学院部门经济研究所所长、研究员厉无畏(创意产业论坛)》,2004年7月8日"华东新闻",p.3。郑石龄,《泰康路:搭起了新时代的脉搏(创意产业论坛)》,2004年7月15日"华东新闻",p.3。厉无畏,《旧厂房里创新意(创意产业论坛)》,2004年7月22日"华东新闻",p.3。楼京,《上海苏荷前途未卜》,2004年8月17日《人民日报》,p.16。

[2] 2009年6月3日匿名采访。

[3] 瞿小松、谭盾和何训田都是著名的作曲家。瞿小松长期生活在美国,他的四部歌剧在国外演出。谭盾作的曲子在1997年香港主权交接的正式仪式上演奏。他最著名的作品是为电影《藏龙卧虎》配曲,为此他还获得了2001年奥斯卡最佳原创音乐奖。他的音乐曾获得2002年第44届格莱美奖四项提名。何训田是上海音乐学院教授,中国最著名的藏族风格的流行音乐人。张艺谋是中国大陆最著名的电影制片人和导演。他的电影,如《红高粱》、《大红灯笼高高挂》、《秋菊打官司》、《活着》等为他赢得不少国际奖项。

注：高层公寓楼替代了苏州河沿岸许多以前的仓库和工业场地。
资料来源：作者于 2008 年 10 月 13 日拍摄。

图 11.1　莫干山路地区的涂鸦墙和高层公寓楼

M50 进行社交聚会。这些名人的到场有利于提高 M50 的地位，在政府眼中成了著名的艺术区。

历史建筑的保护问题逐渐引起了上海市政府领导的注意。2003 年，当时的上海市市委书记要求对上海的历史建筑保护实行"最严格的条例"。在第二年的政府会议上，上海市市长韩正指出，"虽然新的开发是发展，保护和革新也代表一种发展方式。"[1]

至 2005 年，上海市政府大大改变了对创意产业和老工业楼宇的态度。它不仅承认在后转型时期创意产业对城市经济的重要性，而且开始接受老工业楼宇在培育创意产业中的作用。2004 年 11 月，上海创意产业中心（SCCI）成立，并在 2005 年向上海最早的 18 家场所（包括 M50）授予正式名称"创意产业园区"，这表明政府的看法已经改变。

---

[1] "建立严格条例保护历史建筑。韩正：保护也是发展"（2004 年 8 月 3 日）。上海新闻，http://sh.eastday.com/eastday/shnews/fenleixinwen/qita/userobject1ai412028.html.（2009 年 7 月 29 日访问）

"国家历史名城研究中心"提议 M50 作为艺术区;这样,上海春明粗纺厂管理部门就开始逐渐以工作室、画廊和设计企业来替代许多小的制造企业。除了提高租金和不再续签租赁合同外,管理部门还采用软的"劝说"(办法),让制造企业腾出地方。2003 年,50 多家租客搬出;2004 年又有 40 多家租客腾出地方。[1] M50 得到政府认可成为艺术区后,这个搬迁的进程还在继续。

至 2007 年,M50 已多半成了艺术区。在目前入驻的 130 多家企业和组织中,约 2/3 是艺术工作室和画廊,其余多数是设计企业和文化类的研究组织。[2] M50 从胚胎期开始就安置中外艺术家和企业。即使是中国人开设的企业,大部分也是那些有西方经历的人,他们或是在西方受教育或是在西方生活多年。这个特征一直持续到今天。东西方元素的混合对许多人来说是一个吸引人的因素。此外,M50 的艺术工作室被普遍认为是原创作品的源泉。艺术家高度集中是吸引许多设计企业的因素。例如,一位获奖建筑师和室内设计师选择落户 M50 的原因,多半是他觉得能和艺术家并肩工作会激发他的设计冲动。[3]

今日 M50:艺术和销售空间

今天,由于 M50 在艺术家和创意工作者中的名声日隆,其租金调整为人民币 3~5 元/平方米/天,[4]比 2002 年价格水平翻了近 10 倍。近年来,许多像艺术工作室那样不以赚钱为主的企业被画廊或设计企业那种营利型企业所取代。2004 年在 M50 工作的艺术家有 100

---

[1] 2009 年 6 月 3 日匿名采访。
[2] M50 的网站 www.m50.com.cn 上有目前 M50 的全部租客名单。
[3] 2008 年 10 月 15 日匿名采访。
[4] 2008 年 9 月 17 日匿名采访。

多位；[1]但现在只留下了 50 个左右的私人艺术工作室。[2]对于财力雄厚的企业而言,高昂的租金反而成了他们"身价"的一种标记。但是,那些刚从学校毕业在 M50 开始职业生涯的年轻艺术家和设计师,他们将面临两大障碍:第一,他们必须使艺术家和设计师的精英团队相信,[3]他们能从事高质量的创意工作,在 M50 这块黄金级空间工作是够格的。第二,他们必须付得起令人望而生畏的租金。虽然今天 M50 仍有不少稳定的企业,但置换率在加速。如同 2004 年进入 M50 的一位画家和摄影师指出的:

> 与我四五年前刚搬来时相比,近年来置换的情况更加频繁。现在有些人待在这里短的只有几个月。[4]

另一位 M50 的著名画家评论道:

> 有些年轻艺术家可以选择其他租金低的工作室,但是也有人来寻找机会。许多人来到 M50 确实是因为这里有着上海最优秀的当代艺术家,青年艺术家有机会学习经营他们作品的方法。此外,M50 也为有抱负的艺术家提供很多出名的机会。但是,并不是所有人都能成功。有些人用借来的钱租一块小面积的地方,一两年以后,再到别处找更便宜的地方,因为他们的作品卖不出去。但是,幸运儿留下了。因此,高租金成了艺术家销售能力的标志。[5]

即使能够在 M50 留住的艺术家,高租金也使他们如牛负重。为了应付高租金,有些租客只得根据市场需求来创作艺术品(如小幅油

---

[1] 2009 年 6 月 5 日匿名采访。
[2] 见 http://www.m50.com.cn/inc_allist.asp 上的租客名单。(2009 年 7 月 23 日访问)
[3] 上海春明粗纺厂管理部门的咨询团队是"艺术家/设计师联盟"(ADC),一个非正式(未注册)的组织。上海春明粗纺厂管理部门时常要求 ADC 的人员(有在 M50 的人,也有外来者)协助判断潜在租客作品的质量,担任上海春明粗纺厂主办的设计竞赛的评委,或向上海春明粗纺厂提供其他方面的咨询,如对创新的意见。ADC 会员大多是著名艺术家或设计师,他们都是朋友。可以说,ADC 在某种程度上充当了 M50 的守门人。
[4] 2009 年 6 月 5 日匿名采访。
[5] 2008 年 10 月 13 日匿名采访。

画或衍生产品)。更多的人只得从事某种与艺术生产无关的商业交易活动——如空间转租。在某些情况下,两个或几个艺术家合租一个只能容纳一个人的工作室。又有一些情况是,艺术家租客(一手租客)仅仅租部分墙面给其他艺术家(二手租客)挂其作品。来自全中国的许多无名艺术家都想在 M50 碰碰运气,但因为穷,租不起整个工作室。当个二手租客是他们唯一选择。这些二手租客常常必须直接认识一手租客或通过介绍人,一手租客与二手租客间的转租合同常常是私下签订,得不到上海春明粗纺厂管理部门认可。这样,一手租客好歹也成了业余房产商或画廊经理。艺术家(一手租客)一旦卷入这样的交易就可能分散他们艺术生产的精力,转租收入使许多艺术家在 M50生存了下来。[1] 这种情况与西方许多艺术家的遭遇大同小异,他们也得赚些外快以补贴他们的艺术事业(Becker,2008;Lloyd,2006;Garnham,2005;Hesmondhalgh,2002)。

　　实际上,在过去几年里,伴随着租金飞涨,在 M50 的人面貌也发生了变化。早先,艺术家来到那里只是为在稳定的环境里进行艺术生产,并不太多关注名声或财富。20 世纪初期在 M50 制作的无数作品在当局眼中都是些异端。艺术家被吸引到这里,是因为他们能远离尘嚣。然而,现在许多人蜂拥而至 M50 却是为出人头地和快速发财,虽然成功的概率很小。如一名沮丧的画家所说:

　　　　近年来,我越来越讨厌"艺术家"这个词,因为现在的人(指的是 M50 的艺术家)互相问候的问题都是"你的东西卖了多少钱?"或"最近谁发财了?"他们从来不谈艺术上的事。钱是所有谈话的核心,听上去就像是推销员。甚至到访艺术工作室的客人也不关注艺术,他们首先问的就是艺术品的销售问题。[2]

---

[1] 有些租户自己离开了 M50,把他们的地方转租出去赚点钱。
[2] 2009 年 6 月 5 日匿名采访。

另一名画家指出:"许多人喜欢吹嘘他们作品的价值,然而这样做很不明智,往往让管理部门有了提高租金的借口。"[1]

除了租客的变化,M50 的环境也在变化。2005 年上海春明粗纺厂的主管单位上海纺织控股(集团)公司出资对 M50 进行重新整修。M50 的一家建筑企业承担了 M50 场地的规划设计工作,它们的首席建筑师曾在欧洲学习,参与过北京国家体育馆(2008 年北京奥运会的主场馆)的设计工作。上海春明粗纺厂管理部门希望通过整修把 M50 变为"五星级的国际艺术区"。虽然整修工作改善了 M50 的基础设施(如防火设备和路面),场地设计也在海外展出,但并不是所有艺术家都支持这个项目。一名艺术家说:

> "五星级国际艺术区"的说法实在荒唐。整修后,租金又涨了。我刚来时,租金是人民币 0.60 元(每天每平方米),而现在是人民币 1.80 元……更糟的是,整修改变了 M50 的环境。过去,M50 是自然地发展,我喜欢它旧的原始面貌,记得老的 M50 的人都会被它感动。你在那儿感到没有压力。这地方就像自己的家,你可以随处坐坐,谈谈你的感受。但是现在,M50 健康的肌体变得模糊了。虽然不少人,特别是那些新租客,还是挺喜欢这个新模样,因为他们觉得"五星级"或"国际"这些词都是代表着"地位",但我可不会花钱要那个……[2]

然而,我在 M50 采访的住户几乎都认为,M50 的租金与附近的商业性办公场地的租金相比是相当"合理的"。事实上,拥有租金定价权的 M50 管理部门对那些知名度更高但流动比较频繁的艺术家还是有所优惠。这种做法使租客,特别是年轻的新租客产生了怨气。有了这股怨气,又因为不同时期进入 M50 的艺术家有不同的艺术定位,所以

---

[1] 2009 年 7 月 7 日匿名采访。
[2] 事实上,我所采访的很多人都提到,比较起来,M50 也许依然是上海著名创意产业集群中最"原始"的。这个事实说明,对上海老厂房的包装还是相当普遍的。

帮派现象就出现了。这种现象伤害了艺术区的凝聚力。

尽管有种种理由需要对艺术家进行支持,但管理部门认为,M50在商业上的成功对其未来前景至关重要。因此,今后租金的飙升是不可避免的。另外值得注意的是,管理部门对创作的艺术形式实施某种程度的审查。在中国,商业利益时常与政治立场纠缠在一起。如一名知情人士指出的,M50的艺术家可以创作任何他们喜欢的作品,但某种形式的敏感作品不允许在那儿展出。[1]

实际上,多数艺术家都知悉这些限制,而且在他们的艺术生产中隐含化了(Becker,2008)。与早先作为边缘艺术家的"庇护所"不同,现在的M50多半是承载着国家现代化愿景的商业性实体。现在,M50的名字不仅仅代表文化生产和消费的重塑空间,而且是即将到来的文化和历史标志以及上海未来的形象。

新空间,新关系

过去10年,M50这个空间在物质上、功能上和象征意义上显然都发生了巨大的变化。老厂房承载了社会主义工业经济,生产的组织形式呈细胞状、由国家管理的工作单位制。在这种体制下,国有企业和生产工人都成了国家的代表。在后改革时期,中国社会已日益多元化。M50的自发而冲突不断的改革进程预示了这种新的社会多样性——不仅艺术家开始在国家体制外生存,并在某些方面成了不安分者,而且保守主义者的声音代表了某种事实上的社会权力,虽然这种力量并未制度化而成为独立的"市民社会"的一部分(Zhong,2009)。另一方面,还需要注意的是,国家[在M50事例中是地方官员(local state)]掌控内城变革的意图没变。它不仅启动了产业转型过程,而且在后阶段通过授予M50"创意产业园区"的头衔而试图把它纳入其管

---

[1] 2008年9月17日匿名采访。

辖范围。

M50 的形成可以放在中国艺术舞台转型的背景下进行考察。艺术界刚形成的社会关系，例如，独立艺术家与私人画廊主的关系，有助于解释什么是 M50 新经济空间的"新东西"。传统工业部门的消亡腾出了空间；这使新艺术界的活力为老空间带来了生机。

创造一个新的艺术界就是建立新的规范（Becker，2008）。中国老美术界的主导流派是由国家层次确定的，中国日益开放的环境催生了新的表现艺术流派，为了吸引观众和争取物质资源，它要与旧形式进行竞争。新形式既要向旧框框挑战，又无法取悦国家，它只得在国家渠道外——正在发展中的商业界——寻求支持。M50 就是这样一个新兴艺术界的关键资源。它不仅是前卫艺术作品创作、展示和销售的空间，而且是新美学理论得以发展、艺术批评得以生成以及新艺术语言得以学习和传播的场所。M50 是具有冒险精神的实验艺术家在一个日益开放、包容和多元的社会里获得社会认同的集中场所。正如贝克（2008）所言，"新艺术界的发展常常关注的是新组织的创办和作品销售的方法"。作为当代中国艺术生产、销售和学习的中心，M50 已成为中国新艺术界中的一个重要机构。

M50 的事例还表明了艺术界是如何与城市的房地产部门交织在一起。塑造文化区的社会关系远远超越了直接影响文化产品的生产、销售和消费的范畴。在复杂的空间进程中，提供支持系统的有关各方（如物质或金融支持）与创作艺术作品的人士错综复杂地联系在一起。对 M50 空间的争夺部分还起了保护历史和遗产的作用；另一方面，这也反映了艺术家在为他们的新世界赢得物质支持而奋斗。因此，艺术家不仅是城市空间被动的使用者，而且更重要的是，是城市空间的积极创造者。换言之，空间应理解为是城市化进程的容器和争论的触发器，借此，新社会关系才能构建和确立起来（Hsing，2010）。还需要注意的是，艺术家与城市保护专家在空间争夺中的联合对于在上海建立当代中国艺术不失为一个巧策略。由于中国的制度约束,在政府官员眼中,历史建筑保护的问题引起的争议会比先锋派艺术的争议少。城市保护专家常常是为公共机构工作,他们与国家官员的联系比自由职业者密切得多。因此,把国家的注意力从建立新艺术界转到保护历史建筑上会淡化M50的政治争议。这也部分解释了为何历史建筑保护问题比新艺术形式的发展能得到更多政策上的关照,虽然后者在打造M50新艺术区中的作用与前者同样重要。

空间和艺术生产的关系并不简单。一方面,M50这个面积大、管理灵活、有包容度的空间最初确实为边缘艺术家提供了某种程度的自由。另一方面,新空间和参与空间重建的机构对艺术生产也设置了约束条件。这可从两个方面加以分析。第一,国家所有制以及国有企业对旧工业资产的管理决定了艺术家所能允许进行创意的范围,完全有争议的作品不能出现在国家掌控的领域内的。第二,市场原理对M50的艺术生产是另一种形式的约束。自由艺术家们只有卖出作品才能生存,他们在艺术圈的声望越来越与其作品的市场价值挂钩。这种情景促使他们制作那些能在新商业体系里成功销售的作品(Becker,2008)。M50租金的高涨只是加剧了这种倾向。其实,艺术市场和房地产租赁市场的商业压力是一种互构关系,因为一些艺术家在商业上的成功哄抬了租金,而高企的租金又迫使艺术家在商业上更有竞争力。租金越高,M50为艺术而艺术的可能性越小。因此,M50的故事揭示,那些多半(虽然不是全部)挣脱了国家控制枷锁的具有独立意识的艺术家是如何不得不服从市场规则。M50从国家管制到商业性管理的转变正是中国艺术界生态变化的写照。

过去10年,M50随着中国当代艺术的演变而成长起来。它的意义不仅在于现代上海新文化景观的重塑形象,而且更重要的是,它标志着新艺术界社会关系和社会依存关系进一步强化的节点。鉴于国际市场对中国当代艺术的热情,重要的文化制度(如文化经纪)有待建立。中国新艺术界仍在打造之中。作为中国新艺术机器中的一个主要齿轮，M50及其对艺术生产既是支持资源又是约束因素的矛盾功能也将继续演变下去。因此，上海内城新经济空间的可变动性和活力必须承认。虽然预测M50的未来为时尚早，尤其是因为现存的规划蓝图（土地仍划入"工业用"）造成的不确定性，但有一点可以确定，如赫顿（2008）所言，没有终结，只有不断行进的变化过程。作为创意行为和实验集中地的内城仍是人们揭示中国变化中的社会关系和空间进程的探索中心。

12. 以艺术营销地域：
北京798艺术区的创建

珍妮弗·柯里尔

引言

艺术区在西方城市很常见，它们一般都设置在老工业区内，但在中国，它仍是相对新的现象。北京约有20个艺术区或艺术村，还有一些正在建设之中。北京正开始与其他城市竞争，要把大部分城市空间投入艺术用途。尽管艺术区数量过多，又是中国城市重大变革的标志，但直至最近它才开始进入城市研究的范畴（见Tan, 2005；Hee等，2008；Currier, 2008）。本章通过探索798（常常指的是大山子艺术区）的兴起和发展来弥补这个研究空白，798是中国最著名的艺术区之一，它为其生存做过颇为壮观的拼搏。它是20世纪50年代的军工厂转变而成的时尚场所，现在聚集着画廊、工作室、小吃店和文化企业，它们在北京迅速发展过程中，从被拆毁的边缘挺了过来。

本章的宗旨是通过考察798这个样板，探索中国语境下文化导向性城市的变化状况。798的故事提供了探索艺术区和文化区域的新思路。首先，就北京的地域促销（place promotion）和形象建构（image construction)进行讨论,然后本章详述了 798 从一块乡村飞地迅速转变为官方旅游目的地所呈现出来的社会和经济问题。这种转变显示了中国领导层如何开始把当代文化作为全球崛起中大有前途的地位象征(status symbol)。艺术区着力于增强城市的文化实力,而这种实力又使 798 出了名——开始时,由非官方保存了下来,后来却是以官方名义助力把北京作为全球化城市推销出去。

推销北京

经过 30 多年国家层面的改革,北京和众多城市一样强力推进去管制化、经济自由化和全球化。中国下放决策权给省市一级,只保留制定政策和监督的职能。各个城市对其增长和发展行使很大的权力,从而使得企业家精神大为发扬,城市间的竞争加剧,并有意识地制定特定地域(place-specific)的发展战略(Ma and Wu,2005)。这样,中国的城市规划开始从资源配置向地域提升转化(Wu,2007)。虽然这种变化常常涉及大型的、结构性或基础设施的开发,如商业区或机场,但最近的发展重点进一步向文化战略倾斜。北京对文化和艺术在城市政治经济中的重要性有特别的认识,这可在其新政策,包括市政府对 798 的正式认可中得到反映。北京与其他城市一样,鼓励文化经济的增长,并利用文化作为地域营销的有效工具。

在 20 世纪,从工业向后工业经济的转变已经启动了文化的"城市复兴"。正如佐京(1995:2)指出的,"文化日益成为城市的商业——它们的……独特的,竞争优势的基础"。文化或创意经济,伴随着知识经济已经成为当代经济发展的关键驱动器。市政府在全球范围内引进创意产业政策,通过城市实体更新(physical urban renewal)和文化就业举措(cultural employment initiatives),以振兴经济不景气的后工业时期的城市。这些更新战略意在进一步使经济基础多元化,通过推销城市来吸引国际资本和专业人才（Bianchini,1993）。为了满足去工业化时期日益扩大的城市人口的需求和弥补以往违背经济原理造成的损失，推销文化成了城市决策者青睐的手段。

这些政策的关键要素是地域营销战略中对文化的利用。官方出于对城市可销售性的关心，希望建构一种独特的城市身份（urban identity）。这里有两个维度：第一，创建文化设施，让城市"有吸引力"或简单地说，就是使其"出名"（Bianchini and Parkinson,1993）；第二，造就"体验经济"，以独特的基于地域的体验（place-based experience）吸引旅游者和投资者。官方开始转向文化更新战略和弗罗里达（Florida,2002）的创意城市的构想，创造一个适于居住、工作和旅游的充满灵性的地方，以吸引人才和资本。尽管有些理论家对这种创意宣言的可行性提出质疑（Malanga,2004；Peck,2005），但这些理念仍激励许多城市利用文化作为"所有消失的工厂和仓库的神奇的替代物"（Hall,2000:640）。这种地域营销战略受到当地官方的支持，不仅是因为颂扬文化的意识形态诉求，而且潜在地会增加税收和提升城市的正面形象（Cameron and Coaffee,2005）；同时开发商倡导要刺激文化消费中对特色景观（distinctive landscape）的新需求（Wyly and Hammel,2005）。由于官方同意拟议中的发展议程可与现有的"新自由主义"城市规划同时运作，并把重点放在城市间的竞争、消费和地域营销上，文化战略已迅速成为政策选择（Peck,2005）。以这种方式，文化区域（cultural area）就成了可以在通用的消费过程中被展示、诠释、复制和销售的发展产品——卡恩斯（Kearns）和菲利普（Philp 1993:ix）称之为"操控地域营销中的文化"。

按照劳埃德（2006）的描述，那些艺术家践行"放荡不羁的"生活方式的地方，其城市经济往往受益，因为酒吧、餐厅、俱乐部、咖啡馆、画廊和设计公司的"审美经济"迎合了打造和销售生活方式体验的要求。历史上，艺术区往往是那些寻找体面而价格实惠的工作室和/或画廊的艺术家希望靠近著名艺术家或赞助人而形成的。然而,艺术区或类似的文化区域常常不再是自发或自然地形成,因为文化已日益成为城市变迁的方法,有一句话总结得很地道,"苏荷现在是造出来的,不是生出来的"(Zukin,2001,Harris 引用,2005:12)。

  北京艺术区的正式建立与前卫艺术和放荡不羁的生活方式几乎没有关系。相反,它是利用文化来创造发展的机会。随着经济转型,城市房地产严重依赖小众市场的开发和利用。相对于国有企业利润不断下滑,土地开发的利润更有诱惑力。因此,各工厂开始出卖场地开发房地产业务,随着消费主义日盛,以及经济增长加速,稳定收入增加,小众市场扩大了。

  作为北京小众市场的文化区域或艺术区的形成显示了全球化对中国面貌的影响。这种影响并不一定是明目张胆的"麦当劳化",因为这不是压制和削弱中国形式的西方形式,而是一种"想象的全球化",它是以全球化的主题来销售当地产品(Wu,2007)。全球化只是提供可能性(如不同的建筑风格),但如何转变为现实则取决于当地的情况。要发展具有明显西方特色的地方,当地的条件既有供应方面的,即开发中国房地产市场,也有需求方面的,即随着消费主义盛行而对新产品产生偏好。文化区域的创建凭借对其魅力和效果的可感知意象。利用当代艺术的战略直接与城市意象(urban imaginaries)相关,这种城市意象就是艺术生产和艺术消费成为全球化城市的高价商品(Yeoh,1999)。

  除了经济利益,文化的提升还有着强烈的政治因素。2007 年,共产党中央委员会的报告指出,国家需要"加强文化作为国家软实力的一部分"(Suzuki,2009)。与国家的"硬"实力或军事实力相反,软实力被定义为一个政治实体通过文化或意识形态的吸引力达到其目的的能力(Nye,2004)。这种吸引力的获得依赖于国家这个"品牌"。在中国,软实力意味着大规模的公关活动,旨在通过向世界推销其文化精华,以促进它的形象和影响。随着中国在国际经济和政治舞台上日益增加的存在,中央政府十分关注其在国外的形象(Wang,2003)。北京作为国家政治和文化中心,是中国文化成就的橱窗,在世界上代表中国。市政府也一直在利用文化战略作为一个城市崛起的力量。

虽然文化战略可以带来政治和经济的利益,但它们也有不利的一面,会使地点身份沦为只是服务于富人和有权势者的价值观和期望的狭窄而易于包装的产品(Zukin,1995)。文化战略往往会反其道而行之,它们不是以"引进文化"使城市经济的发展"文明化",而是把艺术商品化,成为失去本身内在价值的资产。特肯利(Terkenli,2002)把这个过程描述为"去世界状态"(deworldment),在这个过程中,景观因为能产生经济价值而被审美化、商品化和物化。在去世界状态中,地域为了新的消费集团而再次开发,标志着从生产场所向消费场所的过渡。这个过渡常常卷入文化的物品化(objectification)和商业化,"以诱惑和吸引游客的目光和美元"。明确为消费而创设的景观成了一个可控的主题环境,常常会丧失其多样性(Chang and Huang,2008)。

中国在继续进行市场改革,它强调战略区位的重要性以此来推销城市,从而吸引投资者,北京也成了为吸引投资的全球城市网络的一部分。政治精英利用城市空间以促使城市成为崛起的力量,从而把北京重新空间化,成为以技术、商业和旅游业为基础城市。与社会主义理想下的城市结构完全不同,乡土社区和功能性的单位设施变成了繁华的摩天大楼、购物商城和高档的公寓楼。但是曾经是工业和社会主义样板的798地区的工厂没有被摧毁。798区因转变为艺术区,提供了以前缺乏的当代文化空间,从而为北京经济增添了一份资产,提供了可向世界传播的城市形象。

798:从草根到官方保护对象

在不到10年的时间内,798艺术区从一个地下艺术家村发展成国际性的艺术目的地。它的建立和保存是草根的努力、国外的影响以及自下而上的国家政策的产物。该地区以前是建在城外农田上的工业综合体,是北京第一个五年计划的一部分。当时它是亚洲最大、最昂贵的工业综合体,由几个不同的工厂组成,包括现在成了这个地区统一名称的最大的798区。这个工业综合体是重要的保密单位,生产先进的技术和电子产品。因为那时在工厂工作很光荣,北京人都带着敬畏和自豪的神情看待它,全国性的报纸《人民日报》也自豪地宣称它是第一个大型的现代工厂(Cheng and Zhu,2007)。该综合体由中国和苏联共同出资,由毕业于包豪斯学院的东德建筑师设计。那是一片密集排列着的低层楼房,高耸的拱形锯齿状屋顶,北面朝天,这是现已过时的国际风格,但局部带有"包豪斯风格"。当时看来它的布局和内在形式是成功的,许多其他工厂都照此设计建造。

20世纪80年代改革时期,该综合体步履维艰,就像其他国有企业,需要自食其力。到90年代,许多798区的工厂已经停产,20 000名老工人中有75%下岗。管理部门划归七星华电科技集团,从事房地产经营,它的任务就是维护这个综合体,由于现在工人要养老金,只得出租老厂房以获得迫切需要的收入。

整个20世纪末期,北京吸引了全中国的当代艺术家,他们往往都居住在社会边缘的"艺术家村"里,如靠近圆明园。作为一个边缘化的群体,他们常常因为地区更新而搬家。20世纪90年代中叶,由于798区极低的租金和独特的建筑,吸引了北京艺术院校的许多学生和教授搬到798区,独立艺术家也随之而来,造成了一个人来人往的地下飞地。中国的当代艺术开始赢得了国际声望,随着2002年举办了第一届国际展会后,对798的关注度急剧上升,使其有了爆炸式的发展。画廊纷纷开张,大量时尚餐厅、咖啡馆、夜总会和创意企业出现了。由于中国当代艺术继续获得国际的极大关注及拍卖出高价作品,798的声望急剧上升,成了房地产开发的热门地区。但是798的未来始终捉

图 12.1　北京 798 艺术区的位置——位于北京朝阳区，综合体周围的城市地区已发展起来，该地区临近机场高速公路，与使馆区和中央商务区连接起来了

摸不定。艺术家的活动只是在土地尚无更好的用处前才比较宽松。租期都控制在 3~5 年，七星集团的最终目的是铲平这个地区，建一个电子城——市政府官员最初支持的计划。

2003 年，七星集团拆除了区内几幢空闲的楼房，开始执行其开发计划。这次行动后，艺术家发誓要阻止再次拆迁。他们努力提高危机意识，通过举办大量展会和演出提高该地区知名度。他们还创办一个艺术宣传团体——思想手（Thinking Hands）——推动对中国当代艺术表现的自由开放程度，为艺术区的重要性大声疾呼，强调北京应该是城市文化发展的"领头羊"。思想手还建立了北京第一个独立艺术节，即每年一度的大山子艺术节，而且它还是展示中国当代艺术的平台，当然它还有一个明确的目标，就是推动地区反对拆迁。

图 12.2　巨大的展厅，798 空间，是 798"包豪斯"建筑的巅峰之作。从保留下来的几台机器（照片左边）和刷在天花板上的口号可以看出昔日工厂的元素———一度为了激励工人（资料来源：作者拍摄）

媒体开始广泛报道 798，特别是外国记者，它们重点报道 798 区的兴起、它的建筑和历史遗产，尤其是它为生存而进行的抗争。包括《新闻周刊》在内的许多国际报刊为 798 叫好，早在 2003 年，它就把北京评为 12 个世界时尚之都（style capital）之一，特别是把 798 区评为城市新前卫区（new edgy vibe）的典范。然而，当地官员支持的七星集团把其名气看成是对其开发计划的威胁。2004 年，它停止向外国人或文化机构出租场地，并采取行动阻止艺术活动，如撕毁展会的海报。但这些行动反而引起人们对该区更大的关注，加深了其作为奋争中的先锋派飞地的形象。

草根的举措引起了人们对艺术区的关注，但是为了争取更多的政治影响，艺术家们邀请高层人士到访 798 区，如当时的欧盟文化部长薇薇安·雷丁(Viviane Reding)和当时的德国总理杰哈德·施罗德。这些贵宾开始把798区作为中国开放的证明——中国的地方官员十分开心(Angremy, 2006)。而且,到2004年,798区已挤满了众多的国际画廊,如英国的"中国当代人"和德国的"白色空间"。由于有了国际投资界和世界性人物的赞美,若市政府仍允许拆除这个地区,就要冒国际上严厉批评的风险。

但是反对拆除的抗争最后取胜的因素不是来自国外的影响,而是来其他原因。2004年,清华大学艺术和设计学院教授、当地的雕塑家李向军当选为人大代表,他提交了一份要求保护798区的提案,强调了其在建筑上、历史上、经济和文化上的价值(Li, 2004)。提案的目的是为了使政府相信,繁荣的艺术界和该地区的独特建筑对于北京是一份有价值的文化资产,重申撤除该地区与文化的扶持政策背道而驰,它还能补偿全球化城市的商业功能。把保护的理由立足于对城市治理和经济学的详尽理解之上,这样做取得成功的可能性比抗议或其他与政府对抗的方法大得多。

北京市政府赞同李向军的提案,因为他们感到798区可以成为吸引旅游者的地方(特别是2008年奥运会赫然来临),所有楼房都保护了起来,并列为"优秀现代建筑",2006年春,北京第11个五年规划把798区指定为"创意产业园"(Li, 2006)。为了完成该任务,北京朝阳区与七星集团达成了财务安排,但未对外公布(Muynck, 2007)。这样,北京官方和七星集团都从原先想拆除798区转变为赞同它作为文化场所,并分别列入了其城市政策或开发计划。由于李向军提案的推动,官方可以按自己的条件来保护该地区。虽然这个决定可能受到草根和国外压力的影响,但还是通过传统的权力手段决定了798区的命运,现在它已被纳入了北京的城市政策中。

作为旅游目的地的 798 区

北京市领导层开始把当代文化视作其全球崛起中的地位象征。虽然 798 区最初的那种自然式发展并不在北京市政府的计划之内,但现在它也被声称是其改革开放的一部分。当地官员谈起该地区的成功和独特性时十分自豪,把它作为中国文化产业主导力量兴起的样本,一个代表讲道:"北京是古代的文化中心……798 继承了古老文化,并把它发展为当代文化"(Li,2006)。李向军向中央政府提交提案后,中国,特别是北京,启动了大规模的文化和艺术战略。以往,在其现代化进程中,文化往往滞后于经济利益——从拆除吉祥戏院(京剧演出的重要场所)改建为商业建筑即可见一斑。然而,奥运会之前,市政府就开始把北京作为重要的文化首都加以推销,举办北京双年展以及计划建立新的文化博物馆和文化区即是证明(Napack,2004)。作为战略的一部分,市政府在官方文献和赞助的电视广告上都把 798 区突出为旅游目的地(Fu,2006)。

北京市政府于 2006 年 3 月新设了 798 艺术区建设和管理办公室,行使咨询委员会职责,与七星集团合作进一步开发 798 区。办公室的法定任务是保护 798 区的建筑和创意活动,吸引更多更好的全国和国际的艺术类组织和机构(Cheng and Zhu,2007)。他们也有通过旅游赚钱的目标(Fu,2006;Liu,2006)。世界旅游组织预测,到 2020 年,中国将超过法国、美国和西班牙成为最受欢迎的旅游目的地(Huang and Ding,2006),管理办公室希望利用这种地位取得收入。管理办公室利用该地区的国际声望推动 798 区成为奥运会时期的景点,为此,它还接受 900 万美元的赛前修缮项目的款项(Krich,2008)。

据预测,奥运会期间 798 区将有大量游客观光。在两周内,它接待了约 33 万旅客,包括众多外交官、国家元首和奥运会高官,甚至作为一些国家的国家馆。该地区还受到国际上大量正面的报道，这些报道不仅强调该地区是一个"必看"的景点，而且把它描述为现代、开放的新中国的样本。奥运会后，北京旅游局发起了以把后奥运城变为"新北京"为中心的促销运动。该运动集中在三个领域——新北京地标、新北京文化和新北京生活方式。第二点直接与798区的发展相关，以树立城市的时尚、风雅和酷的形象（Li and Pennay, 2008）。

798区以前是一个被人冷落的地方，现在是北京第三大最受人欢迎的旅游目的地，名列故宫和长城之后。它是许多"城市游"的落脚点之一，各酒店都标榜坐落在798区附近。现在它还被列为北京前20个购物场所之一，日益被当作拍摄婚纱照和举办大量节庆活动的场所——不仅有北京双年展那样的艺术类活动，而且还有北京时装周那样的活动。除了众多小型的独立画廊外，这里还有一些大型的专业的、吸引公众的企业。

然而，艺术直线式的成功是无法持续的。由于2009年的经济衰退，许多画廊关闭，据估计，艺术品价值从2008年的峰值减少了50%～60%。由于价格下跌，一些扩展计划举步维艰，而政府动用资源协助现有企业。北京承诺出资10亿元人民币用于文化产业的发展（Gill, 2009），798的管理办公室提供500万元人民币补贴艺术组织（Wang, 2009）。但是，艺术经济的衰退并没有减少798日益显赫的名声——恰恰巩固了其旅游场所的名声。每关闭一家画廊就有礼品店或其他用品店取而代之。事实上，现在已很难在咖啡店和商店群中找到画廊了。

由于旅游业蓬勃发展，798区不再处于前卫时尚的巅峰也就不足为怪了，正如艺术顾问梅格·康诺利（Meg Connolly）所说，"我觉得798的艺术精神、草根精神已不复存在……也许之前，我们都知道798有过这种精神"（2006）。这个地区已经失去早年那种地下活动的感觉，当时展会都是秘密组织的。许多人都抱怨798的商业味，它的韧

图 12.3　798 区的一条街。礼品店和咖啡店现在与艺术家工作室和画廊一样流行（来源：作者拍摄）

性已经被其他地区替代了，当地一位建筑师内维尔·马尔斯（Neville Mars）这样描述道（2006）：

> 在这儿喝咖啡也许比两年前好得多，因为咖啡就是喝的东西，但如果我同时想与一些时尚艺术家交谈的话，那它就不是我想去的地方了。它的对象是外国人和旅游者。

即使 798 区已经失去了那种反传统的优势而多半成了一个旅游景点，但其活力并未完全消失。该地区交替举办各种展会和演出，变化无穷，从而也为北京保持不变古风的传统旅游场所增添了新元素。

双刃剑

官方对 798 区的保护成了一把"双刃剑"（Huang，2006）。一方面，看中的厂房不再拆除，当地政府还投资改善物质环境。但另一方面，地区的发展现在完全处于官方的控制，不再是自然的发展。随着旅游业的发展,艺术家外迁以及专业性大企业的发展超过了独立画廊和工作室,显然,松散联系的艺术家的举措受到开发商、市政府和大型组织的控制。类似于其他艺术区,适合艺术发展的地段反倒驱逐了艺术家本身,因为那些空间成了为消费服务的商业化空间。

官方的保护措施对798区有了更大的控制力。通过建设管理办公室,市政府密切监督以前被认为是有争议或反政府的艺术活动。2006年,办公室宣称,它们不会对艺术活动实施限制(Fu,2006;Liu,2006),因为那年春季一次小范围审查中,许多人受到怀疑。虽然官方多半兑现了诺言,但因某些作品被禁止展出,艺术自由也不时会受到限制(Wang,2009)。而且,委员会可以影响所有的展会,可以规定哪些人或组织能迁入该地区。以安全为由,各项活动和展会包括其内容需要正式报批。而且许可制度的实施可以控制新来者——管理方宣称,这个行动旨在保持该地区用于文化类产业(Fu,2006;Liu,2006)。但是,有人认为,这是为了确保大型的更有商业价值的企业入驻(Mangurian and Ray,2006)。因此,除了认可文化区的经济效益外,管理方的认可也是在政治上控制城市空间的手段。人们有一种担心,798区的发展战略只关乎形象和投资,而不是真正地希望发展艺术社区。仍居在该地区的艺术家怀疑,市政府,特别是七星集团是否会坚持对艺术区的长期支持(Lin,2007)。2006年大山子国际艺术节没有发生以前那种冲突,七星集团现在协助组织、管理和资助冠名为798艺术节的每年的活动。但是,当有重大经济利益时,土地所有人是否仍会顾及文化,还是个未知数。七星集团把大量土地出租给深圳一家开发公司达帮公司,许多人(包括政府代表)都认为这是该地区租金大涨的原因之一(2006)。这家公司赢得这块地产,是准备创办一个国际建筑教育中心,由两个美国建筑师设计(Mangurian and Ray,2006)。相反,深圳达帮公司准备把其持有部分开发一个"艺术型的商务区",向任何具有"创意"特色的公司出租空间(Zou,2006)。有几起事例,如随意地不予解释理由的断电断水事故,有些还持续好几天,似乎反映出七星集团想慢慢地撵走艺术家的企图(Yang,2010)。这种撵走艺术家的事件在 2007 年最为热闹,那年它们拒绝与黄锐续签租约。这事是在管理办公室建立后不久发生的,人们普遍认为,这个行动是土地所有者在显示权力,因为黄锐常常被誉为艺术区的开创性人物,作为第一批入驻艺术区的人之一,他参与创办艺术宣传团体思想手,创办了第一个画廊——BTAP 画廊。

人们觉得,在管理办公室的引导下,该地区的商业味更重了。由于官方管理,该地区的独特性消失了,变得越来越平庸,失去了当初吸引人们前来的那种前卫气质。虽然拆除的威胁排除了,但新的威胁又取而代之——那就是艺术区将空有其名,不再是艺术实验和前卫文化的场所。该地区不再是另类,已经重新设计成为集画廊、小吃店和商店的时尚的后工业化空间。许多人抱怨,那个曾经充满创新活力的飞地,现在成了"艺术的迪士尼乐园",正如画廊经理(Snejana Krasteva)在 2006 年时所描述的:

"到处挤满了人,你根本没法摆脱他们。这里就像个娱乐区,又像个游乐园。有咖啡店,有夜总会,有餐厅,唯一没有的就是酒店和赌场。"

有趣的是,2010 年该地区有了第一家酒店——时尚的—驿站艺术酒店(Yi House Art Hotel)。街上满是中外游客,艺术展与企业活动和会议都在此举办。诸如迪奥、欧米茄和西门子这样的名牌公司都在 798 举办各种活动,798 被选为工业设计和世界性审美活动的亮相之地。有个别人对其日趋商业化和受人关注的情景十分欣赏,把它作为中国社会文化崛起的样本;但是也有人持批评态度,认为这种模拟的环境只会滋生机会主义的企业家。真正的实验艺术以及多数普通的艺术生产都已逃离此地,相反,该地区成了一个艺术超市,人们只是来作一把投机或来享受一下当代酷的生活方式。

前卫艺术的离去,并没有给798区持续的经济成功或增长的名声带来消极影响,仍有大量记者和旅游者到来。但它确实与地区的原创价值和创新型当代艺术蓬勃发展所需要的文化环境发生冲突。有人认为,如果要把798作为中国当代文化的象征,那么应该保留该地区自然和自由发展的性质。又有人说,作为旅游场所,它不必非是前卫艺术中心不可,它已把这个理想目标转移到北京其他地区,以一个策展人的话为证,"如果我想要吸引一般观众,我可以(在798)组织一场展出。但如果目标是面向艺术界展出,那我就会去另外的艺术园区"(Peneda,2010)。

然而,中国当代艺术永远是与商业化连接在一起的。过去,艺术家不得不在官方渠道外工作,不仅饱受怀疑,而且囊中羞涩(Salmenkari,2004)。因此,艺术家就得成为企业家、组织展会、销售作品、寻求资助人。他们积极从事地区的商业活动,许多人认为,只要对艺术活动没有消极影响,这也是不错的。例如,作为第一批画廊之一的"798空间",不仅举办艺术展览会,而且通过企业活动为展会融资(Ting,2006)。类似的还有,由于798有名气,艺术家们租下场地并不用于创作,而是展示作品和开展业务,虽然我们承认,由于租金增加,只有成功的艺术家才能维持下来。许多艺术家还拥有当地的企业,例如,常常引起争议的高氏兄弟(Gao Brothers)就有一个新的展览场地和一家生意兴隆的屋顶咖啡馆。这些活动完全与雷(Ley,2003:2530)的浪漫主义概念相违背,他认为,"艺术家常常蔑视市场体系及商品化,它自行把创意行为降低为铜臭味的表述方式"。由于当代中国艺术在全球的成功,艺术家已经从地下状态转移到制作房地产广告和设计公司的司标。

实验艺术家的飞地转型为正式的艺术商业区并不完全是负面现象。成功的艺术区往往租金高企和租客变换频繁,问题在于这个过程是如何发生的。如果它成为一个充满活力、真正的城市社区,那么它对城市是一个积极的贡献(Mar,2006)。尽管许多最初的艺术家离开了,但798区还是为中国当代艺术的市场做出了贡献。过去,宣传和销售作品的责任落在艺术家身上,但现在出现了大量的画廊和潜在的买家,798区已"成了新生代艺术家的摇篮"(Hong,2006)。而且,798区不仅是代表和促进中国当代艺术的场所,而且也是为中国人民带来全世界当代艺术的地方。

798 品牌

正如媒体常常指出的,798出现了类似于全世界常见的高端文化(high-cultural)旅游业和艺术区过多的现象。798的部分成功来自于并依赖于工业空间转型为文化波西米亚的全球意象,通过当地参与者的有意识行动转变为当地的语境。在此过程中,798成为一个产品,它试图使自身与所有其他"普通的"特征有所区别。通过唤起这个意象,艺术区就成了城市的品牌战略,开始时,艺术家们为了生存,现在,北京市政府把它作为在全球营销城市的手段。

在为生存的过程中,艺术家们明白,798吸引眼球之处是后工业时期的布尔乔亚的波西米亚时尚。他们利用为地方起名,如苏荷,以及推广"包豪斯风格"来做广告,从而保护了这个地区。但最重要的是,他们创造了798品牌,实际上就是给这个地区起了名。社会主义时代,军工厂的编号开头是数字7,其中最大的军工综合体就是这巨大的798。这三个数字已贴满了每一幢楼,以及绘有798字样的T恤衫和棒球帽,这个代码成了销售主题场所的标志。虽然这个品牌最初由艺术家们创建,但现在已不受他们管辖。该地区受官方保护,纳入北京的城市规划和营销意图,以及为满足七星集团的商业愿望。

尽管它现在受官方控制并日趋商业化,但798的历程显示了为北京保护与创造文化的可能性。城市里充斥着挤满办公室的摩天大楼、豪华公寓和商店,艺术区从中脱颖而出,而且是以社会主义的面目出现的。工厂是建国初期宏伟工业化计划的产物,反映了一段现在的北京觉得并不理想的历史,提供了一种新的城市形象——普通中国市民看得见的东西。与故宫这样根深蒂固的文化印记相反,798反映了中国历史上一个重要时期的集体生活和集体记忆。由于工厂生活方式及其对新中国科学和军事成就的重要意义,798成了共产主义理想的缩影。工厂认真挑选员工,并提供最好的住宿条件、教育和健康设施,并且还有游泳池和剧场等福利设施。798在各方面都领先于全国,它是人们向往的地方,年轻一代都希望到那里工作。除了毛主席纪念堂或其他共产党创始人的纪念碑,798是献给社会主义的又一种礼物,代表了当时的社会。

撇开这些,现在的798正好符合北京所希望的作为中国政治文化首都的形象。由于798成了当代艺术、时尚的国际性咖啡馆和独特精品店的空间,它拯救了北京刀耕火种式的城市规划,成了房地产开发的黄金地段。798为北京吸收了新的结构性风格,它提供了一个空间,从而把城市的建筑遗产与现代化建设整合起来。它不再是一批落魄艺术家的地下乌托邦,而是不断增长的中国经济中一个时尚的商业空间。

北京的苏荷(SOHO)区

七星集团改变了拆除该地区的主意,这表明,它们认识到艺术和文化也是可以赚钱的。因为土地比工业企业更有价值,最初它准备创建一个取名"中国硅谷"的技术区以便使价值最大化。但是,当它看到中国当代艺术和全世界艺术区在经济上的成功,现在它更希望创建一个"中国的苏荷区"。它只是改变了它想利用的小众市场和参照的地域意象以获取最大利润。

那些倡导对艺术区进行保护的人提出,要与纽约的苏荷区进行比较。因在那时,只有两个艺术区拥有后工业时期艺术空间的全球特征。对于798的保护,有较强的可比性。在洛克菲勒主持的下曼哈顿城改造计划中,仓库和工薪阶层的居民区将拆除以创建集中的金融区。结果,一场以"历史保护和艺术"的名义反对该开发项目的运动取得成功,1971年宣告成立艺术区。但这并不一定是文化对资本的胜利,它实际上是对下曼哈顿城进行资产重组的另一个手段。798也声称它是一个促进艺术和保护建筑遗产和工业遗产的地区。苏荷区的发展轨迹恰巧被市政府官员们记住了,正如李(Li,2003:32)所质疑的,"没有自己的苏荷,北京怎么能被真正地看作是世界舞台上一个重要的经济参与者呢?"

798 的传奇?

如同北京许多近期的开发项目,798是独立性质的。它并没有完全与城市的其他部分融为一体,多数居民没有受其影响,也没有过多的接触。然而,虽然798没有积极与更广泛的当地社区进行联络,但它肯定与城市的全球形象有关,与城市的经济和旅游业有关。

798艺术区为中国后工业时期的空间和自下而上的政策制定提供了新的论辩形式。虽然这在后工业时期的西方很常见,但在中国,798却提出了一个文化边界。它是国家第一批可循环工业园区之一,它的建立与中国传统的自上而下的政策大相径庭,传统上,地块都是预先计划、分片和平整后再招募企业和开发商。以往,工业楼宇在文化上的利用并不被看好。但由于798的名声日隆和经济上的成功,对场地适应性地再度利用似乎是一种可行的选择,因为中央政府为整个中国北方的工厂都制定了计划。以保护的方法对这些场地进行再开发可以逐步对城市加以改造,而不是如通常那样把现有的城市建筑一股脑儿地推平。

798艺术区的创建多少提供了一些独立于官方政策的独特的城市改造方式。艺术家与金钱和政治影响的联系表明了经济放开以后权力的日趋多元化。历史上,对空间的掌控权决定了实施该空间愿景的能力;但是现在,若拥有对空间实施清晰连贯的愿景的实力,实际上就获得了拥有该空间的实力(Zukin,1995)。虽然七星集团控制着798的土地,但艺术家有能力重新把它改造成艺术区。财富的增加以及与全球市场的联系日益增多,从事官方渠道以外的创意活动有了新的可能。该地区以独立手段,而不是依据开发商或城市营销战略来吸引国际的关注。由于中国当代艺术的销售额已达上亿美元,并在全球展出,艺术家的社会地位已经上升。过去,他们被视为异端,在社会和经济上都处于边缘地位,现在他们已完全进入社会主流,实际上比普通市民更具影响力。他们国际、国内和经济上的联系起到了保护798的作用,而工人是无法做到这点的。如果该地区的居民仍是生产制成品的工人,那么成功的可能是电子城的计划。

由于中国日益重视文化产业和当代艺术家群落(establishments),798区已在经济上和空间上影响了城市结构。这些空间对于城市的地域营销的努力十分重要,因为它吸引了外来投资和积极的关注(Hee等人,2008)。经济上的成功证明了艺术区的可行性,反过来又为北京的房地产业造就了新的小众市场。很多艺术区已经形成或在拟建之中,譬如,完全按计划建立的瑞昌艺术区(Juichang),从2005年春刚有想法到几家画廊入驻,才一年的时间。有传言称,在其他一些闲置的工业场地上已出现一些艺术区,甚至有人已买下土地准备单枪匹马地创建这样的艺术区。

然而,并不是北京所有的艺术区都像798那样取得成功。根据奥运会前拆除非法建筑物的政策,在城北的北京国际艺术营就在2005年末被当地政府撤除(当时正在积极考虑李向军的提案)。虽然艺家们为保护其社区进行游说,并出示租赁证明,但朝阳区人民法院还是判决此建筑物为非法,约120个艺术家只得搬迁(Nash,2006)。798受到官方保护后,其他已经拆除和即将拆除的艺术区包括草场地、张扬、北高村、索家村、东营、008和蟹岛西。许多都是些小型的较少商业活动的地区,798的艺术家为躲避高租金及嘈杂才搬迁到那边的。有几个地区的艺术家又在为拆迁而奋争,特别是草场地的艺术家和文化企业在2010年还举办了摄影季(PhotoSpring),这个展会直接与法国阿尔勒(Arles)著名的摄影季(PhotoSpring)挂钩,这次活动的举办简直就像是一次国际活动,如同最初798艺术家举办的艺术节。

市政府官员声称,他们并不支持这些拆迁行动,拆迁行为是土地所有者所为。然而,市政府是否会进行干预还拭目以待。尽管国家和市政府都颁布了促进艺术的政策,但北京是否会实现其全球文化城市的愿望,还取决于当地的实施结果。此外,应该对"艺术区"和"艺术家村"做出区分。后者是艺术家生活和工作的地方,而前者还要通过销售和展示为艺术作品提供观众。艺术区不同于艺术家村,它通过提供观众,从而也即提供了财务理念和可销售的形象,因此它是城市结构内的一件商品。这个区别对798的长期生存至关重要。虽然798以艺术家村的面目出现,但其后转型为艺术区,这样它就为城市提供了文化形象和文化经济,因而免遭拆除。

结 论

类似于其他城市,北京把工业空间改造为文化消费的场所,获得了经济价值和推广价值。虽然798的基础是后工业时期艺术家飞地的全球意象,但它为如何在中国当地的语境中寻求和利用这种形象的问题提供了案例。798曾经是现代中国工业的象征,现在是国家艺术和文化成就的著名中心。从此,它确定了北京如何看待当代艺术界,以及国际社会如何看待北京的方式。然而，这种地区无法逃避本身的商品化。虽然利益和投资对798的保护至关重要，但这些要素也造成了其对货币价值的追求和"艺术性"的丧失。

总之，798的发展引起了人们对探索北京城市政策中文化转向问题的浓厚兴趣。现在，北京利用艺术区提升创造力和开放度，希望获得国际声誉和投资。虽然798刚开始并未被官方认可，还力争纳入标准的城市规划，但通过草根的努力，它赢得了国际的关注，最终在北京的正式规划和日益增长的经济中获得了公认的地位。现在，798这个重新开发的旅游区，从标牌到各种商业活动都按规定，形成一个统一的景观。但是，该地区改造后的工厂都成了独特的历史遗址，这在现在的北京并不理想。由于过去是计划经济时期，在一个普遍只承认古迹或超现代的城市，该地区早该被遗忘和毁坏了，幸而艺术界造就了798这个品牌，这个地区才得以保护并成了城市的标记。798的发展走出了一条独立于官方自上而下的政策进行城市开发的新途径，它不仅推动市场进行文化区建设，而且鼓励北京政府重新调整城市政策，不再遵循当初的官方计划。

13. 深圳的城市规划:从白手起家到创意型、后工业化的联合国教科文组织设计城的演变

劳伦斯·刘伟武

中国的创意产业:艺术和创新的产业化

自从理查德·弗罗里达(Richard Florida,2002,2008)和爱伯特(Ebert)等作者(1994)研究和诠释了"创意产业"、"创意经济"和"创意阶层"这些术语后,它们已经吸引了政府和学者的关注。各城市的重建已经与形成和领导全球许多后工业时期城市创意经济的"创意阶层"的崛起联系起来。亚洲是现代化和产业化发展周期中的后来者,它具有不同的特征,尤其是中国。

20世纪90年代以来,由于市场机制和城市化的作用,外来创意产业的影响在中国一些国际贸易和旅游发达的大城市已十分显著。北京、上海等城市因拥有区位上的"属地资本"(territorial capital)、文化和历史优势,从国家的"创意经济至上"的地位中获益(Capello等人,2009)。这种趋势可以追溯到1949年中华人民共和国的成立,其间中国城市经历了制造业、现代化、产业化、最终城市化的演变(Buck,

1976)。中国在政治、经济和社会实践中采取了不同的路径。艺术被作为交流的形式和媒体的功能(Harvey,1989)。文化的生产和工业生产联系在一起,因为它们被视为具有服务社会的相同功能(Bettelheim,1975)。艺术生产和工业生产的这种关系一直保持到1978年市场改革,那时,由于政治形势的变化,对独立艺术开始出现一种自由主义的态度。纯粹的当代艺术形式从20世纪70年代末演变至80年代,此时"85新潮"这一代艺术家登上了舞台(Van Elzen,2010)。随着80年代至90年代邓小平开放政策和市场改革的实施,文化生产开始逐渐脱离国家的控制,走向独立的创意,增加了与外部世界的对话。

20世纪80年代,由于当代艺术的策展人和国外收藏家的因素,北京的独立艺术领域(得到大量艺术学校和学术部门的支持)蓬勃发展,同时,华南地区的文化生产也因市场机制而非意识形态和美学的因素点燃起来。特别是深圳经济特区,因其毗邻中国香港和海外贸易伙伴,接受了国际信息、技术和文化,成了中国当代设计产业的诞生地(联合国教科文组织,2009)。

20世纪80年代,始于深圳的市场改革自然地通过香港工厂主和企业顾问引进了广告业和工业设计业。深圳迅速成为中国平面设计和产品设计的实验中心,因为这些创意产业能保持小而独立,服务在珠江三角洲从事制造业的公司客户。80年代,用创意设计来鉴别和包装制成品的新能力已经使深圳相对处于中国"创意城市"的前列(联合国教科文组织,2009)。

深圳的城中村和工厂区,如田面设计城、大芬村和华侨城创意园成了设计师和草根创新的著名创意园区。近年来出现的其他园区包括罗湖创意广场、南山创意园区、南山数字文化产业基地、深圳创意产业园、深圳动漫城、深圳动漫街、怡景动漫园、宝安艺术区22和中康路8号。这些园区已成为信息、展示、教育和交流的平台(见图13.1)。

特别在广州,类似的创意园区围绕着临近美术学院的小工厂,纷

图 13.1　华侨城创意园区

纷建立起来。作为大都市的上海开启市场改革至少比深圳晚了 10 年,但以其规模、政治影响和历史背景的优势而迅速赶上,20 世纪 90 年代,通过时装、电影和广告业发展起来。上海出现了艺术画廊和设计产业的时尚区,譬如沿着苏州河、莫干山路、新天地、8 号桥和原法租界内的艺术园区。最近,名为田子坊的城市街区成功修复,它是由已故艺术家陈逸飞发起,通过自下而上的小规模开发过程实现的。创意产业作为一种生产形式反映了消费文化,成为个人自由、生活方式和在中国蓬勃发展的经济中许多大城市流动性的表达方式。生活方式成了一种行业的产品,而且其令人向往的部分经创意专业人士的复制作为产品提供给他们的客户。涉及创意和设计工作的各种创意类职业迅速在深圳这种城市的"创意园区"扩展开来,接着扩散到上海和北京(Zhen Ye,2008)。创意经济具有的对内(当地)和对外(全球)的双向影响不断增长,同时影响着市场、城市和社会。华南各种产业的生存对国有企业的依赖性较低,所以创意业的发展可以从小企业起步,自下而上地进行,且有多样化的客户、差异和竞争。直至 2006 年,北京才举办了第一届创意产业博览会。虽然创意园区已在宋庄、顺义、草场地、东村等北京的边缘"乡村"出现(Keane,2007),但直至在废弃工厂上建立起名为 798 体现创意复兴的园区后,才受到大多数媒体的关注。2005 年左右,NPCCC 通过了创意产业的国家政策(Zhen Ye,2008),旨在以城市发展政策和创办艺术院校和博物馆对全国城市进行指导。创意产业园区迅速在全国蓬勃兴起,并受到国家的鼓励和支持(在杭州、苏州、成都、福州、武汉和西安)。不久,每个城市都想要有自己的"798"和"新天地"。

按照政府的指导和规划,各个城市空间经由创意产业重新品牌化而集聚在一起。中国创意产业自上而下的发展与海外自下而上的自然发展模式完全不同(Kunzmann,2010)。在中国,创意人才的培养是通过当地政府支持国有企业来进行的,从而使得自我维持型的创意产业难以获得长期的真正的创新和生存(Chan,2011)。创新和创意有时难以与艺术的生产区分开来。现在,北京和上海更多地重视"艺术的产业化",而不是 20 世纪 80 年代深圳和广州启动的"产业化的艺术",在那里,创新过程影响着产业创意的运作方式。

在深圳,创意企业日益催生出创意型的媒体艺术,反过来它又反哺产品的创意经济。这种过程扩展到整个环境,城市本身就成了创意生产的产品。深圳不再仅仅是拥有创意产品的城市,而是城市本身成了一个创意产品。在中国,政治高于经济的独特环境已经形成了创意的城市文化,成为创意产业和城市转型的副产品或催化剂。需要回答的问题是:中国准备好把"中国制造"转变为"中国创造"的下一个"新的大跃进"了吗?(Keane,2007)而且,通过创造性的参与和创新型的空间化,创意生产和城市空间的生产之间是否能形成一种关系呢?(Lefebvre,1991)

深圳经济特区:创意经济的城市

深圳作为城市的典型和现象,在其创建、成长并发展为中国最富裕的城市和创意的"设计之城"的短短的 30 年间,打破了一切陈规旧习。20 世纪 70 年代末,中国创建了五个经济特区,深圳领跑政治经济的改革,自此以后,深圳经济和文化转型的表现绝对地反映了中国社会的巨大变化(Friedmann,2005;见图 13.2)。人们认为,深圳本身作为一个产品已经使改革带来的创意内容和文化经济黯然失色。为此,深圳强调以文化转型进行非传统的产业结构转型。

深圳从一个小渔村演变为今天拥有 1 200 万以上人口的大都市,在形态学上不同于北京或上海。城市创意产业的形成一般需要结构、政治、文化、人口统计学、经济、价值体系和城市形式的条件变化。查尔斯·兰德利(Charles Landry,2000)和理查德·弗罗里达(2002)等作者认为创意城市和创意产业是不同的,正如他们所描述的,创意经济一般都出现在后工业时期的经济转型之后。

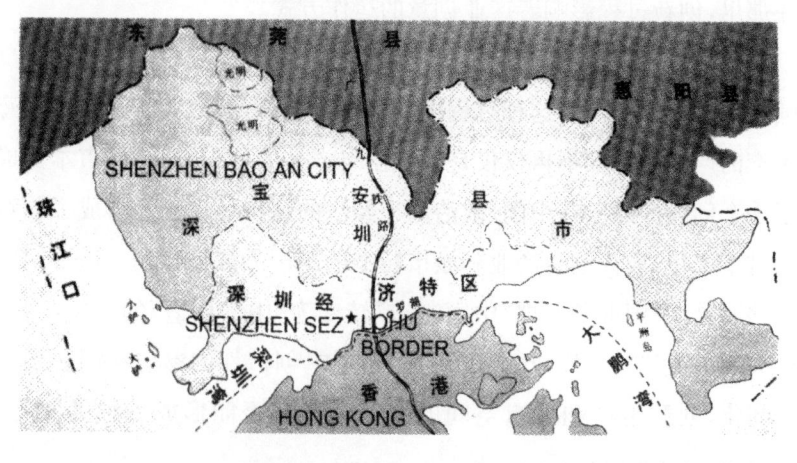

图 13.2 深圳正式地图,1981 年

但深圳的案例表明，创意是产业化本身的产物，并在中国现代化时期及其后繁荣起来。文化产业对于具有城市改造任务的新兴经济体会产生不同的转型效应，深圳的实例对这项全球性的研究课题做出了重要贡献。深圳的不同在于它不可思议的城市构成，它既没有任何具有历史传统的"属地资本"（Kunzmann，2010）可以依靠，甚至没有太多原有的楼宇建筑。这是一个一无所有的"通属城市"（generic city），它通过吸收不同人才、文化、理念和产业的能力不断地重塑自身，以作为其适应生存的护身符。

当一个工业的边境小镇在初创期的物质环境发生重大变化以后，深圳现在开始开发它的创意优势（见图 13.3）。作为中国第一个国家批准的经济特区工厂镇，在 20 世纪 80 年代的后改革时期就有了第一个盈利的、国家认定的"工业村"——上步区。它其后独特的城市和经济规划方法本身就是一种足可以称为创意的试验。一种新型的城市化几乎是偶然地、没有统一规划地出现了。深圳每一个开发区的实际规划本身都是一次白手起家的试验，没有任何经验可以借鉴，每次都是一次新的开始（Huang Weiwen，2011）。80 年代，新的工业开发区在蛇口、罗湖和龙岗纷纷建立。90 年代，建立了福田和盐田商业和物流区。2000 年后，南山和宝安区的总体规划主要关注移动生活方式和生态发展。每一个发展阶段名义上都是一次城市的再生。

作为中国"诸多第一"的边境城市——第一个工业区，第一次股票发行，第一次土地拍卖，第一次放开户籍，第一个低碳生态示范城，第一个电动出租车，等等。深圳的城市试验经受住错误的考验，它的敢闯心理使其持续保持着对新的追求，因为它没有旧的东西。它体现最高领导人邓小平的中国特色的社会主义，以开放的市场改革取代计划经济。邓小平本人成了变化和试验的标志性建筑师，在不同的发展时期，张贴他不同画像的巨大广告牌高高地矗立在城市的上空。邓小平被奉为"新城市的建设者"。

图 13.3　深圳的未来不是梦

过去 30 年,深圳维持 20％以上的平均 GDP 增长率,现在的年增长率仍在 10％以上。由于迅速的增长、产业转型和城市化,深圳已转变为一个创意经济和充满活力的城市。邓的影响横跨了两个时期——1979~1989 年和 1992~2008 年深圳经济从 1979~1989 年的纯粹制造业和农业转变为 1992~2008 年的轻工业、高技术和服务业(Ng,2003)。20 世纪 90 年代深圳的第二个增长期是其创意经济的开端——具有附加值和知识集约型的新产业在福田、南山和蛇口等新开发区蓬勃兴起。高额平均工资和企业家自行建立新企业的机会使深圳成为有吸引力的城市,无论对低技能的外来工,还是高技能的博士。90％以上的居民来自于其他各省,据某些估计,总人口的 40％是"流动的外来工人"(理查德·弗罗里达解释道,外来人员是城市创意的主要源泉)。这种流动性就业和人员流动的状态促进了受外部影响的城市的发展。深圳鲜有旧的规则和传统,它的经济和人口如同多数边境城镇那样蓬勃发展,从最初的 3 万人增长到今天的 1 200 万以上(加上未登记的外来工人有 1 500 万)。由于 1998 年的住房私有化(Liu 和

Huang,2004),伴随着人口增长的中国新兴房地产市场开始景气。中国实行了40年国家标准化的"单位"住房分配制度,所以,就向中国的城市居民推销新的生活方式而言,房地产开发市场尤其是创意的源泉。有时,深圳被称为中国的"房地产学校"(Huang Weiwen,2011)。全国的其他房地产开发商也来到深圳学习业务和增长新理念,从而赢得了中国"走向世界的窗口"的名声。

由于毗邻香港买家,深圳受到的影响在创意和文化上都不同于全国其他地区。城市发展和人们生活环境上的创新反映了诸如品牌化、产品差异性、销售、设计等产业上的创新——在20世纪90年代的房地产市场上,这些都很快转化和当作操作模式。以前为制造业而发展起来的平面设计、广告、出版和品牌设计等创意业迅速应用到深圳日益扩大的房地产市场上。随着市场的迅速变化和土地改革的加速,这种销售与众不同的产品的态度仍然保持着。深圳一直是城市实验的培养皿,它获得过各种卓越规划和设计的国际奖项。

深圳只有一所建于1982年的深圳大学,缺乏本土人才,因此积极从全国以及海外引进创意人才。文化产业的演变从设计小批量的产品和先进技术产品扩大到设计大规模生产的楼宇建筑、生活方式和新城镇。多范围的创意革命模糊了背景与内容的传统界限,因为深圳坚持不懈地积极寻求下一个发展思路,以避免最终出局(珠江三角洲后工业时期的未来所面临的命运)。深圳城市本身已成为一种创意经济——并完成了与这种经济相关的各种条件——旅游业、生活方式、高技术和大学区。正如文丘里等人(Venturi 等人,1978)在他们撰写的《向拉斯维加斯学习》一书中曾经问过的,人们现在仍可以发问,我们可以从深圳的城市经验中学到什么,边境的经济特区的理念是否真正传递给了中国的其他城市和发展中国家?

深圳：联合国教科文组织的设计城

　　2008年11月，联合国教科文组织（UNESCO）授予深圳为隶属于联合国教科文组织全球创意城市网络联盟（UNESCO Global Alliance's Creative Cities Network）的"设计城"（City of Design）的成员。目前全球只有8个城市拥有这个创设不满十年的联合国教科文组织的特别称号。深圳获得这个奖项的机遇和环境的故事反映了深圳本身的开拓精神，如《深圳商报》副编辑金敏华回忆的（Jin Minhua，2011）。深圳是否有资格作为设计导向型城市这个问题是在1999年〔它刚赢得规划领域的国际协会联合会的阿伯克龙比奖（UIA Abercrombie Award）〕当地的一个讨论创意产业的研讨会上提出的。在其后的公共论坛上，人们提议把文化作为深圳第三个支柱产业，前几个是音乐（深圳的李云迪在重大国际钢琴比赛上获奖）和中国平面设计的成就。政府铸造了"两个城"——有"书城"和"设计城"——以促进出版和设计业的大都市概念。

　　深圳设计师在许多领域胜人一筹，从平面设计到工业设计、时装设计、玩具设计、工艺品设计、时钟设计、珠宝设计、包装设计、建筑和城市设计、室内设计、动漫设计、游戏设计、通信设计和软件设计。

　　2006年，布宜诺斯艾利斯获第一个设计城的消息在深圳报道，《深圳商报》成立一个研究小组，由新闻记者金敏华牵头，他们公开在媒体发问："深圳也能成为设计城吗？"经过与联合国教科文组织及北京专家论坛联系，深圳强调对设计领域几个具有卓越竞争力的方面加以支持——如图像、包装、产品、时装、动漫和建筑设计——可能这些都与其自身的经济增长和毗邻香港特别行政区有关。在这一点上，中国还很少有人知道设计的真正定义是什么，这样的奖项如何被授予。他们收集了深圳的官方标准向联合国教科文组织提出申请——设计领域的卓越成就、在全城形成创意集群(如田面设计城,一个平面设计和产品设计的中心)、举办设计博览会来促进创意产业、建立设计职业院校、制定创意产业的政府政策以及建立创意产业管理部门隶属于文化局,并有创意产业基金进行资助,等等。在北京,随着创意产业集群在全国纷纷建立,2005年,创意产业在决定国家政策的全国人民代表大会上得到批准通过。

2008年5月,在联合国教科文组织巡视员匿名访问深圳并收到出色的报告后,深圳正式向联合国教科文组织提出成为设计城的申请,并超越神户入围下一个设计城的名单。联合国教科文组织评选委员会认可深圳的优势:政府支持、在平面包装和互动设计上的领导地位、对产业转型的效果设计及其特殊的非首都城市的地位。最终在2008年11月,联合国教科文组织的设计城地位正式授予深圳(见图13.4)。深圳继续推广当地的设计成果,逐步培育当地各个领域的设计精英团队。如同其他发达国家那样,作为新的创意部门的上层中产阶级,设计师的社会地位正在提高(Richard Florida,2002)。中国设计产业仅有十年的时间,其自主开发仍然处于起步阶段。

图 13.4 联合国教科文组织深圳设计城

深圳计划扩大艺术和设计领域的城市设计教育,建立新的高等(tertiary level)设计学校和内在环境(Built Environment)设计中心。深圳多年来一直举办工业产品的商业博览会,但自2005年以来,它已举办了中国著名的国际建筑和设计双年展,由顶级建筑师和设计师策展。近年来,深圳的设计师已经赢得了享有盛誉的国际红点奖(Red Dot Award)和图形设计协会国际理事会奖(ICOGRDA Award)。2008年,深圳与香港联合举办论坛,讨论两个城市的创意合作问题,其后,香港贸易发展委员会举办有关深圳创意转型问题的论坛,邀请深圳设计师在香港著名的设计营商周(BODW)大会上发表演讲。2009年,深圳成功投标参加2010上海世博会,深圳馆由当地设计师都市实践(Urbanus)会同具有多领域设计师和艺术家组成的大型创意团队共同设计而成。20年前来自香港的创意流开始反向流动,许多设计师移居深圳工作,而不是待在香港。

转型中的华侨城创意园区(2005年和2007年举办过两届深圳双年展)是为深圳和香港设计师在后工业时期的时尚环境里交融的主要枢纽,它的周围是文化旅游和主题内容的房地产项目。华侨城(OCT)创立于1985年,位于深圳南山区,是中央政府支持的独立企业。它的主要业务包括房地产、酒店、旅游业、文化产业、电子和纸品包装,是拥有几十亿美元业务、中国10大名牌之一的模范国有企业。华侨城这个品牌作为地域产品和服务产品(place and service products)都是独一无二的,它因而成为中国文化旅游的典范。旗舰旅游景点组合了梦幻式的主题公园、高端住宅区以及具有景观设计的购物和酒店相结合——仅2009年就吸引了1.5亿多游客。创意产业都被吸引到后工业时期的创意园区(LOFT)发展项目中(由当地建筑师都市实践设计)。以休闲作为品牌和社区的方式创造了深圳新型的城市和经济转型方式。对于中国的文化旅游业、创意产业与房地产业之间千丝万缕的互相促进的关系,华侨城是一个演进中的案例研究对象。研究人员内德·罗斯特(Ned Rossiter,2008)写过有关中国创意产业链的文章,创意产业与房地产结合,进而通过品牌化和试验形成可发展为创意社会的创意经济。

20世纪90年代,深圳政府开始举办国际设计大赛,作为设计创新和向当地设计院进行知识交流的法定形式。深圳还拥有一些国家最先进的房地产开发商,如万科、华侨城和招商局,它们十分珍视产品中的设计要素。这个创新型和竞争性的设计进程催生了建筑业和设计业的创新精神。正如中国著名建筑师、麻省理工学院建筑学院前主任张荣浩(Chang Yung Ho)说的,"我知道北京是中国城市,我知道波士顿是美国城市,但是深圳都不是……我实在不知道它是哪一类城市"(Zhang, 2010)。正是深圳的"不明质量"推动了现有的边界,赋予它最有潜力的创意变化。新的14分钟的高速列车把深圳市中心与香港未来的西九龙文化区直接连接起来,凸显了深圳对文化产业的重视。2008~2010年珠三角行动计划(Action Plan for PRD)宣布了作为其产业转型一部分的新"支柱产业",包括生物技术、清洁能源和信息技术、物流、服务产业和文化产业(国家发改委 NDRC, 2008),这也是深圳不断地朝创意的知识型经济发展的一部分。深圳的成功获得了国际的认可,它固有的自下而上的自发的设计方式逐渐转变为比较集中地自上而下的方式。创意产业的未来将日益与国内消费水平相关联,因为深圳在人均收入上继续名列中国最富裕的城市。新的"创意阶层"能够推动深圳确立自己的身份和生活方式。教育对于提高创新水平以及消费格局至关重要。创意产业、宽松的政府政策和实验为上(experimentation-as-mantra)将继续影响深圳的转型——经济上,物质上,文化上,社会上——推动它成为全球性的设计中心,可以出口有附加值的创意服务并使制成品得到创新。

深圳大学、南山高技术园区和华强北的实例

深圳经济的重要组成部分是通过信息通信技术产业(ICT)推动的,目前中国信息通信技术产业经济的估值在4 500亿美元以上。深圳的信息通信技术产业发展的基础是电脑软件、信息技术、电信、微电

子元件和视听产品。珠三角制造业的发展通过技术转让、大规模定制和私人研究能力的发展等不同机制助推了深圳信息通信技术产业的发展。临近珠三角制造业基地和国际新信息的流入补偿了可能源自于学术资源的创新资本的缺乏。

作为北京的"硅谷",中关村园区集聚在清华大学和北京大学周围(1980年创办中国第一个私人研发企业),深圳的信息通信技术产业集聚在南山科技园区,临近深圳大学(1982年建立),现已迅速发展为华南地区高技术和软件中心,拥有自己的创新品牌。中国许多主要的技术国际品牌都是在20世纪80年代和90年代原创于此——比亚迪、海信、华为、康佳、创维、腾讯和中兴。百度——中国最大的互联网搜索引擎——计划在此建立国际总部。目前,深圳大学是深圳唯一的重点大学。深圳因严重缺乏高等教育和技术人才,在2010年又创办了一所新的南方科技大学,旨在仿效国际上的技术型大学。附近纷纷建立了其他的大学集聚区,由清华大学、北京大学和几个香港大学研究中心的异地校区组成。由于深圳大学现有的创新研究业绩较差(虽然深圳市拥有通过私人部门获得的中国最高的专利申请量),实际上这样反而激发了当地企业进行私人研发投资,以保持竞争力。政府的研究经费不足以在全国分配,所以深圳的技术研究大多是急功近利,对长期的原创性活动乏善可陈。由于学术氛围相对薄弱,过度追求研究项目的商业性应用,所以创新往往寿命很短,更遑论结果。大学的国家经费不足是研究业绩低下的另一个原因,而最优秀的研究人员很快就投奔私人部门。研发文化成了私有化的南山技术园区的功能,而不是深圳大学的功能,这就搞混了大学引领创新的国际模式(见图13.5)。研究人员还表示,深圳信息通信技术产业园区的集体性创新业绩在一段时期相当差(Wang等人,2010)。大多数信息通信技术产业制造企业通过内部研发获得核心技术,而不是通过技术转让或公司间的知识溢出效应。

图 13.5　南山技术园区

　　毫无疑问，创新的重要驱动力是雄厚的投资资本，以吸引国际国内的高技术人才。由于深圳获得了毗邻的香港、海外和国内其他地区的直接投资、私人股本和风险投资，其技术企业大多是自下而上地成长起来。许多企业都是中小型的，其 90% 的资本现在来自于私人部门而非中央政府，以 20 世纪 80 年代的情况为例，当时的技术创业型企业往往与中国国家军工或制造企业有关联。现在，由于出现较多本土的技术品牌，跨国公司品牌目前只占技术公司的 20%。技术创新和品牌开发遵循的经济轨迹需要企业家的敏锐眼光和冒险精神。这可能就是众多创新型的私人创业企业能在深圳这个开拓型的环境中取得成功的原因，聪慧的青年人闯荡到深圳来践行他们的新理念，他们不怕失去什么。据估计，中国的风险资本 40% 在深圳，因为深圳有充足的银行授信（banking facilities），当地有融资专门知识（financing expertise）和经香港合作。政府的愿望是激发更多当地的研究创新，以便在高技术制造业外迁时，把技术服务业作为四个"支柱产业"之一。当前，需求与创新和人才的供应存在不匹配的现象，从长期看，人才需要当地培养,而不能像外来工那样仅仅依靠引进(虽然有人认为这个方法至今仍然有效)。

毗邻的福田区内一个叫华强北的地方,是中国大量电子产品进行交易的中心(主要是消费电子产品和电信元件),华强北的 GDP 占整个深圳的 5%～6%,这个地方真令人不可思议。电子产品交易的规模和强度巨大,拥挤在 1 公里长被官方称为中国"电子第一街"上的日均人流量是 60 万～80 万,它产生了惊人的经济成果(见图 13.6)。具有讽刺意味的是,华强北在全球以"山寨"的手机和消费电子产品而出名,并且以惊人的速度在增长。

图 13.6　华强北电子产品产易中心

通过变动原创产品的设计来生产"仿冒"的复制品所形成的自下而上的山寨产品业已成为深圳的核心产业,若完全根除这种现象势必造成收入降低和社会不稳定,从而产生严重的社会学后果。

华强北这个活跃的电子产品区拥有国际贸易和大规模生产复制产品的公开的创意业务,这与邻近的南山技术园区 ICT 集聚企业自行的研究努力形成了对照。创新和仿冒这两个世界似乎和平共处,互不干涉。这是深圳的又一时尚,"假货"和"真货"以建设性的方式互相反哺,使得创意经济不急于选择"正宗原创"。由于来自假冒产品的竞争以不正当的方式驱动着创新,所以"仿冒真货"(fake variation of the real)的创意业务甚至刺激了原创人员迅速适应并做出变化。从深圳大学往上延伸至新建的南方科技大学及外部大学的研究中心,一个"创新谷"的空间规划正在实施之中,这可能在今后的岁月改变深圳的创新文化。

经过自上而下的努力,在深圳与香港交界的落马洲大学圈将拥有几所香港的高等教育机构和技术孵化基地。高技术也是深圳 GDP 的重要组成部分,2009 年,深圳制造的高技术产品总产值已达到人民币 8 500 亿元(仅南山技术园区就贡献了人民币 2 549.7 亿元)。2009 年,有 3 万家以上的当地企业从事新产品和新技术的研发,全市专门技术人才超过 985 800 人(深圳政府在线统计,时间不详)。2009 年,尽管深圳提交的专利申请超过 42 279 件,专利授权 25 894 件,但研发的开支仅占全市 GDP 的 3.6%。虽然深圳在发展其技术产业和品牌方面已取得了稳定进步,但持续创新和原始创新(真实的和仿冒的)能否在改变深圳未来经济增长模式上最终取得互补还需拭目以待。

大芬艺术村和华侨城的实例

从当代深圳可以看到的奇怪现象中,大芬村是一个最独特的超现实、创意的、经济上可持续的案例之一。大芬村是布吉工业区内的城中村(Meng Yan,2008),它的外来工人艺术家是全世界最大的"拷贝艺术"生产商。众多的城中村容纳了深圳 500 万外来工人,他们一般在村外的当地工厂工作。但是,大芬村的特殊之处在于,它具有独一无二的生产世界上最多的复制"拷贝艺术"画的功能。1989 年,香港商人黄江在此建立一所绘画学校,教当地画师复制著名油画的艺术,在此之前,村里只有几幢楼,300人。此后大芬村的复制画热潮使它成为一个10亿元人民币的业务,把大芬村列入了全球文化和旅游的版图。

大芬村成了艺术工厂、景观、地标和经济的引擎,这反映了深圳从乡村到城市的自我转型(Yushi Uehara,2008)。值得注意的是,大芬村的转型并不是深圳增长的典型模式,它不是通过政府政策进行的,而是体现自下而上的非正式的城市化以及外来工人与当地企业自助的方式。通过艺术生产,"绘画工厂"成了"梦工厂"和"作品博物馆"(museum of work)。从这个意义上说,买画者实现了其拥有"杰作"的梦想(像《蒙娜丽莎》或梵高的《向日葵》),外来工人通过他们的绘画技能梦想改善他们的生活。这里的工厂不再仅仅是福特式的无产阶级的剥削机器,而是通过艺术生产达到愿景的通道,为一无所有的外来工改善其在深圳这个城市中的生活带来了机会(Liauw,2010)。在0.4平方公里的大芬村有800多家工作室画廊和15 000名艺术家和工匠,60%的画作卖到海外,40%在国内销售,现在,它已在世界复制品艺术市场占有重要份额。一幅画如果由多个不同的画家绘制而成,该画就不算是"拷贝",大芬村就是利用了这个奇特的版权漏洞。单幅新的《蒙娜丽莎》由100个画师不同时间在生产线上进行绘制而成。艺术和手工艺在大芬村成了产业,现在它已被正式认可为创意产业的重镇——然而,艺术真的已被颠覆为另一种形式了吗?

大芬村及其居民已把乡村改造为某种超越了其单纯实体形态和目标的东西(Lefebvre,1991)。现在它是深圳的一个文化机构(被中国文化部正式认可),与美术画廊和博物馆并列为有文化品味的旅游者参观的地方。它的转型取代了经济和物质边界,超越了深圳与外来工居民的社会-文化鸿沟。大芬村以其不同形式的绘画生产被看作是后现代条件下的典范和深圳的"文化特区"(Harvey,1989)。通过突变和适应,城中村在补充深圳城市发展项目中承担了重要而颠覆性的某种异位角色(as a kind of heterotopia)(Foucault,1984)。在一个人人都是"外乡人"、几乎没有什么原汁原味的当地"神韵"(aura)的深圳,大芬村的绘画在重塑艺术的定义和为谁服务的问题上也扮演着类似的角色(Benjamin,1992)。创意(在本例中是创意业务)通过机械化手段颠覆了原创艺术的制作,犹如当代中国城市的打造颠覆了原有的规范一样。

大芬村成为画家、商人、学生及其家庭自给自足的社区。来自大芬村外的艺术经纪人、买家和供应商也弥补了非正规的城市规划,因为人员的流动决定了这个乡村怎么利用和建设(Jiang Jun,2010)。虽然它的"城市理念"出自于乡村和外来工美好生活的梦想,但这是非正式的自学式的城中村的城市规划,它产生了大芬村的多样性和复杂性(见图13.7)。深圳城中村"变成"城市的过程类似于具有"变成明日深圳潜力"城市的其他通属环境(德勒兹,1994)。

图 13.7　2010上海世博会上的大芬丽莎

在大芬村的物质环境和艺术生产中,城市及其形象的转变通过技术和技巧使人和产品也发生了文化上的转变。大芬村城市化非正式的、不稳定的、灵活的、吸收的过程(如同深圳本身)只有通过不断改变人员的进出才能得以持续。对大芬村而言,这就是具有自由梦想的不断进出的外来者和游客。从"变为城市"到"社会转型",大芬村表明并保持了深圳原始的开拓精神。通过创意业务和文化经济,这里的"假货"在转型中变成了"真货"。

这种创造性的开拓精神对于文化和经济的持续发展是如此重要,因此在2010年上海世博会上,深圳市政府以大芬村作为"最佳城市实践案例",正式代表城市30年来的创意演变的成果。在世博会的深圳馆展出了大芬村的全部发展历程,从最初的业务设想到培训画师和被戏称为"大芬丽莎"的《蒙娜丽莎》这样"杰作"的生产过程。新型的艺术也在大芬村的艺术生产过程中发展起来,由1 000个大芬村独立画家绘制的深圳馆的"大芬丽莎"像素化正面像就是明证。当另类的地下文化在华南的文化意义下生长的同时,大芬村这样的地方成了城市的先锋,这种现象多少有点讽刺意味。

同理,拥有文化主题公园的华侨城文化产业也被看作是影响或变成"真货"的"假货"——"锦绣中华"建于1989年,其后所建的"中国民族文化村"、"世界之窗"和"欢乐谷"都创造了人造环境,它们支撑了附近的房地产开发(见图13.8)。文化设施还包括中国艺术中心、何香凝艺术博物馆、华侨城创意文化公园、中国美术馆,它们都成了工作和生活在这里的创意社区的一部分。

从字面上看,"世界之窗"主题公园是为了让全中国人民瞥见神奇的世界美景,那里有1/3比例微缩的全球标志性建筑,诸如埃菲尔铁塔和帕台农神庙。"波托菲诺"住宅区看似更像西班牙,奢华的公寓面对着"中国的长城",米开朗基罗的"大卫"眺望着贝聿铭的"卢浮宫的金字塔",等等。进口的幻景影响并成为这里的现实,又转口到全国各地。华侨城的品牌推广以超现实的后现代方式促进了中国和世界的

图 13.8　华侨城的世界之窗

文化交流(Harvey,1989)。正如《蒙娜丽莎》带到大芬村,改变了这里的生活,建造在华侨城的埃菲尔铁塔改变了这里的环境。正是这种文化和社会学辩证法使得深圳成为一个独特而有魅力的创意城市。

结 论

学习深圳经验,实施超越规范的发展模式,仍然使其他全球的通属城市感到着迷。不过,没有相同的政治结构、巨大的人口流动,缺乏监管、开拓精神、新的土地资源和丰富的邻近资本,深圳实际上仍有其独特的创造。深圳的项目现在一路领先建立起经济－城市模式(economic-urban model),这个模式可能具有相当的普遍性而进行输出(Liauw,2008)。在最终将耗尽自然资源和廉价劳动力的国家,其他城市可以学习深圳后通属的(post-generic)成功经验,以促进创意的可持续发展。政治、社会和教育改革将有助于扩大日益富裕的中产"创意阶层"。中国的经济、社会和城市革命30年前在深圳起步——如果下一个城市也是在同样的地方,通过对设计、创意、技术创新、生态城市规划和政治改革的整合而起步,那将是十分有趣的事。

14. 发展型国家的文化经济：
新加坡中国城和小印度区的比较

何康中　托马斯·赫顿

引言：城市新的文化—经济的形成

对城市经济中产业创新和结构转型的各个阶段的空间特征进行定义，采取了专业化生产的景观形式。在由制造业及其辅助生产和劳动力增长所形成的经典工业城市的全盛时期(high point)，对发展的空间表征的定义是工业区，阿尔弗雷德·马歇尔在经济学原理的经典著作中已加以诠释。工业区的例子包括工厂、轻工制造和工业城市的工程领域，其后是位于模范创新地区的"新工业区"[其中特别是艾米利亚·罗马涅区(Emilia-Romagna)和"第三个意大利"("Third Italy")]，这是20世纪70年代和80年代经济地理学研究的重点(Becattini,1990;Camagni,1991;Markusen,1996)。20世纪的最后40年，后工业经济的兴起强调建立中央商务区的办公楼综合体，在全球化城市集聚各公司的总部，金融中介业(兑换、商业银行和衍生品交易)以及专业化的生产商服务业，例如法律、会计和管理咨询企业[Gottmann,1961;Daniels,1975,1985;Abu-Lughod,1999]。

20世纪90年代以来,带动城市—地区增长的力量,按简单的先后顺序而言,首先是"朝阳产业",接着是"知识型经济"和技术驱动的"新经济",最近是"新文化经济"(Scott,2008),它们已产生了比较复杂的工业区位格局(pattern of industrial location)和城市发展的空间表述方式,其中包括企业和劳动力集聚在近郊和远郊地区,以及服务和工业生产集聚在"卫星城"。但是,发达国家和日益增多的转型经济体在当代发展阶段中最引人注目的历程都是文化生产、配套消费和福利设施、景观等共同发挥着作用,对于这种集聚的称谓各有不同,如"文化区域"(cultural quarters)、"创意园区"(creative clusters)和"文化区"(cultural districts)。正如有些人认为的,它在召唤一个新型的工业区,它是"前工业时期"(手工劳动)的特征和后工业时期发展形式的结合(Evans,2004)。这些文化生产地区和场所产生的原动力,是艺术家和创意工作者对于中央商务区四周具有老工商业建筑等遗产地区的偏爱,因为这些地区体现了"具体"(空间和建筑类型学的质量)和"表征"(象征/符号)的价值,从而吸引了文化工作者(Helbrecht,2004)。

尽管最近的学术研究强调,创造性的劳动应该对城市文化遗产的内在环境和景观进行适应性的再利用(Catungal等人,2009;Rantisi and Leslie,即将发表),但其他一些人,特别是莎伦·佐京(Sharon Zukin,1982),却描述了这些结构对居民用户的吸引力,最著名的是她经典专著中有关纽约上流社会中(brownstone of New York)"阁楼生活"(loft living)的描述[又见 Hammett(2006)有关伦敦阁楼转换(loft conversion)现象的论述]。诚然,在伦敦、多伦多,特别是旧金山等城市,文化生产企业与追求有丰富的文物建筑的城市生活方式的富裕居民之间,在对保存完整的文物建筑进行拨款的问题上竞争日益加剧,这种现象已成为这些城市房地产市场频繁变动的特征(赫顿,2008)。

城市新文化经济的另一空间特征就是生产和消费的多个场所的兴起,它特别显示出创新和专业化的场所以属地为基础(territorially based sites)。城市区划内产业区分的决定因素,部分是由于功能的连续性[例如,诸如手工劳动这种遗产就部署在精密工艺和行业,如在伦敦的克拉肯威尔(Clerkenwell)所见];其他包括:通过持续的创新和转型驱动的继承和转型过程;通过合意(resonant)的文化遗产区具体的空间性和景观特征,吸引创意企业和熟练工人或"达人";通过规划和公共政策举措,包括地方/社区改造计划;以及越来越多地通过房地产市场,包括对城市中(以前的)"多余空间"的房地产持续地进行重新评估,如纽约和多伦多。

20世纪80年代以来,温哥华已经从一个广袤的资源大省的核心地区转型为亚太地区资本、贸易和移民的中转地,这是一个可以说明问题的有用的参考案例:过去20年,城市核心地带按经济地理原理重新配置,在中心城区周围建立不少于10个专业化的生产综合体,每个综合体都有各自的企业形象和产品定位。这些综合体是体现核心地区当代空间经济的产业和劳动范畴的例证,它们包括:(1)耶鲁镇(Yaletown)是温哥华新经济的"集中点",文物保存十分完整,处于太平洋协和(Concord Pacific)高端住宅区和南区中心(Downtown South)之间,这是高价值的电子游戏企业、建筑事务所和电脑影像企业心仪的区位,其特征是地价最高,租金也最高;(2)煤气镇(Gastown),是东区中心(Downtown Eastside)边上的一个弥漫着历史沧桑的遗产区,20世纪70年代以来,这里集中了电影制作和后期制作企业;(3)福溪公寓(False Creek Flats),铁路枢纽地区,分销、批发和仓储业务集中于此,日益增多的新媒体和其他新经济企业入驻于此;(4)低工资的食品和服装生产企业就在毗邻中央海滨(Central Waterfront)的没落的工业区内。虽然这些地区聚集了新老产业和企业,但其发展轨迹日益青睐于前者,造成这种情形的既有当地因素[劳工市场、企业家精神以及持续的房地产市场膨胀出现的错位效应(dislocative effects)],也有外来影响的因素,包括来自低成本供应商的竞争。

本书有若干章节论及了城市不同社区共同的新文化活动的类似格局。赵描述了首尔弘大地区的艺术和文化活动，荣格(Jung)记录了德黑兰谷的信息和通信技术，上海(Zhong)和北京(Currier)的艺术区，曼谷、仰光和胡志明市(Tan)的异族人聚居区，它们表明了在具有多元经济活动的亚洲城市中，国家和非国家的参与者努力创建新文化区所采取的复杂而动态的方法。

发展型国家的文化经济

在本章中，我们提供了新加坡两个独特地区的新媒体产业形成的概况，它在一个层面上举证了作为本书主题的"新经济空间"形成的更广泛的过程，以及显示出全球化城市明显倾向于专业文化生产和消费的多重空间的(再)生产。对新加坡新兴的"新文化经济"在更大背景上的叙事，强调了由经济发展署(Economic Development Board)制定的国家规划，它竭力把城市国家定位为创意产业和创意劳动中有影响的全球参与者，以及强调大量特定部门的行动由产业集团、非政府组织和高等教育机构承担。

这是一个新的聚焦点，从新加坡经济转型的背景中产生，因为新加坡一些重要的跨国公司先撤向马来西亚，最近转向中国，20世纪70年代建立起来的制造业基础已逐步削弱。这种变化推动政府当局考虑新的振兴经济的方法。20世纪80年代末，这些方法包括以生产性服务为导向的战略，促进新加坡成为跨国公司地区总部的基地(Dicken and Kirkpatrick,1991;Perry,1992)。该战略的核心是地缘经济学的分工目标，即鼓励各公司把生产工厂搬迁到最近的次级地区，而把管理部门留在新加坡。这也涉及新加坡的公司发展和管理海外工业园区的问题(Ho and So,1997)。

随着服务战略的发展，又有一个旨在加强制造业研发基地的举措。这个举措的结果就是建立了一套新的组织,如国家科学技术署(National Science and Technology Board),即后来的科学技术研究署(A*Star, Agency for Science and Technology Research)和一批大学附属的研究中心。与此同时,当地的大学转型为注重研究和研究生教育,旨在训练更多科学家和研究人员,与重要的海外研究型大学开展合作研究。

由于城市国家把积极利用这些新经济活动作为使经济多元化的另一方式,"创意产业"成了新千年的流行语。如 ERC 报告所阐明的,支撑这个新方向的是如下三个组成部分:复兴城市2.0,重点把新加坡建成全球化的艺术城;设计新加坡,旨在把新加坡发展为重要的设计业中心,以及在"媒体21"中阐明的发展强大的媒体产业的目标(新加坡,贸易工业部)。北美和欧洲著名创意产业中心的高增长率证明,上述蓝图要求在教育体系中加强艺术、文化和媒体内容,在有海外既定合作伙伴的国立大学发展新的艺术、设计和媒体学院,在生产方面,与其他既定合作伙伴一起创建媒体实验室。正如早先的其他举措,该计划要求政府成为新规划的重要发起人,由政府投资新基础设施,设立新机构来带头实施新举措,吸引外国公司和鉴定海外合作伙伴,推广新加坡产品。

在战略性政策层面上,新加坡很大程度上已经接受了理查德·弗罗里达和无数追随者宣称的"创意阶层"的说教,但又未沾上(或甚至承认)这套理论中的许多矛盾和疑难特征,同时通过调动城市国家特有的文化资产(技能、实践、标志和符号,景观特征),顺势而为地——列出新加坡的经济轨迹。有关新加坡文化经济的大量文献都是针对比较宏观的国家层面的政策课题。新加坡国家层面上的文化政策取向,是其坚持不懈地在全球化经济舞台上追求竞争优势的重要组成部分——这是这个城市国家自从脱离大马来西亚联邦后的全部历史中恒定不变的计划目标。我们的命题是,尽管这个元层面(meta-level)

的分析和批评无疑是重要的,但对个别文化生产和消费的场所进行更为细致入微的考察则能获得更多的收获。这是 21 世纪任何成功的文化经济必不可少的基石。

正是在这个比较微观的层面上,例如,新活动的形成、它们的集群倾向、参与者之间联系的重要性、他们的活动与直接的现场环境以及这些场所随着时间推移所发生的演变等问题,我们能发现大量重要的过程在起作用。

直落亚逸(Telok Ayer)

直落亚逸是我们的第一个研究案例,它是位于新加坡中央商务区东部中国城文化遗产区四个指定区域之一,我们把它作为有吸引力的文化遗产景观,这里大多是 2 层和 3 层楼的 19 世纪中叶的店屋(shophouse)(Tan,2006),业已证明,这是进行适应性利用的理想环境(图 14.1)。中国城体现(和反映)了文化共鸣、记忆和历史性等多重复杂的方面,这些主题已经在城市地理学、社会学和城市研究领域产生了丰富的学术文献,包括布兰达·杨(Branda Yeoh)和刘玮鹏(Lau Wei Peng,1995)有关丹戎巴葛(Tanjong Pagar)的著名著作。该文献包括作为主题的国家、个人和公司在对新加坡遗产的诠释和重建问题上的矛盾。但是,与这些论题同样重要的是对中国城的城市和社会地理学和景观形成过程的理解,直落亚逸还充当了——也许在新加坡语境下是独特的——新产业形成、过渡和继承的场所。过去 20 年,发达经济体界定的创新和转型顺序已经忠实地印刻在直落亚逸的文化遗产景观和街景上,显示了城市增长和变化的一般过程所具有的全球影响力(和地方化印记)。

由于若干因素的结合,直落亚逸在 20 世纪 90 年代成了新产业形成的重要场所:其毗邻新加坡中央商务区(见图 14.2)则意味着,小型

图 14.1　新加坡直落亚逸街的店屋景观

生产性服务商能十分有效地为中央商务区内的大客户提供配套服务。直落亚逸的主要建筑形式是一批 2 层和 3 层的店屋，这样的建筑可以支持不同中小企业的经营活动。较大企业可以租下整个 3 层楼房，而这些楼房还允许分割，以适应比较小型的业务活动。对新办企业和小型企业更为重要的是，该地区廉价的租金使沉没成本较低。直落亚逸有利的经济因素（毗邻中央商务区，楼房可分割和廉价租金）还辅之以独特的社会文化环境。历史建筑还为居民创造了低层楼房那种亲密温馨的氛围。空间共用——在 20 世纪 90 年代真正的中产阶级地区内，咖啡馆、餐厅和特产店都聚集在一起——增添了直落亚逸的魅力。这些条件刺激新媒体企业入驻在一处以形成集群：互联网服务、软件开发、数字图形艺术和数字营销。可以预期，该地区的企业往往是年轻的创意工作者和企业家的群落。这样，由于新加坡在制造业基地削弱后创造了转向生产性和创意服务的有利的宏观经济条件，加之以高等教育计划为这些部门培养的大批高技能工作者，直落亚逸凭借其经济和社会文化上的丰富条件，在90年代末期崛起为创意业和新经济服务领域增长的关键场所。

图14.2 中央商务区背景下的中国城景象

直落亚逸低层楼房形成的温馨氛围有一种"自然的"魅力，它成了新经济服务业的样板，在政府支持下，一家大型开发商把它复制成远东广场，注意这点也具有启发意义。远东广场的内在环境是类似直落亚逸的低层建筑，以及与邻近的中央商务区相协调的高层建筑的结合（见图14.3）。

直落亚逸的租户以中小型创意企业为主，与其相比，远东广场的租户就比较接近中央商务区的公司。远东广场虽然有类似直落亚逸那种19世纪中叶店屋的内部环境，但外观光洁，感觉是城市的景观，在特定的区域内都是普通的外墙涂饰和油漆面，还装置了架空的悬梁

图 14.3　远东广场修复后的店屋

屋顶,以阻挡热带阳光和季风雨,四处都挂满了公司标牌(见图 14.4)。

图 14.4　远东广场的人工景观

远东广场与直落亚逸不同，它以开发商远东公司的形式建立，有公司式管理和治理的身份。他们的兴趣是寻找能为远东广场带来品牌效应的租客，使该地区成为既拥有文化遗产，又有商店和办公楼，既有旧世界的风貌，又有新型的办公专用设施的地方。直落亚逸与远东广场那种统一的房地产管理模式不同，房屋/场地的产权模式多半是个人拥有，各个企业可以不受限制地进行转让和传承，以应对宏观形势和当地发展趋势造成的需求变化。

远东广场上的酒吧和户外餐饮业有长足的发展，当地租客光顾率很高，从而强化了地方身份，为在办公室外开展业务提供了便利之处。即直落亚逸和远东广场这两个紧挨着的地方，消费价格相差悬殊，反映了两个地方的来历完全不同。正如已提及的，远东广场就在中央商务区的东部，至少在某种程度上追随着新加坡新中产阶级专业人士的消费偏好，崇尚高档餐饮，当然肯定能找到一些廉价的消费场所。但是，尽管直落亚逸在日益增加的程度上分享了新加坡劳动力专业化水平的提高，以及与其相匹配的消费层次，但是，正如我们以下还要详细讨论的，在其属地内它仍然掩盖不住出身卑微的痕迹。例如，一些传统的大排档和咖啡馆仍在经营，在那里一顿饭最低至 3 美元。

自从 20 世纪 90 年代末建成新的创意区以来，直落亚逸和远东广场都经历了各自的变化，特别是直落亚逸，其早期特征还都保持着，特别是低租金的推动以及新近出现的新派生活方式的各项服务业（体育馆、水浴、按摩和理疗服务）的支撑，这里仍是设计、广告和多媒体企业的汇聚之地。相反，远东广场的租客流动率却比较高，部分原因是其租金已接近中央商务区的水平。

内城景观变化的体现（inscription）：全球舞台上的直落亚逸

深入局部范畴的城市研究，其主要优点是能捕获发展特征（developmental contingency)中关键和细微之处,另一个优点就是能够鉴别城市景观一般过程的印记,具体来说,就是能获悉全球和地方在连续的转型历程中的互动关系。采用后一种观点,直落亚逸过去15年演变的基本状况反映了其他全球化(或正在全球化)城市中这类场所的许多显著特征,包括伦敦、纽约和温哥华等许多城市,而同时又体现了由当地—区域(local-regional)条件形成的重要的持续性。

首先,按照变化的普遍特征,我们很容易观察到新加坡内城随着时间推移而变化的熟悉脉络,在本案例中,就是始于大部分常住居民搬迁到近郊社区(suburban communities)的公共屋。[1]当然,早先家庭的搬迁与其他许多(也许是大多数)城市内城的重建经历有着明显的差别,其间始终伴随着社会混乱和流离失所。因此,相对于"西方"城市后工业时期的属地[2],直落亚逸少了些社会经济转型过程中产生的"血腥味"。不过,除了这个区别(肯定很重要),我们还可以追溯到20世纪80年代和90年代艺术家(大部分是年轻人)对直落亚逸进行再殖民化(recolonization)的熟悉的转型过程,其后,产业和企业的再分层在很大程度上契合了过去15年工业创新的模式,它完成了在这个令人向往的场所持续的社会升级和企业与劳动力新的地理分布。本文作者之一在1999年对直落亚逸的调查(赫顿,2008:见第六章)揭示了所谓的互联网(dot. coms)充满活力的景象,包括新媒体企业(电影、视频制作、电脑图像和影像等),以及建筑和设计企业,其格局与温哥华耶鲁镇和旧金山市场街以南地区(South of Market Area, SOMA)(多少有点)类似的地区所确定的产业有惊人的相似,后者是电信

---

[1] 这些房产提供了统一(以种族特点和收入)配备了市场和交通等良好设施的住宅环境。80%以上的新加坡人现在都居住在公共屋。

[2] 尽管直落亚逸的常住居民多半重新迁居到组屋(HDB estate),但应该承认,居民的迁出绝非自愿:《1970年楼宇管制法》(特别条款)的颁布通过向租客提供补偿重新开发控制租金的房地产。根据这些安排,地主可以向租客补偿署申请"恢复"控制租金的房地产,待居民和租客得到租客补偿署认为合适的补偿额。由于2001年通过了《租金控制(废除)法案》,市场有效地创造了租金上涨的压力,特别在临近中央商务区的地区,而同期修订的土地使用规划指导线,以建立区域规划,有利于商业和其他非住宅土地使用。若愿深入考察新加坡店屋的"社会建设",见Tan(2006)。

和数字生产技术的创新所塑造的世纪末新经济的主要堡垒。

　　2003年重回直落亚逸又发现了更大的经济力量的印记,2000年全球性崩盘及其后果造成技术企业垮台后,互联网产业急剧收缩,代之以新颖的创意设计企业及其相关的文化劳动。直落亚逸的改造采用了视觉的、消费型和舒适体验的审美景观的方式,戴维·雷(David Ley,2003)等人把其确定为内城转型后的新文化经济的附带特征。这个阶段,直落亚逸的企业群体中,建筑师、景观建筑师、设计公司、广告公司和公司品牌推广公司、媒体企业、电影、视频音响制作和后期制作公司,以及高档餐厅、咖啡馆和酒吧等占了显著位置。在这方面,直落亚逸的基础街景和布局仍依稀可见,但是,现在的活动组合已紧跟其他全球创意城市的范式,诸如伦敦的克拉肯维尔(Clerkenwell)和肖尔迪奇(Shoreditch),都柏林的圣殿酒吧(Temple Bar),多伦多的自由村(Liberty Village)和西雅图的贝尔敦(Belltown)。

　　2006年的第三次现场调查证实了三年前观察到的直落亚逸作为文化生产场所的许多重要特征,只是通过更为细微的观察分析,发现其更强烈地转向媒体和生活方式取向。在媒体机构中最显著的就是位于俱乐部街(Club Street)的BBC全球频道网络的运营。同时,该地区还包含了比较精致的餐饮美食场所,以及体育馆和运动设施、画廊、水浴,以与全世界文化区的生活方式取向保持一致(见图14.5)。通过对该地区企业家和工人的采访和交谈可以证实,社会升级仍在继续,同时也证实了安迪·普拉特(Andy Pratt,2006)所描述的,因重新估值后的内城房地产膨胀的过滤效应驱动的"工业高档化"现象(industrial gentrification)。这些交谈还证实了一个印象,即直落亚逸在国际旅游者和访问者眼中至少还是一个说得过去的地方,不仅反映在旅游大巴按惯例在重要的历史遗址让团体游客下车参观,而且还反映在一些老资格的游客也能光顾直落亚逸的艺术画廊、古董古玩商店和高端的消费场所。

　　尽管过去15年持续地再分层引起了一系列的变化,在很大程度上

图 14.5　直落亚逸轻松的消费区

模仿了其他全球性城市的改革经历,但在某些方面,直落亚逸是在城市原有基础上做点改动,而不是白手起家。我们主要关注 20 世纪 90 年代以来的决定性转变,它标志着直落亚逸是全球创新和转型的前哨,而且地区的"骨骼",如当地的庙宇、纪念碑、公共空间和特产店依然如故。现在我们再讨论一个案例,它提供了另一种文化经济中地域打造的印象。

小印度区

在直落亚逸的案例中,我们已经看到新经济活动(多媒体设计和广告)以及企业服务(律师、建筑师、会计师、广告业、咨询公司等)是如何找到一个有利于经营的空间共用(mixed-use atmosphere)的地方。

小印度区位于中央商务区东面约 1 英里的地方,是创意企业的另一类场所。与直落亚逸治理良好的环境不同,由于诸多原因,小印度区人员错杂、秩序混乱。顾名思义,小印度区多半就是新加坡印度裔人口居住的地区。英国"分而治之"的政策造成的三个种族——中国人、马来人和印度人——有不同中心的城镇。历史上,小印度区指定为泰米尔社群的定居点。随着时间推移,庙宇、文化联系和种族间的交易在这个地区发展起来了。其时,新加坡日益依赖南亚的建筑工人,这些工人在周末自然聚集到小印度区,一到周日,成千上万的南亚工人光顾小印度区,尽情乐上几个小时,然后回到宿舍和建筑工地[图14.6A,显示孟加拉国工人聚集在实龙岗(Serangoon)路 Angulliah 清真寺附近的开阔地带]。很多破旧的店屋[1]也租给建筑公司当工人宿舍,常常是拥挤不堪。

图14.6A　小印度区剪影:Angulliah 清真寺附近孟加拉国工人的聚集地

---

[1] 店屋旨在作为一种生活—工作型的居住安排,其中商业用途设在底楼,而2层和3层楼则作为住宅。随着新加坡的发展,大量的店屋被拆除以兴建新的中心区(MND,1983:14)。内城保留的店屋往往都位于文化遗产区。这些建筑保留着多重用途,因此这些街道出现了各种不同的种族企业、妓院和低工资工人的宿舍。店屋之间的后巷还承担了街边店的外溢功能。顾客还可利用后巷作为进入妓院的暗道(Lim and Ho,1992)。

14. 发展型国家的文化经济　253

在小印度区内,达斯克(Desker)路和罗厄尔(Rowell)路是著名的红灯区[1]。如前所述,顾客可以通过毗邻这些街道的后巷悄悄地进入这些地区的妓院后门(在新加坡是许可的)(见图14.6B,其显示妓院后巷的入口)。妓院里还有其他的非法活动,像皮条客、赌博和放高利贷。由于租房的外国工人因其身份不可能申报这些活动,又因开街边店的小企业(其中许多是老式的家族企业)对此比较容忍,所以这些活动得以在小印度区继续存在。小印度区旁(见图14.6C的说明)是双溪(Sungei)路的跳蚤市场,那里出售旧货,都是些衣服、家用电器、工具(可能是从建筑工地偷来的)以及南亚音乐和电影。

图14.6B　小印度区剪影:罗厄尔路和达斯克路间的后巷,可以抄近路到大街和妓院的隐蔽入口

---

[1] http://en.wikipedia.org/wiki/Transgender_people_in_Singapore#Desker_Road_vicinity.

图 14.6C　小印度区剪影：周末双溪路上的跳蚤市场

这样，这个地区就成了新移民工人、非法居留者，以及妓女、赌徒和放高利贷者的大杂烩。这里还有一系列为庙宇供奉者服务的老行当和印度人社区。小印度区还有旧货店和廉价的背包族旅馆，有些还按小时计价。这些街区的建筑遗产（特别是宗教建筑和出售各种香料、鲜花和民族食品的各色商店）也是一种旅游资源，因得到新加坡旅游局的支持才保持下来。

由于小印度区的乱状，租金就比较低，这对新办企业很重要。对于很多小型创意企业，这个地区店屋所处的地段租金低又方便。中心地段最适合于旅游，可以满足客户要求。拥有福利设施的内城地段（例如，易于找到 24 小时廉价食品店）适合生活—工作—休闲结合的灵活作息制度，与某些创意经济活动正好默契。图 14.6D 显示了街道边杂货店的活动。其他街边活动还包括餐厅和一些小的传统生意。店屋的上层比较安静，既可住人也可从事一些新经济活动。

图 14.6D　小印度区剪影：带有街边杂货店的混用店屋，上层是新经济办公室和住房

像直落亚逸这样内城比较高档的地段十分适合较成熟的创意企业。但小印度区是内城中狂野不羁的部分，土地使用形式十分繁杂，特别是大量低工资的外国劳工造成的负外部性，以及二手商店和黑幕现象，所以这里的租金大大低于直落亚逸，使低层次的小型创意企业也能租得起房子。直落亚逸与小印度区的差异很重要。直落亚逸的各类文化企业代表一些有稳定收益的小而成熟的企业，它们的员工有可支配收入来享受这个中档街区的环境和各类设施。相反，小印度区显然更为混杂，小型传统企业、外国工人住房、寺庙、妓院以及偶尔几家新经济企业杂居一处。对这些创意人士而言，这也另有一番"风味"，无疑它不是一个商业环境，但它吸引了那些把自已列于主流劳动力之外的人群。显然，这些人能留在这里，不仅因为他们工作无定时，也因为他们喜欢边玩边工作。

结论：新文化经济中全球—地方的相互依赖性

本章的案例研究勾勒了直落亚逸和小印度区创意产业形成过程，反映了新加坡文化经济中相似和相反的方面。在宏观层面，创意经济和新经济活动的增长反映了新加坡发展型国家在培育文化经济新分支(new layers)的成功——国家主导的创新和转型的最新篇章——虽然我们案例研究的场所最初都不是空间—经济政策的主题。政府在基础设施以及通信和新媒体教育和培训计划上的投资有利于文化经济新劳动力的产生，也有利于形成新加坡新的中产阶级（或暂时它是大的社会群体内的一部分创意阶层）的社会相关关系。

吸引外国大型媒体公司到新加坡设立机构，以合伙和分包形式为当地的小公司提供业务机会。这种新的业务和就业的形成，增加了广告和公司推广、设计、影视和新媒体等部门的跨国公司地区总部所提供的商务和就业，使新加坡的创意工作者日益增加。在艺术方面，来自艺术委员会等政府有关机构的资助也为当地公司在日益激烈的竞争市场中得以维持提供了保障。

这些过程混杂着市场、政策和社会等因素，以及直落亚逸和小印度区的当地条件和企业与劳工方面的结构差别，造成了新加坡中央商务区周围的新经济活动的分布状况。我们有关新加坡的案例研究表明，中央商务区周围和内城的新文化经济活动常常采用以地区为基础的产业专业化和附属的劳工与生产的结构形式，而不是随意挑选的企业胡乱地聚集在一起。深入分析的话，显然，新加坡案例还反映出其他跨国城市定位和空间过滤过程的逻辑共性。在此，我们以温哥华为例，早先我们曾把它作为广义的环太平洋国家内的参考案例，其中耶鲁镇十分完整的历史建筑景观内，拥有高价值的文化生产和高档专用设施的链接系统，与我们的直落亚逸案例研究十分相似；而市中心东区边的煤气镇,则是一个比较混乱的创意企业集聚空间,包括新办企业和成熟企业,主要是电影公司,在某些方面类似于我们的小印度区。

新加坡和温哥华的创意产业场所还显示出全球性链接关系,譬如位于远东广场的跨国公司和位于直落亚逸的 BBC 全球频道网络,以温哥华为例,是大量主要由外国跨国公司拥有的视频游戏公司,如美国的艺电有限公司(Electronic Arts,EA)和法国的维旺迪公司(Vivendi)。作为全球城市系统的顶峰,伦敦和纽约各自都呈现出生产和消费部门高度复杂的系统,特别是伦敦在城市边缘(City Fringe)至少有六处重要的专业化创意产业场所。但是,无论是我们的新加坡案例研究场所和温哥华的参考案例,还是世界规模的伦敦和纽约的例子,都是社会—文化和经济因素的结合,它们塑造和过滤了多元化的创意产业,每个地方的特征都反映出,其发展都是以中央商务区边缘经重新估值后的地区内房地产市场的持续作用作为中介的。

致 谢

伊莱恩·思慧·谭(Elaine Sze Hui Tan)女士为我们慷慨提供了有关新加坡店屋变化方面法律、规划和社会维度上的信息和学术视角,对此我们由衷地表示感谢。

15. 文化遗产的打造与营销：东南亚的中国城

赛利娜·谭

> 商家极尽努力要把中国城的街景变成欧洲人中意的街区形象……中国城已经开始符合欧洲顾客的想象力和口味了。
>
> (Anderson,1991:176—177)

安德逊(Anderson)在上述引言中表明,中国城的景观是有意识打造的东西。中国城是社会—文化实践构建的经济景观。它们不仅是种族—文化遗产的空间,而且是城市内重要的经济空间。安德逊(1991)认为,中国城的景观是刻意塑造以吸引外来者的眼球,也可能是凭借其特色和异国情调来吸引旅游者的注意,使它成为文化商品的空间——文化和经济在空间上日益增加的交集并不少见(Lash and Urry,1994;Molotch,2002;Kearns and Philo,1993;Urry,2002)。同时,中国城已经是经济空间,商家的存在已表示了其现存的商业功能(作为市场和商品交换的空间)。安德逊在这段引言中已暗示,中国城作为族群飞地,可能已包含了经济空间的形式。中国城,作为建立在内城的全球性现象,并由中国商人主导,历史上就是经济的城市景观。

景观有着非常复杂和分层次的身份和功能,它是在空间的集体经历和空间关系的基础上产生的对巨大规模的地理想象力的产物

(Gregory,1994)。中国城景观是具有多重身份的地域。中国城常常被想象为蕴含着深刻的种族和文化内涵的空间,具有丰富的中国国家历史和内容。同时,中国城又是一个极度依赖经济的空间,以其贸易、市场和商业的基础而出名。中国城的地理想象力普遍地集中在喧嚣的经济活动和家庭手工业之中。

通过过去 25 年的工业化和商业化,东南亚城市的迅速发展改变了城市景观的面貌。这个发展是亚洲城市新兴的文化经济的成果,不容抹杀。在有关华人的社会科学研究中,亚洲的中国城景观在很大程度上被忽视了,而是偏爱一些比较当下的课题,譬如中国的移民、同化作用,对经济的参与、创造和维持全球和跨国的资本网络,中国和亚洲其他城市的联系等。然而,作为文化和经济的创意空间,东南亚城市的华人社区是这个景观的重要部分,为该地区的城市景观带来了多样性和资本流通。

在本章中,我提出的论点是,中国城可以通过两个进程的交集进行分析:文化景观和经济景观。这类族群社区的建立和维持无疑还有政治因素。这类城市飞地会被赋予常引起高度争议和与他者相关的意义和表象(Appadurai,1996:183)。族群社区的政治因素强化了文化景观的身份——空间被文化集团当作手段,以声称城市中有其族群的存在(Harney,2006)。通过把文化遗产作为地域——打造的工具,文化空间和经济空间的结合就使中国城成了新的经济空间。必须注意,中国城不是全新的经济空间,而是两种形式的经济空间共存于中国城。其中一个与文化景观结合,是文化遗产创建过程的一部分;在此过程中,景观利用历史活动和当代活动的结合提供意义,从而产生了可消费的文化遗产。第二种形式的经济空间是被创造的文化遗产的一部分,随后反馈到中国城的文化景观中。这是一个强化的过程,它既维护中国城的内在意义,又使中国城的文化永久化。该过程放大了景观的地域身份,进一步维护了华人社区的依附性及与过程的联系。中国城作为一个经济空间,通过这种方式,既创造出文化景观的过程又被文化景观的过程所创造。

一般的文化遗产往往意义含糊。它既是一种经济商品,又是一种文化产品(Graham 等人,2000)。这一概念的普遍应用是作为历史参考。文化遗产如同景观可以用多重方式制造和使用。作为历史的参照物,文化遗产是身份——创造的重要成分。洛文塔尔(Lowenthal,1985)认为,过去是身份的一部分;而且历史包括现在。他进一步论证,文化遗产的形成是对过去的怀念,它与中国城景观作为文化和身份的强化物有关。中国城既作为文化遗产景观又是历史、知识和文化的宝库,从而势必商品化为典型的旅游景点。因此,文化遗产与中国城文化是不可分割的:它既是中国城一部分和华人社区身份的文化;又是被旅游者目光消费的文化。两种形式的经济空间都指文化遗产既是身份打造的过程,又是商品。

文化经济包含文化遗产和身份的问题能以很多方式概念化。其中一个即是通过列斐沃尔(Lefebvre,1991)所述的空间三位一体概念——特别是空间实践(spatial practice)的概念。在空间中发生的日常事务和城市生活给空间赋予了意义。这些实践活动确定了作为特定实践活动发生地点的空间。同时,同样的实践活动还可以确定日常生活中履行份内事的人员。所以就中国城而言,生活和工作在这一带的华人社区对于中国城身份的形成发挥了作用。他们的实践活动强化了作为景观的中国城文化遗产。

我们将详细讨论曼谷、胡志明市和仰光这三个东南亚城市的中国城。

曼谷的中国城位于湄南河(Chao Phraya River)岸边拉达那哥欣(Rattanakosin)的三潘他翁(Samphanthawong)地区,曼谷历史上的中心区帕那空(Phra Nakhon)区的东部。两条大街穿过这个街区,现在通俗的说法是耀华力路(Yaowarat)或新马路(Charoen Krung),曼谷的中国城还被称为三潘(Sampeng),早年是社区里的原始巷子。当年因为大皇宫待建,华人就从帕那空区搬了出来,建了这个中国城。华人社区定居在皇宫外墙的东面。

在胡志明市,中国城通称为赵朗(Cho Lon),由第5、6区和第10和11区的一部分组成,位于第1区的西面,是城市的商业和行政中心。赵朗是越南文,直译为"大市场",可能指的是该地区的主要经济活动,以及第6区的地标平泰(Binh Tay)市场。以前华人称赵朗为泰拱(Tai Ngon)(广东话"堤岸"之意),指的是这一带的情况,它建在西贡河的堤岸上。赵朗的两条主要街道是阮鹰街(Nguyen Trai)和陈闳道街(Tran Hong Dao)。

在仰光的市中心,中国城位于苏莱塔(Sule Pagoda)以西,沿着仰光河。它从小印度区西部边界一直向西延伸,坐落在瑞德宫塔(Shwe Dagon Pagoda)路。其主要大街是马哈班都拉(Mahabandoola)路。这个区域也叫 Tayote Tan,是华界(Chinese circle),殖民地时期的华人区(Chinese quarter)。

在这三个城市中,称为中国城的区域过去几个世纪以来一直是中国移民定居的地方。他们许多都是商人,他们的交易路线以海上为主,利用这些城市的重要河港。16世纪中叶,中华帝国开始发放合法贸易的许可证,从此宣告正式贸易以及向中国以南地区、世称南洋移民的开始。到17世纪末期,华南各省大量中国人移民,其后在那里定居,华人社区开始增长,这与欧洲殖民地从贸易转向农业生产相吻合(Reid, 2008)。如今,东南亚华裔多半已融入东南亚国家身份,对定居地点已有强烈认同。

这些城市的中国城所在地成为中国城的过程与北美和欧洲中国城的形成显然有共通之处,对于这种族群社区的形成已经有了大量的研究,从种族问题(Anderson, 1991)、实体城市的发展(Lai, 1989)、阶级冲突和两极分化(Kwong, 1988)、全球和移民的经济网络和社会问题(Zhou,1992;Lin,1998)到华裔社区在若干欧洲国家的多元化扩展(Benton and Pieke,1998)。

走向新的经济空间

根据东南亚城市发展的语境,创建具有国际竞争力的"全球化城市"的规划作为一种关键的政策举措,应具有文化品位的城市景观。城市的文化区域(Bell and Jayne,2004)继续把文化当作商品进行复制和推广,很大程度上,尤其是通过旅游经济,以及各种媒体资源进行消费。显然,尽管人们普遍接受,这样的文化区域也是身份空间,借此促进地点感和归属感,但这种文化的生产和消费在文化景观内培育了经济空间。在族群社区,身份是文化的核心成分——互为强化文化遗产空间。佐京(1995)认为,文化由于城市的固有差异而得到强化,文化是一个能推动城市经济的可行的产业。族群社区身份和文化遗产的互惠关系产生了最终将成为消费商品的文化景观。更能说明问题的是,景观的消费者不仅是旅客和外来者,社区本身利用其创造的景观也能进一步维护其文化身份。

笔者在本章还要谈到景观作为过程的概念——作为不断与对其施加影响的过程发生互动的过程。作为一个动态的、不断变化的持续进行文化生产和消费的空间,中国城空间本身就是过程的一部分,它操纵着居住在那里的人们的历史和种族遗产。景观是其产生的过程的一部分;同时景观被消费了。它又是与成为经济实体的遗产相结合的景观。

斯科特(A. J. Scott)在"城市的文化经济"中认为,当地文化的情景性(situatedness)和地点奠定了当地经济的性质:"这些城市特定的文化身份和经济秩序在景观上凝聚得越多,它们就越能享受地点的专利权(monopoly power)……即加强了它们的竞争优势,为它们的文化—产品产业提供优势……"(1997:325)。浸淫在景观内文化的深度和强度直接影响在特定景观上产生的经济对于该文化的依赖程度。因此,在中国城,那种基于不断地与景观深入互动的遗产和种族历史所产生的文化会造就非常复杂和充满活力的经济空间。这样,中国城景观的文化和地理想象力持续地加强、巩固和复制其本身(即它的经济优势)。

笔者从一个消费文化景观的主要途径(即通过旅游业)来考虑。当然,还有许多其他途径对景观——特别是经济空间——进行消费。然而,以族群和遗产为基础的文化区域的重大经济价值在于旅游业作为文化资本的可行性。不可否认,中国城也是,而且常常是生产其他形式产品和服务的活跃空间、它可让旅游者目光来消费。

大量旅游业的研究文献考察了遗产和文化作为旅游商品的兴起过程。厄利(Urry,2002)探索了可把文化转化为可销售的东西的旅游者目光。他认为,旅游者的存在开启了把文化转化为可消费的东西的过程。目光创造了商品。格林伍德(Greenwood,1977)认为,旅游业是文化变幻莫测的商品化,其中文化不仅是一群人的识别符号,而且是一种可以销售和与资本交换的资产。格林伍德进一步认为,目光改变了当地文化和公共仪式的意义和功能,从而使旅游业成为一个问题。卡恩斯和菲洛(Kearns and Philo,1993)阐述了文化资本的可运作性,城市营销就是为了资本的不断流转。正如安德逊在本篇引言中所言,各种不同的中国城景观已经被塑造,以满足人们对于文化与城市内在形式融合方式的预期想象。在本章的语境中,这些文献提出一个问题:作为中国城的新文化经济,在何种程度上对遗产进行运作、制造和营销?承认遗产是构成文化的一部分,文化首先被商品化,然后供作消费,文化区域可以是充满经济活动的空间。

因此,旅游空间被认为是重要的经济空间。在该经济空间的形成中,遗产受到管控。海外华人社区的历史和社会生活成了中国城文化的一部分,接着被商品化,然后就成为经济的一部分。重要的是,中国城在成为人们所熟知的"中国城"之前,特别在亚洲,历史上它就一直是经济景观。在胡志明市、曼谷和仰光,中国城就是批发业、进出口服务和工业活动的地区了。这些业务都是华裔人士拥有和经营,特别是他们充当掮客,与当地土著、帝国殖民者和中国及欧洲的货主议价交易。这些城市里的华人构成了城市经济最重要的组成部分。

同时,中国城的出现是对业已存在的文化景观的认同,是一个多元化、对旅游业有吸引力的存在。只要给空间一个称谓,中国城就被造就为有特色的、激发想象力的、具有异国情调的空间而被消费。按照安德逊的说法,"中国城是一种具有文化历史和意象与制度实践传统的社会建构,它们已经赋予了一个可认知的、客观的现实……"(1987:581)。在这个意义上,可以作为遗产的文化历史就是使中国城成为城市景观中实际存在的物质属性的东西。这就是使中国城成为现在的文化区域的文化遗产。

科恩(Cohen,1997)进一步以中国城建构为文化表征的方式来探讨商品化问题,并对把这种文化作为正宗文化出售的方式提出质疑:

> 在外界人看来,中国城也在发生嬗变,因为全球旅游界都在中国城寻找"旅游指南"上被称之为"原汁原味"的东西,而且是对所谓的中国实情的常新的社会建构的版本。旅游大巴、草药商、针灸师、餐具店、圣贤、按摩师和餐厅纷纷涌现,中国人学会了向全球市场提供又一个商品——他们民族的古雅文化。
>
> (1997:93)

当然,中国城居民对他们文化的可销售性的意识提高了。这种商品化不会脱离他们的意识;它也不完全是多余的。事实上人们关注的目光是受到鼓励的;居民积极推销他们的文化。他们知道自己的文化和遗产的异国情调,而且能够利用它。因此,文化商品化的过程并不是单向的活动。关注的传送者和被关注物的生产者之间是互惠的关系。这样就产生了交换,产生了双向的流动:文化资本从生产者流向消费者,财务资本从消费者流向生产者。张(Chang,1999)引用了纳什(Nash,1989:44)的"旅游业交易观"(transactional view of tourism),认为社区旅游业的发展不是开发功能(exploitative function),而是相互包容的过程,它兼顾旅游产品的生产者和消费者的行为和作用(actions and agencies)。本章中,该交易的产品是中国城的文化景观。生产者和消费者对于促进人们的关注和景观这个旅游空间的永续长存都负有责任。

中国城利用文化遗产成为旅游目的地,受到全世界的认可。地点的打造是通过凸显历史和遗产。景观经重新塑造,显然就成了中国城,具有清晰的中国城身份。犹如一根成功的链条,某一个中国城的成功和名声会对全世界不同地方的其他中国城产生感染力。游客都知道可以看到什么,有些什么变化,那些体现"中国城"特色的全部文化景点是游客日程中的一大亮点。

遗产营销:新经济空间

现代的中国城仍以其商业功能出名。作为许多城市的旅游景点,这个社区仍保留着最初的功能,为华人社区供应特色产品和特色服务(例如中国食品、粮食和社区服务)。同时,它还维持着吸引游客眼球的商业活动。这些世俗活动的异国情调吸引了游客的注意。参与这些活动使游客成了中国城景观的一部分,这些功能增加了中国城的文化体验。

诸如仰光中国城的金店(见图15.1)、曼谷中国城的市场(图15.2)和胡志明市赵朗的平泰市场(图15.3)等设施显示了中国城继续发挥着经济功能。同时,这些商业地点构成了吸引游客眼球和创造新

266　亚洲城市的新经济空间

经济空间的景观——成了一个有别于中国城最初——或首要经济目标的实体。

图 15.1　仰光中国城的金店

图 15.2　曼谷中国城的市场

图 15.3　胡志明市赵朗的平泰市场

在当代的景观中可以清晰地发现，中国城不仅仅是贸易和商业的经济空间，通过视觉和口头传播，清晰地把中国城描述为一个吸引目光的旅游空间。这些景观还成了表征文化的地点，它们以遗产的形式代表了一种华侨文化。列斐伏尔（1991）在把表征空间理论化时指出，标志和符号的使用是一个系统，它使空间变得可理解和具有可读性。标志和符号赋予空间的意义通过关联能够得到诠释。我称为"视觉词汇"的大量符号和物质组件似乎代表或象征中国文化和遗产，它们用来宣传这些景观中的中国城身份。它们成了建筑上最常用的设计元素。曼谷中国城上红色的华丽路标、电话亭和售货棚（见图 15.4）都显示出中国文化的建构表征，这些装置和装饰物并不是在城市的其他位置都能见到的。

在胡志明市的中国城地区，公园入口的红绿相间的装饰屋檐上，有不少以符号词汇形式构建的象征性装饰物（见图 15.5）。作为对想象和建构的中国城身份的进一步介绍，这种高度认可的城市设计的意

图 15.4　曼谷中国城中的路标和电话亭

义不是通过诠释,而是通过暗示来表示;在中国城地区外,这些设计不再重复出现。

图 15.5　胡志明市赵朗的公园入口

口头词汇（verbal lexicon）可以用来补充视觉词汇的微妙之处。列斐沃尔还阐明了空间的表征，"空间的概念往往倾向于语言、符号系统"(1991:39)。语言系统的功能是澄清空间的意义。万一人们遗忘了视觉词汇的象征意义，口头词汇就可清晰地提醒，景观是独一无二的中国式的。街道的标志十分明显，它会明确地告知观光者，你们已踏入中国城了；从景观就可识别中国城。在曼谷中国城的耀华力路，有路牌表明你正走在"中国城的步行街"上（见图 15.6）。标牌把旅游路线标示得清清楚楚，指引游客游览这一带的重要地标景点。耀华力路的标牌都用英语，以吸引大部分的城市游客。中国城的大小旅游景点都有一系列的路牌标明。即使是一家老牌的中国人经营的咖啡店，其方向也都标明，因为历史上该店就是三潘（Sampeng）社会景观的组成部分。

图 15.6 曼谷"中国城的步行街"

人们往往倾向于用易于识别的方式标明景观。在仰光的中国城地区，马哈班都拉（Mahabandoola）路的一幢大楼上这个相当显眼的

"中国城"标签(见图 15.7)与曼谷的标牌有类似的功能。这个标牌设在街上一幢比较著名的新大楼上,它无疑告知观光者,你在中国城了。在这个意义上,文字标签有助于产生空间;从名义上看,中国城的创建只是放置了一块招牌。作为城市景观的一个要素,中国城在不断地被宣传,无法从人们的眼中消失。

图 15.7 仰光的"中国城"

视觉词汇表明和暗示,你是在中国城。口头词汇表明地点;观光者无疑被告知,这里确确实实是中国城。这种预示景观特定文化的象征性提示表明了为把中国城作为必须被看到和识别的空间所做的努力。游客的目光对该地点的当代功能至关重要。这些标志和符号表明,中国城的存在不只是为其居民和普通用户,而且还包括外来者,即那些希望对景观有所体验的游客。

在曼谷,中国城文化和身份显然商品化了:它经过专门提炼以引导游客的视线。如图所示,文字标签十分明显;有文字标签相配合,视觉词汇就变得易于解释。把文化客体——标明以便于人们的关注,这种独特的努力造就了商品化遗产。在此,中国城显然就是中国城,它很难成为别的什么东西。

在胡志明市,遗产的商品化有点微妙。它不像曼谷的中国城,没有明显的文字标签来指明该地区是中国城。但仍做了有意识的努力,以便人们清晰地把景观与中国的身份联系起来。

与上述两地相比,仰光的中国城有明显的不同。如图15.7所示,有文字标签,但是稀疏难见,并非像曼谷那样刻意标示。景观并未刻意和有意识地商品化,遗产也并未明显地专门为游客包装和展示。相反,文化景观主要供当地社区使用。中国城景观并不是一目了然的,而是需要想方设法去寻找的东西。那些知悉空间内特定目标的人才易于识别出景观的视觉线索。例如,并非人人都认识这一带商业招牌上的汉字;也不知道该地区的黄金店在中国城是司空见惯的。

因此,景观商品化和遗产被销售的程度各城市均不相同。虽然这三个城市都有同样的景观,但文化的发掘程度并不相同。所剩的只是景观继续在传播着中国城的身份。创造这样的景观就是生成了一种经济空间。中国城业已存在,但由于这些标志和符号把它显示为一个文化商品和旅游业的空间,因而一个新的功能也就产生了。

打造遗产:永久的经济空间

然而,如果说中国城的旅游业仅仅是新的经济空间,可能是错的。笔者在本节仍认为,中国城一直是以经济空间为主。比较中肯的说法是,中国城主要形象所体现的经济空间种类随着时间的推移有了微妙的变化。中国城的非旅游功能常常与其文化功能完全背离。如早先提及的,列斐沃尔(1991)的空间实践理论认为,空间的日常实际功能是提供意义。笔者结论是,中国城有一个主要的经济功能,它从属于和有别于旅游文化经济所建构的景观。

> 堤岸镇(Cholon)位于西部省份的湄公河河边,其工业和商业已成为我们经济财富的重要发展领域……
>
> (堤岸镇:堤岸镇的发展报告,1907;译自法文)

这份1907年堤岸镇(即赵朗)的发展报告中对胡志明市的中国城的描绘,显示出20世纪初期中国城作为商业和工业的重要经济空间所发挥的作用。从一开始,中国城就被官方和其他方面认可并建立为生产和商业的空间。

同样,曼谷中国城的最初目的也可理解为商业性的:

> 过去,当你提到耀华力路时,你会想到华人社区或商业社区,但现在你想到的是旅游世界一部分的"中国城",就像全世界的许多中国城。
>
> (pers. comm. 与Kam,2010年3月)

卡姆(Kam)是曼谷一位泰籍华人研究助理和知情人,在与他的私人交流中,可以确定,尽管中国城有文化旅游的名声,但中国城——甚至在曼谷——的根子还是搞商业的。这些信息就是在讨论地名时获悉。卡姆解释道,耀华力路是一条穿过曼谷中国城的大街名字,意思是泰国"年轻的国王",是为纪念当时的国王拉玛五世而命名的。随着华人社区的发展,并在该地区进行经济活动,耀华力路就不只是华人居住的地方,而是成了华人社区商业和轻工业的基地。逐渐地,加之与旅游经济的结合,耀华力路这个名字本身成了中国城地界和社区的代名词了,它与中国城已经可以交替使用。

在这份说明中,卡姆也认识到中国城景观意义的改变。人们意识到,这个地方除了是华人社区的居住地和活动空间外,它还可以作为日常的商业用地以及旅游场所。中国城景观长期的空间实践已经扩大到包括旅游活动和旅游经济。这种空间知识为景观增添了多层意义,而且形成了城市文化经济的另一种面貌。

景观就是有效地以相互层叠的方式排布。新一层的经济功能或新经济空间,是处于商业和工业的现有经济空间的最上端。旅游业是个增量,是在业已存在的经济系统里增添了次级系统,它还取代了对于景观的视觉至上的地位。但同时,这种以旅游为基础的新经济空间是建立在历时悠久的主要经济景观的功能之上的。

根据聪(Cuong,2007年7月,胡志明市)的看法,华人社区的身份在其经济活动,特别是交易活动中表现得最为明显。在后殖民时期的越南,清化省(Hoa)广泛的地区交易活动(尤其包括大米交易中的生产和运输)——越籍华人——受到胡志明市政府(西贡和堤岸新合并的城市)的限制。但尽管有限制条例,华人仍然进行小规模的贸易。社区内的商贸活动是基于中国方言群体内长期建立起来的历史和网络。这些网络伸展到整个越南,及其他许多东南亚国家的广大地区,涵盖广袤的腹地市场。此外,华人社区通过寺庙和宗族会馆形成分支,常常能提供保护以确保业务关系。过去30年,由于胡志明市持续地城市化、集约化和扩张化,大型的商业、产业和企业大多都已迁移到远离市中心的工业区;而小型企业尚留在城内第5和6区。正如聪(Cuong,2007)指出,华人社区的空间表征把形象传导到中国城景观,而这恰恰是华人的历史和商业——主要的经济版图——形成了旅游业的产品。这就是华人经济和游客赖以消费的市场的文化。

赵朗的平泰市场是双管齐下的经济空间的典范。在胡志明市的旅游线路中,平泰市场是主要的观光点;它是第5和6区比较受欢迎的景点之一。尽管游客的目光日益凝聚到市场结构上,但其原有业务照常进行。这个市场完全由一个个独立摊位组成,但被吹捧为西贡最大的市场,现已提升为胡志明市主要的旅游景点之一。旅游大巴常常停靠在市场周边的街道上。背包客、人力车司机和其他旅游地区不断带游客到那里去。平泰市场显然是旅游线路的重要部分,成了该市中国城形象的代表。

同时,平泰市场的店主都是批发商,他们为全市的零售点供应商品。他们对游客的态度各有不同,大多数店家对待游客很粗鲁,低于批量的就动辄提价。一个鞋店老板敏(Minh)这样说道,"我们多数人,都批量地卖给当地人,谁卖零售?许多店主都不愿只卖一件货。但是若你要这些(鞋)我可以卖给你!不过你得叫你朋友也来买"(私人交流,2007年7月)。市场主要是做当地的批发业务。然而,有些店主也小规模地做些游客生意。这样他们也权当参与了旅游经济,而其他人可能不予理睬,或甚至刻意回避;但这种新经济绝非典型的中国城惯例。

因此,中国城主要还是一个经济空间,尽管该经济的性质在逐步演变。在曼谷的一次访谈中,赛(Sae)描绘了他所看到的变化:"耀华力路的业务变化很大,人也变了。现在人也多了。前景很好,马路边又多了不少店铺。耀华力路过去很安静——各行各业都从三潘搬迁到耀华力路。这个地方一直在变"(2008年11月)。赛还描绘了华人社区的四处扩张——地产,市场和业务都从沿三潘巷的历史上的所在地向北延展到耀华力路和石龙军路。华人社区的业务也为这个地区带来了增长——经济上和其他方面——无论在强度还是密度上。除了商业和人群拥挤外,赛还说到耀华力路现在灯火辉煌,不仅各种餐厅的门面和沿街的商家如此,而且夜晚设在人行道和马路上的流动食品摊也是灯火通明。这些食品摊为当地人及深夜外出的游客提供正餐、晚餐和快餐。

同时,有些华人社会的成员虽然住在中国城,但他们觉得他们不一定是中国城的一分子。马(Ma)是曼谷中国城会馆的头头,他解释道,"外国人叫三潘为'中国城'"(2008年11月)。在那些命名为"中国城"生活的华人社会主要把耀华力路看作是他们的社区,是他们生活和工作的地方。他们并不是自然地与叫中国城的地方有关联。尽管他们承认与中国有关联,那是因渊源、遗产和移民史之故,他们也认识到,中国城的命名只是与旅游业相关,这是一种他们不必参与的独立经济(separate economy)。以下的引言十分直率地说明了这一点。

> 这里有大量中国文化。它是华人的中心。中国城是经济和商业中心,有大量的买卖活动。特别在夜间,有很大的食品店和服装店。我去三潘常常是买东西。礼品店、服装店、文具店。搞批发的很多。我喜欢购物,并四周看看。有很多中国游客到此,但在这地区我们大多讲潮州话(Taechew)或泰语,我们不讲普通话。
>
> (Fa,2008 年 11 月)

重要的是,法(Fa)在这里特别指出,中国城内使用的有效语言间存在着语言鸿沟。这个鸿沟是当地人的中国城和旅游者眼中的中国城之间的鸿沟;甚至还存在的当地人眼中的华人和外国人眼中的华人之间的差异。旅游者和当地人,尽管共处一地,但穿越的景观或活动范围常常很不同,对同一个地方的体验方式也绝然不同。曼谷的中国城尽管看上去竭力迎合着旅游者,但仍然不折不扣地属于当地人。中国城的大部分经济仍属于并针对当地市场。曼谷中国城的许多商店和产业就像胡志明市那样,都是做批发的,尽管新的旅游经济圈已经兴起并发展起来了,但长期建立起来的经济圈仍然充满着活力,且行之有效。

结 论

中国城是由复杂而多层面的景观组成的;它们是社会、文化、经济和空间等意义的综合。即使在这些意义内,仍包含着不同的细微差别。本章考察了中国城景观是如何成为由现存的文化和经济意义塑造的新经济空间。笔者始终认为,中国城是由这些文化和经济意义的互动形成的,尽管新经济空间以旅游经济的形式出现,但原有的经济空间仍高度有效,与之相关并起着作用。更重要的是,这种经济产生了部分文化景观,并作为新经济空间的一部分被消费。而且,当地中国城社区的文化身份和空间实践也相互强化了空间经济。甚至在通过遗产打造过程而使中国城身份得到传播时,当地华人居民与邻里的隶属关系和联系纽带仍得到了加强。

曼谷、胡志明市和仰光是三个纳入全球中国城概念、有着具体特征的东南亚中国城,而且建立的方式各不相同。结论是,尽管这三个东南亚城市的中国城有新的文化经济,但这种新文化经济不可能替代以往的商业和工业版图。相反,它是另一个处于现有文化和经济布局最高层面的地域意义(place meaning)。不管有多少遗产经包装而作为重要的旅游景点推销出去,从而产生社会和经济资本,但这些中国城仍牢牢地锚定在古老的工业和商业经济上,也许保持着称为"老式经济空间"的状态。

访谈

卡姆(Kam)夫人,研究助理,曼谷,2010年3月。

聪(Cuong)先生,南方社会科学研究所,胡志明市,2007年7月。

敏(Minh),47岁,女,店主,胡志明市,2007年7月。

赛(Sae),72岁,男,店主,曼谷,2008年11月。

马(Ma),77岁,女,会馆主任,曼谷,2008年11月。

法(Fa),57岁,女,行政人员,曼谷,2008年11月。

16. 结束语：理论、政策和规划实践的意义

彼特·丹尼尔斯　何康中　托马斯·赫顿

我们在本书始终关注亚洲经济的最新变化动态,尤其是因产业创新和社会经济转变而形成的空间重建(或改造)的问题。尽管本文所提供的案例研究包括一系列的属地(territorial realm),但我们涉及的空间始终在亚洲城市,及其构成的区划(zone)、地区和社区,具体来说,集中在我们能找到具有深入实验经历的城市区域。可以肯定,许多亚洲国家正在进行的产业化有着令人瞩目的发展历程,诚然,许多亚洲地区仍沉浸在农业模式；但最重大的增长和变化的实绩越来越多地发生在大城市。在21世纪里,亚洲将为高水准的城市研究提供许多有力且有启发性的参考案例,这种预测并非无稽之谈。

在本书中,我们选择把空间作为研究分析的焦点,作为一个概念,它体现了抽象和具体的维度；作为一个结构,它在经验上包含了生产、消费和景观的复杂的协同效应,从而推动先进的经济体系。在19和20世纪的大多数时间里,西方发达国家的城市学术研究的地理重点是放在空间的生产上——经济的、社会和政治的,存在着城市研究理论和案例研究大多取自于欧洲和北美的偏向。诚然,亨利·列斐沃尔在一篇特别有说服力的评论中认为,西方社会转型的重要因素采取"空

间"再生产的形式,从领土战争和武术表演,到资本主义的基础领域,及其组成的生产力和发展引擎。在提出根本性变革的中心何在的问题时,列斐沃尔宣称,以空间为中心的发展"熔炉"是植根于特定的欧洲地区:"时至今日,那是些欧洲最发达的地区、最迫切需要增长的地区:英格兰、法国北部、荷兰以及鲁尔和莱茵之间的地区"(Lefebvre,1991:276)。当然,这些疆域也是从中世纪到 20 世纪中叶主要的欧洲战场。若采纳列斐沃尔的长时段(longue duree)观点,即既包括又超越个别的时刻和事件的观点,那么情况可能是这样,21 世纪将是亚洲战争和国内冲突的空间发生历史性转变的时期,将成为最有影响的全球增长和变化的地区。这样,本书可能被视为对亚洲空间的战略性再造的研究做出了贡献,虽然我们的研究肯定常常集中在微观层面,但在总体上它表明了变化的偌大进程和成果。

我们的研究显示了新产业在改造 21 世纪亚洲城市空间(和地域)上的力量,而案例研究还以众多的实例显示出推论效应,即空间和空间性能够对结构、劳动力配置(labour profile)和经济活动的运行特征产生影响,更为特殊的是,新兴的产业活动的重组方式深受技术、文化、人才和政策因素之间复杂的协同效应的影响。在这种语境中的"空间"不只是记录经济工作和其他人类活动的白版,而是兼顾特定地域的构造(place-specific texture)、各种历史、路径和内在形式质量(built form qualities)等相当复杂的画面——所有的特点以不同的方式结合起来,提供一个有利于交流、实验、创新、生产和多方位变革行为的环境。

我们在这最后一章做一个简单的评论,包括前几章的观察结果,但这只是从案例研究中提取若干最突出的观察和洞见,而不是详尽的总结本身——这个任务远不是这篇结束语所能解决的。

经济转型和城市空间的改造

我们的作者在本书中所考察的新产业形成和协同效应可以视作一种变迁,这既是21世纪下半叶塑造了东亚发达经济体的"世界工厂"的总体产业化政策范式的转变,也是亚洲和西方国家服务经济中作为决定性特征的传统上办公室层级制度的转变。诚然,我们会在这里情不自禁地遵循西方的学术传统,即遵循经济和城市变化的顺序模式,如从工业到后工业,到技术驱动型的"新经济"和新近的"新文化经济"。的确,本书的书名——"亚洲城市的新经济空间:面向文化的产业转型"——似乎表明认可这种时期划分的方式,如果不是全部接受的话。

但是,产业变迁的部门研究模式(归功于 Colin Clarke)即使在西方也是有局限性的,应该说,经济发展阶段有一个更长的时间框架,而且可以肯定,亚洲社会和城市的转型研究有更多的问题。诚然,城市学者认为,尽管研究重点往往强调城市经济活动既定形式中的闪光点,但我们在多数案例中发现的却是对新的和"传统的"产业和劳动的否定——对一些城市研究者倾向于设想一个"重新建造的"城市的一种警告。这是从极端的形式把城市看作一张白纸,而不是复杂经济形式的重建(palimpsest)。可以说,过去20年中亚洲城市新产业形成的一个重要含义,就是它大大地增加了空间(和地域)的复杂性和变异性(variegation)。

若西方大城市存在着这种新的和传统的混合经济模式和就业形态,那么东亚和东南亚城市地区的这种情况可能就更多。新旧两种模式的重组在斯道兹(Storz,见第7章)的可塑性概念中得到了最好的应用。在该章中,斯道兹说明了日本产业核心部门的成熟因素(established elements)是如何引进到游戏软件业,并在此过程中创造了新的形式。和子(Goto)讲述的京都手工业(见第 6 章)也抓住了这个混合的要素,因为新的创新来自于老的手工艺生产传统与新技术和应用的结合。

诚然,战后各个经济发展时期的代表性产业的共存是 21 世纪亚洲城市的标志之一,包括那些作为产业创新和转型排头兵的产业——我们很多案例研究都利用了这个特征。这样,东京和首尔这两个城市都被看作是全球化城市,因其拥有强有力的金融业中介、总部和生产商服务,还配备实质性的工业生产和配套产业,在规模上远大于多数西方的世界性城市。曼谷、雅加达和新加坡都有各自的大型制造业部门,但每个城市都还持久地残留着具有浓郁的东南亚战后早期发展时期气息的那种"不上档次"的服务业,如各种摊贩和路边兜售活动——虽然那些高附加值的制造业和服务业处于上升轨迹。而在中国的特大城市地区,高新技术制造业和服务业是发展的决定性要素,但我们仍能看到大量基础制造业和低端服务业。

在此,我们认同萨斯基亚·萨森(Saskia Sassen, 2006)对城市学者的告诫,保留对"深度城市经济史"的评价,包括体现在劳工市场、手工生产和工业生产的代际传统以及贸易实务的知识技能的传承等专门知识。在这个例子中,萨森具体指的是芝加哥,但是她还把上海作为例证。上海确实是一个特别的陈列室,它几乎拥有所有可以想象到的产业活动,从基础制造业和低端零售业到高端生产商服务业和文化产业;同时还保留一些决定其经济强势地位的重要标志,包括工业工程、外贸、高等教育和银行金融业上的重大优势。

在本书中,我们的作者提出了空间的再生产及其与上海转型的交集方面有价值的观点。卡伦·赖(Karen Lai,第 10 章)在对中国最大城市转型过程的研究中,承认上海从 20 世纪的前 10 年到现在,包括毛泽东时代实施城市—地区的工业化计划时期,作为国际银行金融中心角色所具有的历史连续性。正如赖所描述的,上海重新融入全球金融圈部分源于特雷弗·巴恩斯(Trevor Barnes)等人强调的"话语和隐喻"(discourses and metaphors),尤其是源于上海曾经的国际化世界城市的历史形象,以及从发展型意识形态的看守人到中国特色社会主义的国家角色的重建,按照国家作为城市化增长引擎中的关键角色来重铸治理制度。钟盛(第11章)论及了另一个空间范围,并强调另一个重新定义的发展时刻,但仍以上海为例,她认为"文化转型"是后工业主义时期中新近的事件,体现在上海大都市的废弃的工业场所上。她从认同许多西方城市"从砂砾到光彩"的工业空间转型开始,展开论述,并落实到苏州河以及越来越多的具有经济全球化和全球化城市明显印记的上海其他场所。这就是说,在这个令人向往的故事中,钟盛既认同在文化导向的内城复兴中那些熟悉的剧中人,包括在上海和其他地方的案例中突出的艺术家、活动分子和企业家的作用,也认同忠实地维护着表面连续性(a semblance of continuity)的重整后的机构和当地官员的作用。从这些研究中可以吸取的重要信息是,领先的亚洲城市已经从原先的发展模式多半由一统天下的意识形态或套语来决定,例如,国家至上的行政作用,或是大多由国家政策计划决定的工业化与其辅助生产和劳动,过渡到这样的阶段,即多种轨迹的进展,涉及内源性和外源性因素的结合,创造空间的同步再造(和复盖)。

所有一切会引起这样的思考,本书所汇集的各章如何以比较的方式(即与西方的理论争辩和话语比较)和以其本身的条件,提出对亚洲的城市理论进行反思的若干机会。在此,尽管我们认识到,需要承认传统工业和劳动形式的连续性,但显而易见的是,至少领先的亚洲城市和城市地区的特征是增长和发展,而且越来越以全世界发达经济体的一个关键部门(defining sectors)为先导:"新经济"的高新技术产业、国际金融、生产商服务,以及"新文化经济"的各构成部门。正如我们的案例研究所描述的,我们发现了全方位的文化企业和文化劳动:电影和视频游戏生产、电脑图形和图像、数字艺术和新媒体、互联网开发和服务,以及社交媒体;同时还有成熟的"技术改造型"产业,如建筑、广告和公司品牌推广和工业设计。正如我们所表明的,亚洲城市生产和相关消费的新空间呈现了过去 20 年每个决定性(defining)创新的印记:首先是"新经济"生产和技术的加速创新,接着是文化经济的新媒体产业以及当前的"绿色经济产业"。

尽管亚洲城市原本就存在着一系列的经济活动,然而以行业和就业而言,先进服务业、知识集约性产业和新文化经济占据了主导地位,表明了与第二次世界大战后时期压倒一切的工业化范式已断然决裂:从以国家指导、痴迷地追求以制造业为出口导向型发展的中心,转变为比较复杂的经济活动网络。因此,我们很容易认为,亚洲城市新的理论语境已经显现:从工业化的相互依存和亚洲国家和社会对现代主义/现代性的追求,到在西方至少也是后现代主义的状况(Harvey, 1990;Ley,1996)。确实,我们在亚洲城市的新经济中至少可以察觉到后现代性的主要迹象:对霸权的挑战,就产业和就业结构以及工作和实践的形式而言,出现了更大的复杂性;对过去的借鉴,无论是现实的还是重构的;在政策和计划方面,有一种脱离完全依附于总体计划的倾向,而能相应地包容复杂性和差异性;最后,容忍(甚至是赞美)多元身份和不同的呼声。尽管我们的案例研究包含了极为丰富的产业和劳动,可以这样说,在总体上 至少已有迹象表明,以制造经济为主的后现代的拐点已经显现——一个加强版的经典"工业城"。

新经济和亚洲城市的空间模式

本书提出的有关重建空间的案例研究的最重要特征就是亚洲城市空间模式带来的启示。作为本书主题的创新和转型过程的头等产物,新产业(文化、技术、重组)的兴起采取了分层结构的重构和亚洲城市空间的重建,又进一步远离了过去的经典形式主义。

在西方主导的城市经济中，"后"后工业时期的城市空间的改造，部分是由新产业引领［密切相关的福利设施（allied amenity）和消费］，它采用的形式是对内城废弃或过时的工业区重新殖民化（recolonization）。然而，从目前的角度看，在某些观察者眼中，文化产业和所谓的"创意阶层"近期的发展实际上是 40 年来一系列变化的产物，从 20 世纪 70 年代最早的中产人士（在伦敦，甚至是 60 年代），包括艺术家；到 90 年代新媒体企业的侵入，连带着专业设计公司的扩展；直至现在我们可以在旧金山、纽约和温哥华看到的在产业和社会领域持续的社会升级。在此，我们的案例研究再次显示出空间变化与复杂的产业和社会力量结合的明显的全球化内涵，正如钟盛在研究上海中心/内城老工业区域的文化区时所表明的（见第 11 章），这也符合其他世界性城市，如伦敦和纽约等城市的经历。可以肯定，这些新兴的空间会出现波动——在西方，由于技术创新、竞争，特别是内城房地产市场重新估值的加速影响，而在亚洲，还包括国家的作用。于是，钟盛指出了在上海由"官方指定"创立的第一个、接着是 30 个、现在是 75 个文化区，而且指出，这些指定的文化区远不是永久的：许多文化区似乎仅仅是为了现在，在保持增长倾向时分配给创意产业，但若出现新的需求格局时，很容易转让给商业和/或住宅用途。这种使用格局的"流动性"自然引起了从事当代增长和变化过程研究的城市化学者的极大兴趣，但它也对从事重新修订城市结构模式的学者提出了很大的挑战。本书的其他案例研究涉及文化区塑造中地方因素和国家干预间的相互作用。赵对首尔弘大地区创建过程的描述（见第 9 章）谈到在打造文化环境所需的基础设施上，大学的存在、有廉价的旧房屋作为工作空间，以及强有力的当地网络的作用。当文化被承认是竞争性资产，可以促进旅游业、重建和产业发展时，有关的政策和国家的参与才姗姗来临。

所以，由创意产业塑造内城的重新开发代表了再空间化的一个重要方面，但是，有一重要的外在因素影响这个趋势。于是，珍妮弗·柯里尔(Jennifer Currier,第 12 章)考察了北京 798 艺术区的经历,这个文化区不是位于中国首都的中心区,而是位于城市的边缘。在一个层面上,798 的发展轨迹涉及从"地下"艺术家群落到国际艺术目的地的过渡。在该场所的重建中也有一些后工业主义的特色,当初该地是建设为高技术电子产品的秘密研究和生产中心,因由包豪斯传统的德国建筑师承担工厂设计而声名大振。然而,正如柯里尔指出的,798 艺术区的命名(正式名称为大山子艺术区)和首都的其他同类艺术区,与产生前卫或波西米亚生活方式并无太大关系。相反,它是利用文化创造发展机会。而且,柯里尔强调,798 艺术区基本上是自给自足和自我参照型的,没有完全融入城市中,因此不是(至少目前不是)塑造城市空间结构的重大因素。

本书考察的新文化和新技术产业相关的城市再空间化问题,另有一个具有启发意义的特征,即城市化和城市规划的新奇形式(novel forms)。所以,纳姆吉·荣格(Namji Jung,第 8 章)论述了在韩国南部兴起的一个重要的、全国规模的产业创新场所,它建立在以前的农业地区。荣格认为,这个以先进产业为导向的转型和技术创新的历程不仅仅是空间和场所的另一种本地化的改造,而简直就是"发明了一个新的经济空间",它以当地政府和社会成员的独特模式为基础。

东京和涩谷代表另一个例证(见第 7 章)。斯道兹指出,约 80% 的日本游戏软件在东京开发和生产,供应日本的游戏部门。东京的涩谷区代表日本游戏软件企业最重要的集聚区,已称为"比特谷"。斯道兹认为,这种空间集聚使小企业能在"互动中学习"。如同在硅谷那样,年轻的未来企业家、学生、软件企业代表、顾问和风险资本家参加的比特谷派对等社交活动可以进行思想交流和常识的积累。游戏行业协会在此过程中也有重要作用。斯道兹观察到,这种游戏软件企业的集聚以演进方式进行的,作为小企业向有利的环境学习的转换方式。在城市层面上,东京拥有特殊的技能集合,有来自大学和职业学校毕业生的人才池,还有来自相关产业各企业的具有必要经验的工人。

深圳在25年的时间里,从一个中国国家制造业空间经济内的重要工业区,日益成为以先进服务业为职业特征的城市,近期更是发展为由艺术、文化和设计塑造的城市,劳伦斯·刘(Laurence Liauw,第13章)对于深圳出色的——在某些方面确实是空前的——转型经历提出了他的观点。对当代深圳的重塑完全可能会是一时的现象,事实上,城市—区域(city-region)的"工业城市"的属性仍十分明显地表现在规模巨大的制造产业的激增上。但是,当地政府为引导文化生产、消费和景观的融合所采取的行动[主要是"华侨城"和集合城市(conurbation)的其他区域]已经吸引了国际机构的关注,联合国教科文组织授予深圳为"设计城"就是明证,中国当局也利用各种奖项努力把深圳作为先进城市规划的"实验室"加以推广。虽然深圳的文化取向可能相对是近期的事,与大都市的庞大工业综合体相比规模还很小,虽然它对城市结构的精确影响眼下还无法估计,但以文化为导向的区域增长将可能对中国沿海地区新兴的EMR的新空间形态做出贡献。

我们最好把亚洲城市的某些新发展看作是在亚洲重要城市拥有分支机构的国际活动的一部分。安·沃格尔(Ann Vogel)对电影节的描述(见第5章)是经典的例证。国际上对亚洲电影日益增长的兴趣,以及为促进该产业的发展而日益增加的政府参与导致了许多重要的节点:釜山是新来者,但它已与老同行中国香港和中国台湾,以及另一个新来者新加坡一样,成为亚洲最受欢迎的电影节。这种复杂模式有三个方面的重要性。它表明电影制作形成的全球网络间的重要互动关系;沃格尔指出了在专家和艺术家成为电影节评委时这些网络的重要性。它还代表着当地电影作品得以献映的重要途径,当电影被经销商选中就进入世界电影消费市场。最后,电影节还是城市本身得以展示的重要途径。

在地域打造上国际—地方互动问题的另一种表述,是中国城的发展。赛利娜·谭(Serene Tan,第 15 章)论述了曼谷、胡志明市和仰光的中国城以及中国城的传统市场如何日益被旅游者的目光所重新塑造的问题。作为市场的功能,中国城继续与当地社区和城市居民有关联。然而,旅游业增添了新的层面,创造了具有新的活动内容以及标志着全世界认可的品牌元素的更为华丽的地区。

我们的案例研究所披露的亚洲城市新产业形成的特征,采取了新的空间和社会分工的形式——直接或间接地——它们在复制城市空间和景观上发挥了作用。这种空间现象在许多西方城市得到了长足的发展,我们在伦敦就可以找出至少一打独特的文化经济区,而在温哥华市(小得多)至少也有半打文化经济区(Barnes and Hutton,2009)。本书中,我们可以指出何和赫顿(Ho and Hutton)有关新加坡创意工作者和文化经济企业的论述,直落亚逸的人工景观是 4 个指定的中国城遗产区之一,紧挨着中央商务区,与设在混乱不堪的小印度区的多数低利润初创企业相比,它吸引了成功的艺术家和设计专业人士。

我们的案例研究对新经济空间的描绘所产生的元层次问题,就是要关注亚洲城市空间模式的意义。在一个层面上,人们很容易认为,新城市空间秩序的兴起似乎是仿照西方的模式,它们可以从很多现象上察觉到,如文化区域的扩张,21 世纪城市生产和消费的掺和,新产业和劳动与城市住宅市场的相互依赖,中心城区和内城的再开发/改造(和产业与社会升级),在景观生产以及地域再打造和销售中新产业的相关作用。确实,这些因素日益在许多亚洲城市中出现。但是,作为制定新空间模式任务的一部分,我们重申需要把新产业的影响放在更广泛的、更多文化和政治条件的理论背景上去考察,这些无疑应包括有国家意识形态传导的经济全球化的影响(如,Lin,2001;Yeung and Lin,2003),治理的变迁,(直接或间接地)重塑空间的政策和规划(Yeh and Wu,1999),以及先进服务业的区位与亚洲新兴中产阶级分布之间的交集(Ho,2005;Ley,2005)等内容。

政策和规划实践的意义

如前所述,本书提供的案例代表着多种产业和活动;规划实践和政策应相应地适合这种多样性。赵(第9章)在质询政策是否会塑造文化活动时,提出了一个重要问题。对于某些活动,譬如电影节,举行这种活动所需要的融资显然需要一定的干预。然而,仔细审视这些案例就会发现,提出一整套清晰的政策措施存在难度。本书描述的许多过程,用斯道兹的话说,是"渐进的"(第7章)。政府难以挑出"赢家"和支持这样的活动或公司。相反,我们看到,那些描述的创新是新旧企业、老行家和新来者之间学习和合作的产物。我们还应该提出一个干预是否合理的问题。例如,赵提出了合并文化原理和经济原理的内在困难问题。当大力推广这样的场所时,就社区关系、生计和现存的经济和社会实践而言,地域的文化活力会遭受损害吗?这个问题不仅适用于本书描述的许多场所,弘大文化区,而且适用于赛利娜·谭对中国城的研究、钟盛和珍妮弗·柯里尔阐述的艺术区和何和赫顿对小印度区的描述。文化经济中的许多要素存在于受到政策影响的生态系统中。艺术区会受到过度中产化的影响、中国城受旅游业发展的影响、波西米亚创意区受商业化的影响;这些经历在西方城市中都有十分明晰的表现(例如,Indergaard,2004;Lloyd,2006;Pratt,2009)。因此,从这些案例中可以获得的政策教训,首先是要了解基本动态,并谨慎处理。在这方面,似乎采用间接的政策措施更为合适,比如新产业的教育工作、培训拨款、辅助性的企业协会。

我们关于亚洲城市的新产业和空间重建的案例研究揭示了在经济发展中国家作用的重要意义。可以预期,虽然案例呈现了在城市发展的最新阶段国家机构和参与者进行创新和实验的多种组合,它还可以识别出一些更普遍性的倾向,以及一些疑难问题。

　　本书研究的新产业和劳动力群体的性质,就规模、劳动力和经营特征而言,需要多层面地具体治理和制度支持,它与先前的经济议程中的宏观刺激措施不同。正如本书所反复承认的,亚洲第二次世界大战后时期囊括一切的工业化范式构成了相应的战略规划,我们可以在日本、韩国和新加坡的国家和地方政府与工业公司的联盟中看到这种状况,也可以在中国强调制造业及工业无产阶级的社会主导地位的国家的发展思想,以及其他亚洲国家的愿望中看到这种情形。国家的全部资源被动员起来以努力促进出口型的制造业,以此作为增长和"赶超"西方经济大国的关键的刺激因素,同时也折射出现代性的标记。政策工具包括资本形成便捷化,培训高效率的制造业劳动力,不断提高产品质量,国家对出口市场渗透的支持。在时间上,根据个案的发展曲线,出台政策以刺激先进、专业的服务业和劳动力的发展,它既可以作为更有效的制造业部门的补充,也可独立作为一个出口部门。

　　但是,如同我们上述所指出的,培育本书所包括的那种新产业(和新空间)的发展,在亚洲城市遭遇的挑战可能要比西方城市大。在此,我们注意到,例如,众多的亚洲国家机构显然已经接受了理查德·弗罗里达对"创意阶层"(2002)是经济引擎和方兴未艾的社会群体的承诺,但没有接受该设想的前提,特别是对新波西米亚创意人士的"容忍",以及对培育那些热门人士的社会规范和法律约束的调整。乍一看,新文化产业工作者的某些定义特征和实践之间似乎存在着冲突,包括一方面是要利用开源技术、通过社交媒体发布持不同意见的话语,以及坚持艺术自由作为创意冲动的必要条件的迫切性,另一方面是一些亚洲国家众所周知的强制性政策和司法体制。在亚洲的政策制定者中,尚无足够的证据表明对文化为基础的繁荣的弗罗里达公式有过"反叙事"的认真探索,包括:格雷姆·埃文斯(Graeme Evans, 2001)对文化在全球层面上作为"城市复兴"的基础的公式化性质的批判;杰米·佩克(Jamie Peck)对弗罗里达关于创意阶层议题作为新自由主义最新表述的原始特征(savage characterization,2005);迈克尔·斯道帕(Michael Storper)和艾伦·斯科特(Allen Scott)坚持集聚和资本在文化经济发展中持久的重要性,与弗罗里达的人才、技术和容忍的"3T"理论相悖;以及大量有关文化区域负外部性的文献,特别就社会混乱而言(例如,Catungal、Leslie and Hii,2009)。

这样,虽然主要的亚洲国家在加速制造业和中介服务部门的增长上得心应手——第二次世界大战后时期亚洲和西方在国家和地区规模上发展的主要因素——但显然,要培育本书提出的新产业和劳动力群体,需要在治理上谨慎行事,需要有更周到的配套机构和制度,也许更具挑战性的是,需要在对待社会行为、沟通交流和参与全球组织和活动上持有更为自由的态度。

参考文献

Abbas, A. (1997) *Hong Kong: Culture and the Politics of Disappearance.* Minneapolis, MN: University of Minnesota Press.

Abu-Lughod, J. (1999) *New York, Chicago, Los Angeles: America's Global Cities.* Minneapolis, MN: University of Minnesota Press.

Ács, Z.J. and D.B. Audretsch (1990) *Innovation and small firms.* Cambridge, MA: MIT Press.

Advisory Council on Culture and the Arts (1989) *Report of the Advisory Council on Culture and the Arts*, Singapore.

Agnew, J., Mercer, J. and Sopher D. (eds) (1984) *The City in Cultural Context.* Boston, MA: Allen and Unwin.

Ahn, S.J. (2008) *The Pusan International Film Festival 1996–2005.* PhD thesis, The University of Nottingham. Available at: http://etheses.nottingham.ac.uk/513/ (accessed 11 July 2010).

Allen, R.C. (2009) *The British Industrial Revolution in Global Perspective.* Cambridge: Cambridge University Press.

Allen, Robert C. (1983) 'Collective invention', *Journal of Economic Behavior and Organization*, 4 (1): 1–24.

Allison, J. (2006) 'Over-educated, Over-exuberant and Over Here? The Impact of Students on Cities', *Planning, Practice and Research*, 21: 79–94.

Amable, Bruno (2003) *The Diversity of Modern Capitalism.* Oxford: Oxford University Press.

Amin, A. and N. Thrift (1992) 'Marshallian Nodes in Global Networks', *International Journal of Urban and Regional Research*, 16: 571–587.

Amin, A. and P. Cohendet (2004) *Architectures of Knowledge: Firms, Capabilities, and Communities.* Oxford: Oxford University Press.

Ammarell, G. (1989) *Bugis Navigation.* New Haven, CT: Yale University Council on Southeast Asian Studies.

Anchordoguy, Marie (2000) 'Japan's software industry: a failure of institutions', *Research Policy*, 29 (3): 391–408.

Anderson, K.J. (1987) 'The Idea of Chinatown: The power of place and institutional practice in the making of a racial category", *Annals of the Association of American Geographers*, 77(4): 580–598.

Anderson, K.J. (1991) *Vancouver's Chinatown: Racial Discourse in Canada, 1875–1980.* Montreal: McGill-Queen's University Press.

Angremy, B. (2006) Founder of Thinking Hands, 798 based artist organisation. Interview with the author – conducted in English (25 June).

Aoki, M. (1988) *Information, Incentives and Bargaining in the Japanese Economy*. Cambridge, UK and New York: Cambridge University Press.

Aoyama, Y. (1999) 'Historical Underpinnings of the Small Business Policy in Japan and the United States', *Small Business Economics* 12(3): 217–231.

Aoyama, Y. and Izushi, H. (2003) 'Hardware Gimmick or Cultural Innovation? Technological, Cultural and Social Foundations of the Japanese Video Game Industry', *Research Policy* 32(3): 423–444.

APMCHUD (2010) Background Paper for Working Group 4. Third Asia Pacific Ministers' Conference on Housing and Urban Development (APMCHUD). Solo: Indonesia: APMCHUD.

Appadurai, A. (1996) *Modernity at Large: Cultural Dimensions of Globalization*. Minneapolis, MN: University of Minnesota Press.

Asheim, B.T. (2000) 'Industrial Districts: The Contributions of Marshall and Beyond', in G.L. Clark, M.P. Feldman and M.S. Gertler (eds) *The Oxford Handbook of Economic Geography*. Oxford and New York: Oxford University Press.

Asia Pacific Viewpoint, 47(2): 173–194.

Asia-Europe Foundation and Lars Feilberg (2005) Seminars on Film Industries in Asia and Europe: A Platform for Experiences' Sharing. Available at: http://app.mti.gov.sg/default.asp?id=507#4 (accessed 14 February 2011).

Baba, Y. and Shibuya, M. (1999) 'Game Software Cluster in Tokyo', *Kenkyû Gijutsu Keikaku*, 14 (4): 266–278 (Japanese: Tôkyô gêmu sofuto kurasutâ).

Baba, Y. and Shibuya, M. (2000) 'Game Software Cluster in Tokyo', *Kenkyû Gijutsu Keikaku*, 15 (1): 33–47 (Japanese: Tôkyô gêmu sofuto kurasutâ).

Baba, Y. et al. (1996) 'The User-Driven Evolution of the Japanese Software Industry: The Case of Customized Software for Mainframes', in D.C. Mowery (ed.) *The International Computer Software Industry*. Oxford and New York: Oxford University Press: 104–130.

Baba, Y., Takai, S. and Mizuta, Y. (1995) 'The Japanese Software Industry: The Hub Structure Approach', *Research Policy* 24(3): 473–486.

Bae, Y. (2010) 'Governing Cities without States? Rethinking Urban Political Theories in the Asian context', in T. Edensor and M. Jayne (eds) *Urban Theory Beyond 'the West': A World of Cities* (forthcoming).

Barnes, T.J. (1992) 'Reading the Texts of Theoretical Economic Geography: The Role of Physical and Biological Metaphors', in T.J. Barnes and J.S. Duncan (eds) *Writing Worlds: Discourse, Text and Metaphor in the Representation of Landscapes*. London: Routledge: 118–135.

Barnes, T.J. and Hutton, T.A. (2009). 'Situating the New Economy: Contingencies of Regeneration and Dislocation in Vancouver's Inner City', *Urban Studies* 46: 1247–1269.

Bathelt, H., Malmberg, A. and Maskell, P. (2004) 'Clusters and Knowledge: Local Buzz, Global Pipelines and the Process of Knowledge Creation', *Progress in Human Geography* 28(1): 31–56.

Bathelt, H. and Glückler, J. (2003) 'Toward a Relational Economic Geography', *Journal of Economic Geography* 3(2): 117–144.

Baumann, S. (2007) *Hollywood Highbrow: From Entertainment to Art*. Princeton, NJ: Princeton University Press.

BBC News (2002) 'Doubts Surround China's Accounting Plans', 15 February. Available at: http://news.bbc.co.uk/1/hi/business/1822177.stm (accessed 27 August 2010).

Becattini, G. (1990) 'The Marshallian Industrial District as a Socio-Economic Notion', in F. Pyke and G. Becattini (eds) *Industrial Districts and Inter-Firm Cooperation in Italy*. Geneva: International Institute for Labour Studies.

Becker, H.S. (1982) *Art Worlds*. Berkeley, CA: University of California Press.
Becker, H.S. (2008). *Art Worlds*. Berkeley, CA; London: University of California Press.
Behrman, J.N. and Rondinelli, D.A. (1992) 'The Cultural Imperatives of Globalization: Urban Economic Growth in the 21st Century', *Economic Development Quarterly* 6: 115–125.
Beise, M. (2004) *Lead Markets, Drivers of the Global Diffusion of Innovations*. Kobe University Discussion Paper (RIEB).
Bell, D. (1973) *The Coming of Postindustrial Society: A Venture in Social Forecasting*. New York: Basic Books.
Bell, D. and Jayne, M. (eds) (2004) *City of Quarters: Urban villages in the contemporary city*. Burlington: Ashgate.
Bell, D. and Jayne, M. (2004) 'Conceptualizing the City of Quarters', in D. Bell and M. Jayne, *City of Quarters: Urban Villages in the Contemporary City*. Aldershot: Ashgate.
Bellandi, M. (2004) 'Some Remarks on Marshallian External Economics and Industrial Tendencies', in R. Arena and M. Quéré (eds) *The Economics of Alfred Marshall: Revisiting Marshall's Legacy*. New York: Palgrave Macmillan.
Benjamin, W. (1992) *The Work of Art In the Mechanical Age of Reproduction*. London: Fontana Press.
Benton, G. and Pieke, F.N. (eds) (1998) *The Chinese in Europe*. New York: St. Martin's Press.
Bernell, R. (2006) 798 bookshop owner. Interview with the author – conducted in English (June 2008).
Bettelheim, C. (1975) *Cultural Revolution and Industrial Organisation in China: Changes in Management and the Division of Labor*. New York: Monthly Review Press.
Bianchini, F. (1993) 'Remaking European Cities: the role of cultural policies', in Bianchini, F. and Parkinson, M. (eds) *Cultural Policy and Urban Regeneration: The West European Experience*. Manchester: Manchester University Press: 1–20.
Bille, T. and Schulze, G.G. (2006) 'Culture in Urban and Regional Development', in Ginsburgh, V.A. and D. Throsby (eds) *Hand Book of the Economics of Art and Culture*, Amsterdam: Elsevier.
Bishop, R., Phillips, J. and Yeo, W.-W. (2004) *Beyond Description: Singapore, Space, Historicity*. London and New York: Routledge.
Boggs, J.S. and Rantisi, N.M. (2003) 'The "Relational Turn", in Economic Geography', *Journal of Economic Geography* 3: 109–116.
Boltanski, L. and Chiapello, E. (2005) *The New Spirit of Capitalism*. London and New York: Verso.
Bourdieu, P. (1984) *Distinction: A Social Critique of the Judgement of Taste*. Cambridge, MA: Harvard University Press.
Bourne, L.S., Hutton, T.A., Shearmur R. and Simmons, J. (2011) *Canadian Urban Regions: Trajectories of Growth and Change*. Toronto: Oxford University Press.
Brook, T. and Luong, H.V. (eds)(1997) *Culture and Economy: The Shaping of Capitalism in Eastern Asia*. Ann Arbor, MI: University of Michigan Press.
Buck, D. (1976) 'Directions in Chinese Urban Planning', *Urbanism Past and Present* 1(2): 24–35.
Budd, L. (1999) 'Globalization and the Crisis of Territorial Embeddedness of International Financial Markets', in R. Martin (ed.) *Money and the Space Economy*. New York: Wiley: 115–137.
Bunnell, T. (2004) *Malaysia, Modernity and the Multimedia Supercorridor: a Critical Geography of Intelligent Landscapes*. London: RoutledgeCurzon.

Bunnell, T. and Coe, M.N. (2005) 'Re-fragmenting the "political": Globalization, Governmentality and Malaysia's Multimedia Super Corridor'. *Political Geography* 24: 831–849.

Bunnell, T.G. (2002) 'Multimedia Utopia? A Geographical Critique of High-tech Development in Malaysia's Multimedia Super corridor'. *Antipode* 34: 265–295.

Camagni, R. (ed.)(1991) *Innovation Networks: Spatial Perspectives*. London: Belhaven.

Cameron, S. and Coaffee, J. (2005) 'Art, Gentrification and Regeneration: from Artist as pioneer to Public Arts'. *European Journal of Housing Policy* 5(1): 39–58.

Campanella, T. (2008) *Concrete Dragon: China's Urban Revolution and What it Means for the World*. Princeton, NJ: Princeton Architectural Press.

Cang, X. (2006) 798 based artist. Interview with author – conducted in Chinese (23 June).

Capello, R., Caragliu, A. and Nijkamp, P. (2009) *Territorial Capital and Regional Growth: Increasing Returns in Cognitive Knowledge Use*. Amsterdam: Tinbergen Institute Discussion Paper.

Catungal, J.-P., Leslie, D. and Hii, Y. (2009) 'Geographies of Displacement in the Creative City: The case of Liberty City, Toronto'. *Urban Studies* 46(5–6): 1095–1114.

Caves, R.E. (2000) *Creative Industries: Contracts Between Art and Commerce*. Cambridge, MA: Harvard University Press.

Caves, R.E. (2006) 'Organization of Arts and Entertainment industries', in V.A. Ginsburgh, and D. Throsby (eds). *Handbook of the Economics of Art and Culture*. Amsterdam: Elsevier.

Centre for Public Policy Research (2003) *Baseline Study of Hong Kong's Creative Industries*. Hong Kong: Centre for Public Policy Research, The University of Hong Kong (for the Central Policy Unit, HK Special Administrative Region Government).

CESA (Computer Entertainment Supplier's Association) (2005) 2005 CESA Games White Paper. Tokyo.

CESA (Computer Entertainment Supplier's Association) (2009) 2009 CESA Games White Paper. Tokyo.

Chan, H.N.A. (2000) 'Middle-class Formation and Consumption in Hong Kong', in B.H. Chua (ed.) *Consumption in Asia*. London: Routledge.

Chan, R. (2011) 'Creative Industries in Shanghai' HKUPD Seminar at Hong Kong University The University of Hong Kong.

Chang, Y.H. (2010) Interview with L. Liauw. Chinese University of Hong Kong. Hong Kong, China.

Chang, T.C. (2000) 'Theming Cities, Taming Places: Insights from Singapore'. *Geografiska Annaler Series B. Human Geography* 82: 35–54.

Chang, T. and Huang, S. (2008) 'Geographies of Everywhere and Nowhere'. *International Development Planning Review* 30(3): 227–249.

Chang, T.C. (1995) 'The "Expatriatisation" of Holland Village', in B.S.-A. Yeoh and L. Kong (eds) *Portraits of Places: History, Community and Identity in Singapore*. Singapore: The Straits Times.

Chang, T.C. (1999) 'Local Uniqueness in the Global Village: Heritage Tourism in Singapore'. *Professional Geographer* 51(1): 91–103.

Chen, X. (2008) *Second Hand Modern: Urban Renovation of M50*. Beijing: China Electric Power Press.

Cheng, L and Zhu, Q. (2007) *Beijing 798 – Now: Changing Arts, Architecture and Society in China*. Beijing: Timezone 8.

Cherbo, J.M. and Wyszomirski, M.J. (2000) *The Public Life of the Arts in America*. New Brunswick, NJ: Rutgers University Press.

Chesbrough, H.W. (1999) 'The Organizational Impact of Technological Change: A Comparative Theory of National Institutional Factors', *Industrial and Corporate Change* 8(3): 447–485.
Chesbrough, H.W. (2003) 'The Era of Open Innovation', *MIT Sloan Management Review* 44(3): 35–41.
Chesbrough, H.W., Vanhaverbeke, W. and West, J. (eds) (2006) *Open Innovation: Researching a New Paradigm*. Oxford: Oxford University Press.
Cheung, P.T.Y. (1996) 'The Political Context of Shanghai's Economic Development', in Y.M. Yeung and Y.-W. Sung (eds) *Shanghai: Transformation and Modernization under China's Open Policy*. Hong Kong: The Chinese University Press: 49–92.
Cheung, R. (2009) 'Corporatising a Film Festival: Hong Kong', in D. Iordanova, and R. Rhyne (eds) *The Festival Circuit (Film Festival Yearbook 1)*, St Andrews, Scotland: St Andrews Film Studies.
Cheung, W. (2010) Re-Imaging the Hong Kong-Shenzhen Consumption Zone. Masters Thesis, School of Architecture and Landscape Architecture, University of British Columbia.
China Banking Regulatory Commission (2007) *Report on the Opening-up of the Chinese Banking Sector*, 25 January.
Cho, H. (2005) 'Reading "Korean Wave" as Global Change', in H. Cho, I. Koichi, D. Lee and H. Kim, *'Korean Wave' and Popular Culture in Asia* (2005)', Seoul: Yonsei University Press.
Chua, B.H. (2004) 'Conceptualizing an East Asian Popular Culture', *Inter-Asia Cultural Studies* 5: 200–221.
Chua, B.-H. (1997) *Political Legitimacy and Housing: Stakeholding in Singapore*. London: Routledge.
Chung, O. (2005) 'Top Brokerage Houses under Spotlight for 6.4b Yuan fraud', *The Standard*, 22 January. Available at: http://www.thestandard.com.hk/stdn/std/Business/GA22Ae01.html (accessed 27 August 2010).
Chûô Aoyama (Kansahôjin) (ed.) (2005) *Handbook of Entertainment and Media Industry* [Japanese: kontentsu bijinesu handobukku]. Tokyo: Chûô Keizaisha.
City of London Corporation (2010) *Global Financial Centre 7*. London: City of London Corporation.
CKC (Chûshô kigyôchô) (2005) *Chûshô kigyô hakusho*, White Book KMU, Tokyo.
Clark, G. and Kim, W. B. (1995) *Asian NIEs and the Global Economy: Industrial Restructuring and Corporate Strategy in the 1990s*. Baltimore, MD: Johns Hopkins University Press.
Clark, G. L. and O'Conner, K. (1997) 'The Informational Content of Financial Products and the Spatial Structure of the Global Finance Industry', in K.R. Cox (ed.) *Spaces of Globalization: Reasserting the Power of the Local*, New York: Guilford Press: 89–114.
Clarke, S.E. and Gaile, G. L. (1998) *The Work of Cities*, Minneapolis: University of Minnesota Press.
Club Culture Association (CCA) (2004) *Keulleop munhwa*, Seoul: CCA.
Club Day (2010). Available at: http://www.theclubday.co.kr (accessed 20 July 2010).
Cohen, R. (1997) *Global Diasporas: An Introduction*. London: UCL Press.
Community Union (2003) *Irunmaŭleseo salgosipda 2002 maŭlmandŭlgibaekseo*, Seoul: Community Union.
Connelly, M. (2006) Beijing based art consultant. Interview with author – conducted in English.

Cooke, P. and Morgan, K. (1998) *The Associational Economy: Firms, Regions, and Innovation.* Oxford: Oxford University Press.

Cottrell, T. (1996) 'Standards and the Arrested Development of Japan's Microcomputer Software Industry', in D.C. Mowery (ed.), *The International Computer Software Industry.* Oxford: Oxford University Press: 131–164.

Cremin, S. (2008) *Distribution: Warm Embrace in Taiwan.* ScreenDaily.com. Available at: http://www.screendaily.com/pusan-cements-regional-role/4035354.article (accessed 1 September 2010).

Crinson, M. (2005) *Urban Memory: History and Amnesia in the Modern City.* London: Routledge.

Currid, E. (2007) *The Warhol Economy: How Fashion, Art, and Music Drive New York City.* Princeton, NJ and Oxford: Princeton University Press.

Currid, E. (2009) 'Bohemia and Subculture; "Bohemia" as Industry', *Journal of Planning Literature* 23: 368–382.

Currid, E. and Williams, S. (2010) 'Two Cities, Five Industries: Similarities and Differences Within and Between Cultural Industries in New York and Los Angeles', *Journal of Planning Education and Research* 29(3): 322–335.

Currier, J. (2008) 'Art and Power in the New China', *Town Planning Review* 79: 2–3, 237–265.

Currier, J. (forthcoming) 'Art and Power in the New China: Beijing's 798 District and its Implications for Contemporary Urbanism', *Town Planning Review.*

Cybriwsky, R. (2011) *Roppongi Crossing: The Demise of a Tokyo Nightclub District.* Athens, GA: University of Georgia Press.

Daniels, P.W. (1975) *Office Location: An Urban and Regional Study.* London: Bell.

Daniels, P.W. (1985) *Service Industries: A Geographical Appraisal.* London: Methuen.

Daniels, P.W. (2005) 'Services, Globalization and the Asia-Pacific Region', in P.W. Daniels, K.C. Ho and T.A. Hutton (eds) *Service Industries and Asia-Pacific Cities: New Development Trajectories.* London: Routledge: 21–51.

Daniels, P.W., Ho, K.C. and Hutton, T.A. (2005) *Service Industries and Asia-Pacific Cities: New Development Trajectories.* London and New York: Routledge Studies in the Growth Economies of Asia.

Davis, D.W. (2007) *Cinema Taiwan: Politics, Popularity, and State of the Arts.* Abingdon and New York: Routledge.

DCAJ (Digital Contents Association Japan) (2005) Dejitaru Kontentsu Hakusho (White Book on Digital Contents Industries), Tokyo.

DCAJ (Digital Contents Association Japan) (2007) Dejitaru Kontentsu Hakusho (White Book on Digital Contents Industries), Tokyo.

DCAJ (Digital Contents Association Japan) (2009) Dejitaru Kontentsu Hakusho (White Book on Digital Contents Industries), Tokyo.

de Vany, A. (2004) *Hollywood Economics: How Extreme Uncertainty Shapes the Film Industry.* London and New York: Routledge.

Deleuze, G. (1994) *Difference and Repetition.* Los Angeles: Semiotexte.

Department for Culture, Media and Sport (2001) *Creative Industries Mapping Document.* London: DCMS and the Creative Industries Task Force.

Deutsche Bank Research (2006) *Japan 2020 – ein steiniger Weg,* 18.09. 2006.

Development Planning Review 30(3): 227–247.

Dew, N., Sarasvathy, S. and Venkataraman, S. (2004) 'The Economic Implications of Exaptation', *Journal of Evolutionary Economics* 14(1): 69–84.

Dicken, P. and Kirkpatrick, C. (1991) 'Service-led Development in ASEAN: Transnational Regional Headquarters in Singapore', *Pacific Review* 4: 174–184.

DiMaggio, P. (1987) 'Classification in Art', *American Sociological Review* 52: 440–455.

DiMaggio, P. (2006) 'Nonprofit Organizations and the Intersectoral Division of Labor in the Arts', in W.W. Powell, and R. Steinberg (eds) *The Nonprofit Sector: A Research Handbook*. Newhaven, CT: Yale University Press: 432–461.

District. Interview with author – conducted in Chinese (16 June).

Dodgson, M., Gann, D. and Salter, A. (2007) *Think, Play, Do. Technology, Innovation, and Organization*. Oxford: Oxford University Press.

Doel, M. and Hubbard, P. (2002) 'Taking World Cities Literally: Marketing the City in the Global Space of Flows', *City* 6: 351–368.

Dosi, G. (1982) 'Technological Paradigms and Technological Trajectories: A Suggested Interpretation of the Determinants and Directions of Technical Change', *Research Policy* 11(3): 147–162.

Douglas, M. (2000) 'Mega-urban Regions and World City Formation: Globalization, the Economic Crisis and Urban Policy Issues in Pacific Asia', *Urban Studies* 37: 2315–2335.

Douglass, M. (1994) 'The "Developmental State" and the Asian Newly Industrialized Economies', *Environment and Planning* 26(A): 543–566.

Douglass, M. (1997) 'Urbanization and Social Transformations in Asia', in W.B. Kim, M. Douglass, S.-C. Choe and K.C. Ho, *Culture and the City in East Asia*. Oxford: Oxford University Press: 41–65.

Drake, G. (2003) '"This Place Gives me Space": Place and Creativity in the Creative Industries', *Geoforum* 34: 511–524.

du Gay, P. and Pryke, M. (2002) 'Cultural Economy: An Introduction', in P. du Gay and M. Pryke (eds) *Cultural Economy: Cultural Analysis and Commercial Life*. London; Thousand Oaks; New Delhi: Sage Publications.

Ebert, R., Gnad, F. and Kunzmann, K. (1994) *The Creative City*, Stroud: Comedia.

Edquist, C. (1997) *Systems of Innovation: Technologies, Institutions and Organizations*, London: Pinter Publishers.

Eisinger, P. (2000) 'The Politics of Bread and Circuses: Building the City for the Visitor Class', *Urban Affairs Review* 35: 316–333.

Elsaesser, T. (2005) *European Cinema: Face to Face with Hollywood*, Amsterdam: Amsterdam University Press.

Eurotechnology (Japan) (2005) *Japan's Game Industry*. Tokyo: Eurotechnology Japan.

Evans, G. (2001) *Cultural Planning: An Urban Renaissance?* London: Routledge.

Evans, G. (2004) 'Cultural Industry Quarters: From Pre-Industrial to Post-Industrial', in D. Bell and M. Jayne (eds) *City of Quarters: Urban Villages in the Contemporary City*. Aldershot: Ashgate: 71–92.

Evans, G. (2009) 'Creative Cities, Creative Spaces and Urban Policy', *Urban Studies* 46(5&6): 1003–1040.

Evans, Peter B. (1995) *Embedded Autonomy: States and Industrial Transformation*. Princeton, NJ: Princeton University Press.

Evers, H.-D. and Korff, R. (2000) *Southeast Asian Urbanism: The Meaning and Power of Social Space*. New York: St Martin's Press.

Fainstein, S.S. and D.R. Judd (1999) 'Global Forces, Local Strategies and Urban Tourism', in D.R. Judd and S.S. Fainstein (eds) *The Tourist City*. New Haven, CT: Yale University Press.

Feenstra, R.C. and Hamilton, G.G. (2006) *Emergent Economies, Divergent Paths: Economic Organization and International Trade in South Korea and Taiwan.* New York: Cambridge University Press.

Feldman, M.P. (2000) 'Location and Innovation: The New Economic Geography of Innovation, Spillovers, and Agglomeration', in G.L. Clark, M.P. Feldman and M.S. Gertler (eds) *The Oxford Handbook of Economic Geography.* Oxford and New York: Oxford University Press.

Film 2.0. (2005) *Mianhada hachiman salanghanda.* Accesed at: http://www.film2.co.kr/people/people_final.asp?mkey=2187, 20 November 2005.

Florida, R. (2002) *The Creative Class: And How It's Transforming Work, Leisure, Community and Everyday Life.* New York: Basic Books.

Florida, R. (2002) *The Rise of the Creative Class*, New York: Basic Books.

Florida, R (2005) *Cities and the Creative Class.* New York: Routledge.

Florida, R. (2008) *Who is Your City?* New York: Basic Books.

Forbes, D. and Thrift, N. (1987) *The Socialist Third World.* New York: Basil Blackwell.

Foucault, M. (1984) "Of Other Spaces, Heterotopias" *Architecture /Mouvement/ Continuité,* October.

Fraser, J.M. (1955) 'The Character of Cities: Singapore, A Problem in Population', *Town and Country Planning* 23(139): 505–509.

Free Market (2010). Available at: http://www.freemarket.or.kr/v3/ (accessed 20 July 2010).

Friedmann, J. (2005) *China's Urban Transition.* Minneapolis, MN: University of Minnesota Press.

Friedmann, J. (2007) 'Reflections on Place and Place-making in the Cities of China', *International Journal of Urban and Regional Research* 31(2): 257–279.

Fröbel, F., Heinrichs, J. and Kreye, O. (1980) *The New International Division of Labour.* Cambridge: Cambridge University Press.

Fu, L. (2006) Chaoyang district government official, Construction and Management Office of 798 Art District. Interview with author – conducted in Chinese.

Fuchs, G. and Shapira, P. (eds) (2005) *Rethinking Regional Innovation and Change: Path Dependence or Regional Breakthrough,* Berlin: Springer.

Fuchs, R.J. and Pernia, E.M. (1987) "External Economic Forces and National Spatial Development: Japanese Direct Foreign Investment in Pacific Asia', in R.J. Fuchs, G.W. Jones and E.M. Pernia (eds) *Urbanization and Urban Policies in Pacific Asia.* Boulder, CO: Westview.

Gamedevresearch (2009) *Game Developer Research: Top 50 Developers of 2009.* Available at: http://www.gamedevresearch.com/top-50-developers-2009.htm (accessed February 2010).

Gans, H.J. (1993) 'From "Underclass" to "Undercaste": Some Observations about the Future of the Postindustrial Economy and its Major Victims', *International Journal of Urban and Regional Research* 17: 327–335.

Garnham, N. (2005) 'From Cultural to Creative Industries: An Analysis of the Implications of "Creative Industries" Approach to Arts and Media Policy making in the United Kingdom', *International Journal of Cultural Policy* 11: 15–29.

Garud, R. and Karnoe, P. (2003) *Path Dependence and Creation.* London: Lawrence Erlbaum Associates.

GEM (2006) *Global Entrepreneurship Monitor 2005, Executive Report,* (http://www.gemconsortium.org/download/1154207911515/GEM_2005_Report.pdf, 13.02.2006).

Gertler, M. S. (2003) 'Tacit knowledge and the economic geography of context; of the indefinable tacitness of being (there)', *Journal of Economic Geography* 3: 75–99.

Gibson, C. and Kong, L. (2005) 'Cultural Economy: A Critical Review', *Progress in Human Geography* 29: 541–561.
Gill, C. (2009) 'Is China Ready to Recover', *The Art Newspaper*, 16 July.
Ginsberg, N., Koppel, B. and McGee, T.G. (1991) *The Extended Metropolis: Settlement Transition in Asia*. Honolulu: The University of Hawai'i Press.
Glass, R. (1963) 'Introduction' to *London: Aspects of Change*. London: Centre for Urban Studies, reprinted in R. Glass (ed.) *Cliches of Urban Doom*. Oxford: Blackwell.
Global Times (2009) 'Redesigning China's Creative Image', 28 October.
Goldsmith, B. and O'Regan, T. (2004) 'Locomotives and Stargates: Inner-city Studio Complexes in Sydney, Melbourne and Toronto', *International Journal of Cultural Policy* 10: 29–45.
Goodtimezine (2006) *Chasedae norigonggan 'bokapmunhwa kape'* Available at: http://www.ktfmembers.com/GoodtimezineInfo.jsp?ym=200604 (accessed 30 October 2006).
Goto, A. (2000) 'Japan's National Innovation System: Current Status and Problems', *Oxford Review of Economic Policy* 16(2): 103–113.
Gottmann, J. (1961) *Megalopolis: The Urbanized Northeastern Seaboard of the United States*. Cambridge, MA: MIT Press.
Grabher, G. (2001) 'Ecologies of Creativity: The Village, the Group, and the Heterarchic Organisation of the British Advertising Industry', *Environment and Planning A* 351–374.
Grabher, G. (2002) 'Cool Projects, Boring Institutions: Temporary Collaborations in Social Context, *Regional Studies* 36: 205–214.
Grabher, G. (2002) 'The Project Ecology of Advertising: Tasks, Talents and Firms', *Regional Studies* 36: 245–262.
Graham, B., Ashworth, G.J. and Tunbridge, J.E. (2000) *A Geography of Heritage: Power, Culture and Economy*. London: Arnold
Granovetter, M. (1985) 'Economic Action and Social Structure: The Problems of Embeddedness', *The American Journal of Sociology* 91(3): 481–510.
Greenwood, D.J. (1977) 'Culture by the Pound: an anthropological perspective on tourism as cultural commoditization', in V.L. Smith (ed.) *Hosts and Guests*. Philadelphia, PA: University of Pennsylvania Press: 129–139.
Gregory, D. (1994) *Geographical Imaginations*. Oxford: Blackwell.
Gugler, J. (2003) 'World Cities in Poor Countries: Conclusions from Case Studies of Principal Regions and Global Players', *International Journal of Urban and Regional Research* 27: 707–712.
Gugler, J. (2004) *World Cities Beyond the West: Globalization, Development, and Inequality*. Cambridge and New York: Cambridge University Press.
Gupta, D. and Marchessault, J. (2007) 'Film Festivals as Urban Encounter and Cultural Traffic', in J. Sloan (ed.) *Urban Enigmas: Montreal, Toronto, and the Problem of Comparing Cities*. Montreal, QC: McGill-Queen's University Press.
Haider, D. (1992) 'Place Wars: New Realities of the 1990s', *Economic Development Quarterly* 6: 127–134.
Hall, P.G. (1962) 'The East London Footwear Industry: An Industrial Quarter in Decline', *East London Papers* 5: 3–21.
Hall, P.G. (1998) *Cities and Civilisation*. London: Weidenfeld and Nicolson.
Hall, P.G. (2000) 'Creative Cities and Urban Development', *Urban Studies* 37: 639–651.
Hall, P.G. (2006) 'The Polycentric City', PowerPoint Presentation, the Bartlett School, University College London.
Hamnett, C. (2003) *Unequal City: London in the Global Arena*. London and New York: Routledge.

Hamnett, C. (2006) 'Loft Conversion in London: From Industrial to Postindustrial'. London: Kings College London, Department of Geography.

Han, S. S. (2000) 'Shanghai between state and market in urban transformation', *Urban Studies* 37: 2091–2112.

Han, Y. and Zhang, S. (2004) *Left Bank of the Seine of the East: The Art Warehouses of Suzhou Creek*. Shanghai: Shanghai Guji Press.

Hanzawa, S. (2009) 'Agglomeration of Creative Industries in Japan', in M. Sasaki and T. Mizuuchi (eds) *Creative City and Social Inclusion*: Tokyo: Suiyosya.

Harada, N. (2004) 'Productivity and Entrepreneurial Characteristics in New Japanese Firms', *Small Business Economics* 23: 299–310.

Harada, N. (2005) 'Potential Entrepreneurship in Japan', *Small Business Economics* 25: 293–304.

Harney, N.D. (2006) 'The Politics of Urban Space: Modes of Place-making by Italians in Toronto's neighbourhoods', *Modern Italy* 11(1): 25–42.

Harris, A. (2005) 'Branding Urban Space: The Creation of Art Districts in Contemporary London and Mumbai'. Unpublished PhD Thesis, University of London.

Harrison, B. (1992) 'Industrial Districts: Old Wine in New Bottles?', *Regional Studies* 26: 469–483.

Harvey, D. (1989) *The Condition of Postmodernity: An Enquiry into the Origins of Cultural Change*. Oxford: Blackwell.

Harvey, D. (2003) *Paris: Capital of Modernity*. London and New York: Routledge.

Harvey, S.S. (2007) 'Nomadic Trajectories: Mapping Short Film Production in Singapore', *Inter-Asia Cultural Studies* 8: 262–276.

He, S. and Wu, F. (2005) 'Property-led Development in Post-reform China: A Case study of Xintiandi Redevelopment Project in Shanghai', *Journal of Urban Affairs* 27(1): 1–23.

Hee, L., Schroepfer, T., Nanxi, S. and Ze, L. (2008) 'From Post-industrial Landscape to Creative Precincts: Emergent Space in Chinese cities', *International Development Planning Review* 30(3): 240–258.

Helbrecht, I. (2004) 'Bare Geographies in Knowledge Societies—Creative Cities as Text and Piece of Art: Two Eyes, One Vision', *Built Environment* 30: 191–200.

Hemmert, M. (2005) 'Japanese Science and Technology Policy in Transition: From Catch-up to Frontrunner Orientation', in Storz, C. (ed.) *Small Firms and Innovation Policy in Japan*. Routledge Curzon Press (Routledge Contemporary Japan Series): 33–56.

Hesmondhalgh, D. (2002) *The Cultural Industries*. London: Sage.

Hii, Y. (2005) 'Building the Creative City: Impacts of New Industry Formation in Liberty Village, Toronto'. Master's thesis, School of Community and Regional Planning, Vancouver, BC: The University of British Columbia.

Hippel, E.v. (1986) 'Lead users. A Source of Novel Product Concepts', *Management Science* 32: 791–805.

Hitotsubashi Review, Summer 2005, 53(1): *Nihon no start ups (Start ups in Japan)*, special issue (tokushû).

Ho, K.C. (1997) 'From Port City to City-State: Forces Shaping Singapore's Built Environment', in Kim et al., *Culture and the City in East Asia*: 212–233.

Ho, K.C. (2000) 'Competing to be Regional Centres: A Multi-agency, Multi-locational Perspective', *Urban Studies* 37: 2337–2356.

Ho, K.C. (2005) 'Service Industries and Occupational Change: Implications for Identity, Citizenship and Politics', in P.W. Daniels, K.C. Ho and T.A. Hutton (eds) *Service Industries and Asia-Pacific Cities: New Development Trajectories*. London and New York: Routledge.

Ho, K.C. (2005) 'Globalization and Southeast Asian Capital Cities', *Pacific Affairs* 78: 535–541.
Ho, K.C. (2009) 'The Neighbourhood in the New Economy' *Urban Studies* 46: 1187–1201.
Ho, K.C. (forthcoming) 'The Neighbourhood in the Creative Economy', *Urban Studies*.
Ho, K.C and Eun. V.L.N (1992) 'Backlanes as Contested Regions: Construction and Control of Physical Space', in B.H. Chua and N. Edwards (eds) Singapore: Singapore University Press/CAS: 40–54.
Ho, K.C. and Hsiao, M.H.H. (2006) 'Globalization and Asia-Pacific Capital Cities: Primacy and Diversity', in K.C. Ho and M.H.H. Hsiao (eds) *Capital Cities in Asia Pacific*. Taipei, Taiwan: Center for Asia-Pacific Studies, Academia Sinica.
Ho, K.C. and So, A. (1997) 'Semi-periphery and Borderland Integration: Singapore and Hong Kong Experiences', *Political Geography* 16(3): 241–259.
Ho, K.C. and Kim, W.B. (1997) 'Studying Culture and the Built Environment', in Kim et al., *Culture and the City in East Asia*: 95–103.
Ho, T.H. (2009) 'Taike Rock and its Discontent', *Inter-Asia Cultural Studies* 10: 565–584.
Ho, W.C. (2003) 'Between Globalization and Localization: A Study of Popular Music in Hong Kong', *Popular Music* 22: 143–157.
Home Affairs Bureau (2005) *A Study on Creativity Index*. Hong Kong: HK Special Administrative Region Government.
Hong Kong Trade Development Council (2008) *Banking and Finance*, 17 June. Available at: http://www.hktdc.com/info/vp/a/bkfin/en/1/5/1/1X003ULX/Banking---Finance/Banking.htm (accessed 27 August 2010).
Hong-dae Culture Academy (2006). Available at: http://club.cyworld.com/hongacademy (accessed 15 March 2006).
Hong-dae Culture and Arts Cooperation (2004) *Leaflet* distributed on 9 February 2004.
Hongik Environmental Development Institute (HEDI) (2004) *Hong-daemunhwajigu tadangseong josamit gwalrigyehoeksurip yeongu*. Seoul: HEDI.
Hsiao, M.H.H. (1993) *Discovery of the Middle Classes in East Asia*. Taipei: Academia Sinica.
Hsing, Y.-T. (1996) 'Blood, Thicker than Water: Interpersonal Relations and Taiwanese Investment in Southern China', *Environment and Planning A* 28: 2241–2261.
Hsing, Y.-T. (2010) *The Great Urban Transformation: Politics of Land and Property in China*. Oxford: Oxford University Press.
Huang Weiwen. (2011) Interview with L. Liauw Shenzhen Planning Bureau, China.
Huang, Y. and Ding, S. (2006) 'Dragon's Underbelly: An Analysis of China's Soft Power', *East Asia* 23(4): 22–44.
Human Contents Academy (2006), *Introduction to Cultural Contents*. Seoul: Book Korea.
Hutton, T. (2000) 'Reconstructed Production Landscapes in the Postmodern City: Applied Design and Creative Services in the Metropolitan Core', *Urban Geography* 21: 285–317.
Hutton, T.A. (2004) 'Service Industries, Globalization, and Urban Restructuring within the Asia-Pacific: New Development Trajectories and Planning Responses, *Progress in Planning* 61: 1–74.
Hutton, T.A. (2006) 'Spatiality, Built Form and Creative Industry Development in the Inner City', *Environment and Planning A* 38: 1819–1841.
Hutton, T.A. (2007) 'Service Industries, Global City Formation and New Policy Discourses within the Asia-Pacific', in J.R. Bryson and P.W. Daniels, *The Handbook of Service Industries*. Cheltenham, UK: Edward Elgar.
Hutton, T.A. (2008) *Restructuring, Regeneration and Dislocation in the 21st Century Metropolis*. London and New York: Routledge.

Hutton, T.A. (2008) *The New Economy of the Inner City: Restructuring, Regeneration and Dislocation in the 21st Century Metroplis.* London and New York: Routledge: Routledge Studies in Economic Geography.

Hutton, T. (2009) 'Trajectories of the New Economy: Regeneration and Dislocation in the Inner City', *Urban Studies* 46(5&6): 987–1001.

Hwang, W.S. (2002) *Nichibei chûshô kigyô no hikaku kenkyû* [Comparative research on SME in Japan and the U.S.], Tokyo: Zeimu Keiri Kyôkai.

Hyun, D. and Lent, A.J. (1999) 'Korean Telecom Policy in Global Competition: Implications for Developing Countries', ' *Telecommunications Policy* 23(5) 389–401.

Ibert, O. (2007) 'Towards a Geography of Knowledge Creation: The Ambivalences Between "Knowledge as an Object" and "Knowing in Practice"', *Regional Studies* 41: 103–114.

Iguchi. T. (ed.) (2004) *Entrepreneurship and Regional Economics*, Tokyo: Nihon Hyoronsya.

Indergaard, M. (2003) The Webs They Weave: Malaysia's Multimedia Super-corridor and New York City's Silicon Alley, *Urban Studies* 40(2): 379–401.

Indergaard, M. (2004) *Silicon Alley: The Rise and Fall of a New Media District.* New York and London: Routledge.

Inoue, O. (2009) *The Philosophy of Nintendo.* Tokyo: Nihonkeizai Shinbunsya.

International Herald Tribune (2007) 'Lloyd's of London to open Shanghai office', 6 March. Available at: http://www.iht.com/articles/2007/03/06/bloomberg/sxinsure.php (accessed 27 August 2010).

Internet JoongAng Daily (16 July 2010) *Hotplace tŭnŭn sangkwen hyŏnchi rŭpo.* Available at: http://article.joins.com/article/article.asp?total_id=4316564, (accessed 16 July 2010).

Iwabuchi, K. (2002) '"Soft" Nationalism and Narcissism: Japanese Popular Culture goes Global', *Asian Studies Review* 26(4): 447–469.

Iwabuchi, K. (2005) 'Use of Japanese Popular Culture', in H. Cho, *'Korean Wave' and Popular Culture in Asia.* Seoul: Yonsei University Press.

Jeppesen, L.B. and Molin, M.J. (2003) 'Consumers as Co-developers: Learning and Innovation Outside the Firm', *Technology Analysis and Strategic Management* 15(3): 363–383.

Jessop, R. and Sum, N.L. (2000) 'An Entrepreneurial City in Action: Hong Kong's Emerging Strategies in and for (Inter)Urban Competition'. *Urban Studies* 37(12): 2287–3313.

Jho, W. (2003) *Building Telecom Markets: Evolution of Governance in the Mobile Telecommunication Market.* Doctoral dissertation. Department of City Political Science: Northwestern University, Evanston, IL.

Jiang, Y. (2002) *Tansuo yu Shijian: Shanghai Gongye Gaige yu Fazhan Sijian* [Exploration and Trajectory: Shanghai's Industrial Reform and Development]. Shanghai: Shanghai People's Press.

Jiang Jun (2010) "Dafen Village", in *2010 Shanghai Expo Publication.* Shanghai: Shanghai Expo.

JILPT (2005) *Kontentsu sangyô no koyô to jinzai ikusei* [Contents industry and personel development], Rôdô Seisaku Kenkyû Hokokusho, No. 25. Regional Planning, Cornell University. Ithaca, NY.

Jin, D.Y. (2006) 'Cultural Politics in Korea's Contemporary Films under Neoliberal Globalization', *Media Culture and Society* 28: 5-+.

Jin Minhua (2011) Interview with the L. Liauw. Hong Kong, China.

Jonas, A.E.G. and Wilson, D. (1999) *The Urban Growth Machine: Critical Perspectives Two Decades Later.* Albany. NY: State University of New York Press.

Jones, G. (2008) 'Comparative Dynamics of the Six Mega Urban Regions', in G.A. Jones and M. Douglass (eds) *Mega Urban Regions in Pacific Asia.* Singapore: NUS Press.

Jung, N. (2007) *Sources of Creativity and Strength in the Digital Content Industry in Seoul: Place, Social Organization and Public Policy*. Doctoral dissertation. Department of City and Regional Planning, Cornell University, Ithaca, NY.

Jung, N. (forthcoming) 'Relational Governance and the Formation of a New Economic Space: the Case of the Teheran Valley, Seoul, Korea', *International Journal of Urban and Regional Research*.

Kaika, M. and Thielen, K. (2005) 'Form Follows Power: A Genealogy of Urban Shrines'. *City* 10: 59–69.

Kangnam-gu (2002) *An Analysis of Venture Ecology in Teheran Valley and Policy Recommendations for Future Development*. Kangnam-gu: Seoul.

Kawai, H. and Shujiro, U. (2002) 'Entry of Small and Medium Enterprises and Economic Dynamism in Japan', *Small Business Economics* 18: 41–51.

Keane, M. (2004) 'Brave New World', *International Journal of Cultural Policy* 10(3): 265–279.

Keane, M. (2007) *Created in Cities: the Great New Leap Forward*. London: Routledge.

Kearns, G. and Philo, C. (eds) (1993) *Selling Places: The City as Cultural Capital, Past and Present*. Oxford: Pergamon Press.

Kim, B. (2002) 'Gūdūli daesin ulbu chitda', in S. Jee et al *Crying Nut*. Seoul: Outsider.

Kim, J. (1999) *Klik! daechungmunhwaga boyŏyo*. Seoul: Munhwa Madang.

Kim, J. (2007) 'Queer Cultural Movements and Local Counterpublics of Sexuality: A Case of Seoul Queer Films and Videos Festival', *Inter-Asia Cultural Studies* 8: 617–633.

Kim, W.B. and Yoo, J.Y. (2002) 'A Voice for Place in Contradictions between Commerce and Culture: A Case Study of Cultural Districts in Seoul', in W.B. Kim and J.Y. Yoo (eds) *Culture, Economy and Place: Asia Pacific Perspectives, Korean Research Institute for Human Settlements Research Report 2002–15*, Seoul: KRIHS.

Kim, W.-B., Douglass, M., Choe, S.-C. and Ho, K.C. (1997) *Culture and the City in East Asia*. Oxford: Oxford University Press.

Kim, Y. (2004) 'Seoul: Complementing Economic Success with Games', in J. Gugler (ed.) *World Cities beyond the West: Globalization, Development and Inequality*. Cambridge: Cambridge University Press: 59–81.

King, A. (1989) 'Colonialism, Urbanism, and the Capitalist World Economy', *International Journal of Urban and Regional Research* 13: 1–18.

Kishida, R. and Lynn, L.H. (2005) 'Restructuring the Japanese National Biotechnology Innovation System: Prospects and Pitfalls', in Storz, C. (ed.) *Small Firms and Innovation Policy in Japan*. RoutledgeCurzon Press (Routledge Contemporary Japan Series): 111–137.

Kita,T. and Nishiguchi, Y. (eds) (2009) *Case Book Kyoto: Its Dynamism and Innovation Management*. Tokyo: Hakuto Shobo.

KKK (Kokumin Seikatsu Kinyû Kôko) (2006) '2005nendo shinki kaigyô jittai chôsa kekka [Results of the survey on start-ups of 2005]', *Chôsa Geppô*, April 2006, No. 540: 5–15.

Knox, P. (2011) *Cities and Design*. Abingdon and New York: Routledge Critical Introductions to Urbanism and the City Series.

Kohashi, R. and Kagono, T. (1995) *The Exchange and Development of Images: A Study of the Japanese Video Games Industry*, Kobe University Discussion Paper Series 9527. Research Institute for Economics and Business Administration, Kobe.

Kong, L. and O'Connor, J. (eds) (2009) *Creative Economies, Creative Cities: Asian-European Perspectives*. New York: Springer.

Kong, L., Gibson, C., Khoo, L. and Semple, A. (2006) 'Knowledges of the Creative Economy: Towards a Relational Geography of Diffusion and Adaptation in Asia', *Asia Pacific Viewpoint* 47(2): 173–194.

Koolhaas, R. (1995) "Generic City", in *S,M,L,XL* New York: Monacelli Press.
Krasteva, S. (2006) Manager BTAP gallery. Interview with author – conducted in English (13 June).
Krich, J. (2008) 'Team Spirit', *Wall Street Journal Online*, 1 August.
Krongkaew, M. (1996) 'The Changing Urban System in a Fast-growing City and Economy: The Case of Bangkok and Thailand', in F.C. Lo and Y.M. Yeung (eds) *Emerging World Cities in Pacific Asia*. Tokyo: United Nations University Press.
Kunzmann, K. (1994) *The Creative City*. London: Comedia.
Kunzmann, K. (2010) "Knowledge Cities, Creative Industries and Urban Development", seminar at Hong Kong Foresight Centre.
Kuratani, M. (2005) 'Kigyôka seishin to iu konseputo, tokuni toshi no yakuwari to no sôgô sayô ni tsuite [The concept of entrepreneurship. Under spezial consideration of the role of cities and mutual compatibilities]', Chûshô Kigyô Sôgô Kenkyû, August 2005: 18–36.
Kwek, M.L. (2004) 'Singapore: a Skyline of Pragmatism', in R. Bishop, J. Phillips and W.-W. Yeo (eds) *Beyond Description: Singapore, Space, Historicity*. London and New York: Routledge.
Kwong, P. (1988) *The New Chinatown*. New York: Hill and Wang.
Lai, D.C. (1989) *Chinatowns: Towns within Cities in Canada*. Vancouver, BC: University of British Columbia Press.
Lai, K.P.Y. (2010) 'Marketization Through Contestation: Reconfiguring China's Financial Markets through Knowledge Networks', *Journal of Economic Geography*, doi: 10.1093/jeg/lbq005.
Lampel, J. and Meyer, A.D. (2008) 'Field-configuring Events as Structuring Mechanisms: How Conferences, Ceremonies, and Trade Shows Constitute New Technologies, Industries, and Markets – Introduction', *Journal of Management Studies* 45: 1025–1035.
Landry, C. (2000) *The Creative City*. London: Earthscan.
Lareau, A. (2003) *Unequal Childhoods: Class, Race, and Family Life*. Berkeley, CA: UC Press.
Lash, S. and Urry, J. (1994) *Economies of Signs and Space*. London and Thousand Oaks, CA: Sage.
Lauria, M. (1997) *Reconstructing Urban Regime Theory: Regulating Urban Politics in a Global Economy*, Thousand Oaks, CA: Sage.
Lawson, C. and Lorenz, E. (1999) 'Collective Learning, Tacit Knowledge and Regional Innovative Capacity', *Regional Studies* 33(4): 305–317.
Lechevalier, S. (2007) 'The Diversity of Capitalism and Heterogeneity of Firms. A Case Study of Japan during the Lost Decade', *Evolutionary and Institutional Economics Review* 4 (1): 113–142.
Lechevalier, S., Ikeda, Y. and Nishimura, J. (2010) 'The Effect of Participation in Government Consortia on the R&D Productivity of Firms: A Case Study of Robot Technology in Japan', *Economics of Innovation and New Technology*, first published on 27 July 2010.
Lechevalier, S., Nishimura, J. and Storz, C. (forthcoming) *The Plastic Property of Paths. The Path-dependent Emergence of the Personal Robot Industry in Japan*. Mimeo (presentation EGOS 2010/Stanford STAJE Conference April 2011).
Lee, J. (1999) '90 nyŏndae hankukwa sayuŭi byŏnhwa', *Space and Society* 8: 197–231.
Lee, L. O.-f. (1999) *Shanghai Modern: The Flowering of a New Urban Culture in China, 1930-1945*. Cambridge, MA: Harvard University Press.
Lee, M.H. and Kim, M.S. (2000) *The History of Korean Venture Company Development*. KimYoungSa, Seoul, Korea (in Korean).

Lee, T. (2004) 'Creative Shifts and Directions: Cultural Policy in Singapore', *International Journal of Cultural Policy* 10: 281–299.
Lee, Y.S. and Tee, Y.C. (2009) 'Reprising the Role of the Developmental State in Cluster Development: The Biomedical Industry in Singapore', *Singapore Journal of tropical Geography* 30: 86–97.
Lee, Y.-S. (2009) 'Balanced Development in Globalizing Regional Development? Unpacking the New Regional Policy of South Korea', *Regional Studies.* 43.3: 353–367.
Lefebvre, H. (1991) *The Production of Space.* (English translation D. Nicholson-Smith). Oxford and Malden MA: Blackwell.
Leonhard, G. (2008) 'A New Cultural Economy', *Ars Electronica* (Linz: Austria), 14 August http://www.mediafuturist.com/2008/08/ars-electronica.html
Lepofsky J. and Fraser, J.C. (2003) 'Building Community Citizens: Claiming the Right to Place-Making in the City', *Urban Studies* 40: 127–142.
Leung, B. and J. Yim (2009) 'Shanghai's Future as an International Financial Centre, Hang Seng Bank, 24 June'. Available at: http://www.hktdc.com/resources/MI/Article/ef/2009/06/278629/1245825221086_2009-06-24_shanghai_financial_centre_eng.pdf (accessed 2 August 2010).
Lewis, R. (2008) *Chicago Made: Factory Networks in the Industrial Metropolis.* Chicago, IL: University of Chicago Press.
Ley, D. (1996). *The Middle Class and the Remaking of the Central City.* Oxford; New York: Oxford University Press.
Ley, D. (2003) 'Artists, Aestheticisation and the Field of Gentrification', *Urban Studies*, 40, 2527–2544.
Ley, D.F. (2005) 'The Social Geography of the Service Economy in Global Cities', in P.W. Daniels, K.C. Ho and T.A. Hutton, *Service Industries and Asia-Pacific Cities: New Development Trajectories.* London: Routledge.
Leyshon, A. (1997) 'Geographies of Money and Finance II', *Progress in Human Geography*, 21: 381–392.
Leyshon, A. and N. Thrift (1997) *Money/space: Geographies of Monetary Transformation.* New York: Routledge.
Li, M. and Pennay, P. (2008) 'The New Beijing', *The Beijinger*, 28 October.
Li, X. (2003) 'New 798 Art Area', *Architecture and Urbanism* 399, 42–47.
Li, X. (2004) 'Protect an Old Industrial Heritage and a Newly Raised Cultural District' (case presented to The People's Congress, Beijing).
Li, X. (2006) 798 based artist. Interview with author – conducted in Chinese (29 June).
Liauw, L. and Huang Weiwen (2011) Interview with author in Shenzhen Planning Bureau.
Liauw, L. (2010) "Dafen Village", in *2010 Shanghai Expo Publication.* Shanghai: Shanghai Expo.
Liauw, L. (ed.) (2008) *AD New Urban China*, Upper Saddle River, NJ: Wiley.
Lim, K. F. (2006) 'Transnational Collaborations, Local Competitiveness: Mapping the Geographies of Filmmaking in/through Hong Kong', *Geografiska Annaler Series B-Human Geography* 88B: 337–357.
Lim, V. and Ho, K.C. (1992) 'Backlanes as Contested Regions: Construction and Control of Physical Space', in: B.H. Chua and N. Edwards (eds) *Public Space: Design, Use and Management.* Singapore: Singapore University Press/CAS: 40–54.
Lin, G. (2001) 'Metropolitan Development in a Transitional Socialist Economy: Spatial Restructuring in the Pearl Delta, China', *Urban Studies* 38: 383–406.
Lin, J. (1998) *Reconstructing Chinatown: Ethnic Enclave, Global Change*, Minneapolis, MN: University of Minnesota Press.

Lin, J. (2005[1998]) 'Globalization and the Revalorizing of Ethnic Places in Immigration Gateway Cities', in J. Lin and C. Mele (eds) *The Urban Sociology Reader*. London: Routledge.

Lin, L. (2007) in L. Cheng and Q. Zhu, *Beijing 798 – Now: Changing Arts, Architecture and Society in China*, Beijing: Timezone 8.

Liu, L. (2006) Seven Stars Representative, Construction and Management Office of 798 Art.

Liu Hongyu and Huang Ying, (2004) *Prospects of Real Estate Markets in China – Challenges and Opportunities*. Beijing, Institute of Real Estate Studies, Tsinghua University.

Lloyd, R. (2006) *Neo-Bohemia: Art and Commerce in the Postindustrial City*. New York: Routledge.

Lloyd, R.D. (2004) 'The Neighborhood in Cultural Production: Material and Symbolic Resources in the New Bohemia, *City and Community* 3(4): 343–372.

Lowenthal, D. (1985) *The Past is a Foreign Country*. Cambridge: Cambridge University Press.

Lundvall, B.-A. (ed.) (1992) *National Systems of Innovation*. London and New York: Pinter.

Lundvall, B.-A. Johnson, B., Sloth Andersen, E. and Dalum, B. (2002) 'National Systems of Production, Innovation and Competence Building'. *Research Policy*, 31(2): 213–231.

Lury, C. (1996) *Consumer Culture*. London: Routledge.

Ma, Quinyun (2007) Manifesto of 2nd Shenzhen Biennale of Architecture and Urbanism, 2007.

Ma, L. and Wu, F. (eds) (2005) *Restructuring the Chinese City: Changing Society, Economy and Space*. London: Routledge.

Ma, R. (2009) 'Rethinking Festival Film: Urban Generation Chinese cinema on the Film Festival Circuit', in D. Iordanova and R. Rhyne (eds) *The Festival Circuit (Film Festival Yearbook 1)*. St Andrews, Scotland: St Andrews Film Studies.

MacPherson, K. (1994) 'The Head of the Dragon: The Pudong New Area and Shanghai's Urban Development', *Planning Perspectives*, 9: 61–85.

Maeda, N. (2001) 'Missing Link of National Entrepreneurial Business Model', *Technology Management in the Knowledge Era (PICMET)* Section 3: 85–99.

Malanga, S. (2004) 'The Curse of the Creative Class', *City Journal*, Winter, 36–45.

Malerba, F. and Orsenigo, L. (1994) *The Dynamics and Evolution of Industries*, Working Paper (IIASA, WP 94 120).

Malerba, F. and Orsenigo, L. (1996) 'The Dynamics and Evolution of Industries', *Industrial and Corporate Change*, 5(1): 51–87.

Mangurian, R. and Ray, M. (2006) 'Architects Interested in Opening an Architectural Centre in 798'.

Mapo District Office (2006). Available at: http://www.mapo.go.kr (accessed 14 February 2006).

Mapo District Office (2010). Available at: http://www.mapo.go.kr/stat/html/sub02_01.htm (accessed 20 July 2010).

Marinova, D. and McAleer, M. (2003) 'Nanotechnology Strength Indicators: International Rankings Based on US patents', *Nanotechnology*, 14, R1–R7.

Markusen, A. (1996) 'Sticky Places in Slippery Spaces: A Typology of Industrial Districts', *Economic Geography* 72: 293–313.

Markusen, A. and Gwiasda, V. (1994) 'Multipolarity and the Layering of Functions in World Cities: New York City's Struggle to Stay on Top', *International Journal of Urban and Regional Research*, 18: 167–193.

Markusen, A. and Park, S.M. (1993) 'The State as Industrial Locator and District Builder: The Case of Changwon, South Korea', *Economic Geography* 69.2: 157–181.

Markusen, A. Wassall, G.H., DeNatale D. and Cohen, R. (2006) 'Defining the Cultural Economy: Industry and Occupational Approaches'. Available at: www.hhh.umn.edu/img/assets/6158/268CulturalEconomyWEB.pdf.

Mars, N. (2006) local architect and urban theorist in 798. Interview with the author – conducted in English (15 June).

Mars, N. and De Waal, M. (2004) 'Beijing and Beyond', in R. Huang (ed.) *Beijing 798: Reflections*.

Marshall, A. ([1890]1972) *Principles of Economics*. London: The Macmillan Press.

Marshall, R. (2003) *Emerging Urbanity: Global Urban Projects in the Asia Pacific Rim*. New York: Spon Press.

Martin, R., A. Bender and R. Whyte (2004) *Lonely Planet Korea*. Victoria: Lonely Planet Publications.

Maskell, P. and Malmberg, A. (1999) 'The Competitiveness of Firms and Regions: "Ubiquitification" and the Importance of Localized Learning', *European Urban and Regional Studies* 6(1): 9–25.

McGee, T.G. (1967) *The Southeast Asian City*. London: Bell.

McGee, T.G. and McTaggart, W.D. (1967) *Petaling Jaya: A Socioeconomic Survey of a New Town in Selangor, Malaysia*. Pacific Viewpoint monograph No. 2, Wellington NZ: Victoria University.

McGee, T.G. and Robinson, I. (eds) (1995) *The Mega-Urban Regions of Southeast Asia*. Vancouver, BC: UBC Press.

McGuire, J. and Dow, S. (2003) 'The persistence and implications of Japanese keiretsu organisations', *Journal of International Business Studies*, 34(34): 374–389.

Mee Kam Ng (2003) 'City Profile: Shenzhen', *Cities* 20(6): 429–441.

Meng Yan (2008) 'Urban Villages', in L. Liauw (ed) *AD New Urban China*, Upper Saddle River, NJ: Wiley.

METI (2001) *The Twenty-eighth Survey of Industrial Economic Trends*. Japanese Ministry of Economy, Trade and Industry, White Paper, Tokyo.

METI (2002) *Trends in Japan's Industrial R&D Activities – Principal Indicators and Survey*.

METI (2006): *Gêmu Sangyô Senryaku. Gêmu Sangyô no hatten to miraizô* [Strategies in Game Software. Development and Perspectives of the Game Software Sector]. Available at: http://www.meti.go.jp/press/20060824005/game-houkokusho-set.pdf (accessed 1 June 2007).

Midorigawa, K. (2008) 'Agglomeration of Contents industries in Tokyo and development of contents industries in other regions', in S. Yamazaki, T. Syukunami and H. Tachioka eds) *Intellectual Property and Contents Industry Policy*: Tokyo: Suiyosya.

Miles, S. (2003) 'Researching Young People as Consumers: Can and Should We Ask Them Why?', in A. Bennett, M. Cieslik, and S. Miles (eds) *Researching Youth*, New York: Palgrave Macmillan.

Ministry of Culture and Tourism (MCT) (2003) *Cultural Policy White Paper*. Seoul: MCT.

Ministry of Culture and Tourism (MCT) (2005) *2004 Cultural Policy White Paper*. Seoul: MCT.

Ministry of National Development (MND) (1983) *1982 Land and Building Use: Report of*

Molotch, H. (2002) 'Place in Product', *International Journal of Urban and Regional Research* 26(4): 665–688.

Moretti, F. (2001) 'Planet Hollywood', *New Left Review* 9: 90–101.

Morgan, K. (2001) 'The New Territorial Politics: Rivalry and Justice in Post-Devolution Britain', *Regional Studies* 35: 343–348.

Müller, C., Fujiwara, T. and Herstatt, C. (2004) 'Sources of Bioentrepreneurship: The Cases of Germany and Japan', *Journal of Small Business Management* 42(1): 93–101.

Muller, L. (2005) 'Localizing International Business Services Investment: The Advertising Industry in Southeast Asia', in Peter Daniels, K.C. Ho and T.A. Hutton: 15–72.

Murphy, R. (1988) 'Shanghai', in M. Doggan and J.D. Kasarda (eds) *The Metropolis Era: Mega-cities*. Newbury Park: Sage Publications.

Musikawong, S. (2007) 'Working Practices in Thai Independent Film Production and Distribution', *Inter-Asia Cultural Studies* 8: 248–261.

Muynck, B. (2007) 'The Rise and Fall of Beijing's Creative Business District', *Commerical Real Esate*, No. 4.

Nakagawa, K. (1999) *Japanese Entrepreneurship: Can the Silicon Valley Model be Applied to Japan?* (http://iss-db.stanford.edu/pubs/10062/Nagakawa.pdf, 21.02.2006).

Napack, J. (2004) 'Young Beijing', *Art in America*, June-July.

NASDAQ (2003) *The Relentless Pursuit of Better Ideas Is Fundamentally Human – NASDAQ 2002 Annual Report*.

Nash, D. (1989) 'Tourism as a Form of Imperialism, in V. Smith (ed.) *Hosts and Guests: The Anthropology of Tourism*. Philadelphia, PA: University of Pennsylvania Press.

Nash, E. (2006) 'Art Camp Sees the Painting on the Wall', *China Daily*, November 13.

National Development and Reform Commission (2008) *The Outline of the Plan for the Reform and Development of the Pearl River Delta 2008–2020*. Beijing: National Development and Reform Commission.

Neil, S. and Katz, C.(1993) 'Grounding Metaphor: Towards a Spatialized Politics', in M. Keith and S. Pile (eds) *Place and the Politics of Identity*, London: Routledge, 67–83.

Nelson, R.R. (1993) *National Systems of Innovation: A Comparative Study*. Oxford: Oxford University Press.

Nelson, R.R. and Sampat, B.N. (2001) 'Making Sense of Institutions as a Factor Shaping Economic Performance', *Journal of Economic Behavior and Organization* 44(1): 31-54.

Newman, P. and Thornley, A. (2005) *Planning World Cities: Globalization and Urban Politics*. New York: Palgrave Macmillan.

Ng, M.K. (2003) 'City Profile: Shenzhen' *Cities* 20(6): 429–441.

Nishio, K. (2007) *Management of Kyoto Hanamachi*. Tokyo: Toyokeizai Shinpohsya.

Noh, J. (2008) *Asian Film Finance: Asia Opens Up*. ScreenDaily.com. Available at: http://www.screendaily.com/asian-film-finance-asia-opens-up/4041170.article (accessed 11 August 2010).

Nonaka, I. and Takeuchi, H. (1995) *The Knowledge creating Company – How Japanese Companies create the dynamics of Innovation*. New York: Oxford University Press.

Norcliffe, G. and Eberts, D. (1999) 'The New Artisan and Metropolitan Space: The Computer Animation Industry in Toronto', in J.-M. Fontan, J.-L. Klein and D.-G. Tremblay (eds) *Entre la Métropolitanisation et la Village Global : les scenes territoriales de la Conversion*. Québec, PQ: Presses de l'Université du Québec.

Nye, J. (2004) *Soft Power: The Means to Success in International Politics*. New York: Public Affairs.

OECD (1998) *The Software Sector: A Statistical Profile for selected OECD Countries*. Paris: Organisation for Economic Co-operation and Development.

OECD (1999) *Managing National Innovation Systems*. Paris: Organisation for Economic Co-operation and Development.

OECD (2006) *Policy Brief, July 2006, Economic Survey of Japan*. Paris: Organisation for Economic Co-operation and Development.

OECD (2010) *Perspectives on Global Development: Shifting Wealth*. Paris: Organisation for Economic Co-operation and Development.

Okamuro, H. (2002) 'Recent Changes in Japan's Small Business Sector and Subcontracting Relationship', *Asian Productivity Organisation 2002, Strengthening of Supporting Industries*: 40–53.

Olds, K. (1995) 'Globalization and the Production of New Urban Spaces: Pacific Rim Mega projects in the Late 20th Century', *Environment and Planning A*: 1713–1743.

Olds, K. (1997) 'Globalizing Shanghai: the "Global Intelligence Corps" and the building of Pudong', *Cities* 14: 109–123.

Olds, K. (2001) *Globalization and Urban Change: Capital, Culture, and Pacific Rim Mega-Projects*. Oxford: Oxford Geographical and Environmental Studies.

O'Neill, P. (2001) 'Financial Narratives of the Modern Corporation', *Journal of Economic Geography* 1: 181–199.

Ong, A. (2000) 'Graduated Sovereignty in South-East Asia', *Theory, Culture and Society* 17(4): 55–75.

Pagulayan, R.J., Keeker, K., Wixon, D., Romero, R.L. and Fuller, T. (2003) 'User-centered Design in Games', in J.A. Jacko and A. Sears (eds) *The Human-Computer Interaction Handbook: Fundamentals, Evolving Technologies and Emerging Applications*. Mahwah, NJ: Lawrence Erlbaum Associates, 883–906.

Park, B-G. (2008) 'Uneven Development, Inter-scalar Tensions, and the Politics of Decentralization in South Korea', *International Journal of Urban and Regional Research* 32(1): 40–59.

Pearson, M.M. (1997) *China's New Business Elite: The Political Consequences of Economic Reform*. Berkeley, CA: The University of California Press.

Peck, J. (2002) 'Political Economies of Scale: Fast Policy, Interscalar Relations, and Neoliberal Workfare', *Economic Geography* 78: 331–60.

Peck, J. (2005) 'Struggling with the Creative Class', *International Journal of Urban and Regional Research* 29: 740–770.

Peneda, V. (2010) 'State of the Art District', *Global Times*, 3 June.

People's Daily (2001) 'Timetable Set for Lifting Restrictions on Foreign-funded Banks', 12 June. Available at: http://www.chinadaily.com.cn/chinagate/doc/2001-06/12/content_245940.htm (accessed 27 August 2010).

People's Daily Online (2005) 'Deep-water Port Officially Opened', 12 December. Available at: http://english.people.com.cn/200512/12/eng20051212_227352.html (accessed 27 August 2010).

People's Daily Online (2006) 'Yangshan Port Enters "mature operation"', 15 June. Available at: http://english.people.com.cn/200606/15/eng20060615_274342.html (accessed 27 August 2010).

Perry, M. (1992) 'Promoting Corporate Control in Singapore', *Regional Studies* vol. 26.

Perry, M., Kong, L. and Yeoh, B. (1997) *Singapore: A Developmental City-state*. Chichester, UK: Wiley.

Perspex (2006) 'The First Asian Lesbian Film and Video Festival in Taipei Celebrates a New Form of Social Activism', in *Inter-Asia Cultural Studies* 7: 2006.

Petersen, P. (1981) *City Limits*, Chicago, IL: University of Chicago Press.

Piore, M.J. and Sabel, C.F. (1984) *The Second Industrial Transformation: Possibilities for Prosperity*. New York: Basic Books.

Porteous, D. J. (1999) 'The Development of Financial Centers: Location, Information Externalities and Path Dependence', in R. Martin (ed.) *Money and the Space Economy*. Chichester: Wiley, 95–114.

Pratt, A.C. (2009) 'Urban Regeneration: From the Arts "Feel Good" Factor to the Cultural Economy: A Case Study of Hoxton, London', *Urban Studies* 46: 1041–1061.

Prügl, R. and Schreier, M. (2006) 'Learning from Leading-edge Customers at The Sims: Opening Up the Innovation Process Using Toolkits', *R&D Management* 36(3): 237–250.

Pryke, M. (1991) 'An International City Going Global: Spatial Changes in the City of London', *Environment and Planning D: Society and Space* 9: 197–222.

Pyke, F. and Sengenberger, W. (1990) 'Introduction', in F. Pyke, G. Becattini and W. Sengenberger (eds) *Industrial Districts and Inter-firm Cooperation in Italy*, Genf: 1–9.

Qingyun Ma (2007) Manifesto of 2nd Shenzhen Biennale of Architecture and Urbanism.

Rantisi, N. and Leslie, D. (forthcoming) 'Materiality and Creative Production: the Case of the Mile End Neighbourhood in Montreal', *Environment and Planning A*.

Ratliff, J.M. (2004) 'The Persistence of National Differences in a Globalizing World: The Japanese Struggle for Competitiveness in Advanced Information Technologies', *The Journal of Socio-Economics* 33: 71–88.

Redfield, R. and Singer, M. (1954) 'The Cultural Role of Cities', *Economic Development and Cultural Change* 3: 53–73.

Reid, A. (ed.) (2008) *The Chinese Diaspora in the Pacific*. Burlington, VT: Ashgate.

Reszat, B. (2002) 'Centre of Finance, Centres of imagination: On Collective Memory and Cultural Identity in European Financial Market Places', GaWC Research Bulletin 92. Available at: http://www.lboro.ac.uk/departments/gy/gawc/rb/rb92.html (accessed 27 August 2010).

Richard, G. and Wilson, J. (2004) 'The Impact of Cultural Events on City Image: Rotterdam, Cultural Capital of Europe 2001', *Urban Studies* 41: 1931–51.

Rigg, J. (1995) *Southeast Asia: A Region in Transition*. London: Unwin, Hyman.

Robison, R. and Goodman, D.S.G. (1996) *The New Rich in Asia*. London: Routledge.

Roche, M. (1992) 'Mega-events and Micro-modernization: On the Sociology of New Urban Tourism', *British Journal of Sociology* 43: 563–600.

Rodan, G. (1996) 'Theorising Political Opposition in East and Southeast Asia', in G. Rodan (ed.) *Political Opposition in Industrialising Asia*. London: Routledge.

Rossiter, N. (2008) 'Creative China', *Urban China* 33.

Rossiter, N., De Muynck, B. and Carrico, M. (eds) (2008) *'Counter-Mapping the Creative China' Urban China* 33 http://orgnets.net/publications

Said, E. (1978) *Orientalism*. New York: Pantheon Books.

Sales, R., D'Angelo, A. and Liang, X. (2009) 'London's Chinatown: Branded Place or Community Space?', in S.H. Donald, E. Kofman, and C. Kevin, (eds) *Branding Cities: Cosmopolitanism, Parochialism, and Social Change*. London: Routledge.

Salmenkari, T. (2004) 'Implementing and Avoiding Control: Contemporary Art and the Chinese State', *China: An International Journal* 2(2): 235–261.

Sassen, S. (2001) *The Global City: New York, London, Tokyo*, 2nd edn. Princeton, NJ: University of Princeton Press.

Sassen, S. (2006) 'Chicago's Deep Economic History: Its Specialized Advantage in the Global Network', in R. Greene, M. Bouman and D. Grammenos (eds) *Chicago's Geographies: Metropolis for the 21st Century*. Chicago, IL: Association of American Geographers.

Sassen, S. and Roost, F. (1999) 'The City: Strategic Site for the Global Entertainment Industry', in D.R. Judd and S.S. Fainstein (eds) *The Tourist City*. New Haven, CT: Yale University Press.

Sather, C. (1984). 'Sea and Shore People: Ethnicity and Ethnic Interaction in Southeastern Sabah', *Contributions to Southeast Asia Ethnography* 3: 3–27.
Savitch, H.V. and Kantor, P. (1995) 'City Business: An International Perspective on Marketplace Politics', *International Journal of Urban and Regional Research* 19, 495–511.
Saxenian, A.L. (2006) *The New Argonauts: Regional Advantage in a Global Economy.* Cambridge, MA: Harvard University Press.
Schrage, M. (1999) *Serious Play. How the World's Best Companies Simulate to Innovate.* Boston, MA: Harvard Business School Press.
Schumacher, D., Legler, H. and Gehrke, B. (2003) *Marktergebnisse bei forschungsintensiven Waren und wissensintensiven.* Dienstleistungen: Außenhandel, Produktion und Beschäftigung.
Scott, A.J. (1988) *New Industrial Spaces: Flexible Production Organization and Regional Development in North America and Western Europe.* London: Pion Limited.
Scott, A.J. (1997) 'The Cultural Economy of the City', *International Journal of Urban and Regional Research* 21: 323–339.
Scott, A.J. (2000) *The Cultural Economy of Cities: Essays on the Geography of Image-Producing Industries.* London: Sage Publications.
Scott, A.J. (2004) 'Cultural-products Industries and Urban Economic Development – Prospects for Growth and Market Contestation in Global Context', *Urban Affairs Review* 39: 461–490.
Scott, A.J. (2005) *On Hollywood.* Princeton, NJ: Princeton University Press.
Scott, A.J. (2006) *Geography and Economy: Three Lectures.* New York: Oxford University Press.
Scott, A.J. (2007) 'Exploring the Creative City Paradigm', Keynote Address to the Biennial Meeting of the Pacific Regional Science Association, Vancouver: 6 May.
Scott, A.J. (2008) *Cognitive-Cultural Capitalism and the Global Resurgence of Cities.* Oxford: Oxford University Press.
Scott, A.J. (2008) 'Inside the City: On Urbanisation, Public Policy and Planning', *Urban Studies* 45(4): 755–772.
Scott, A.J. and Storper, M. (1987) 'High Technology Industry and Regional Development: A Theoretical Critique and Reconstruction', *International Social Science Journal* 112: 215–232.
Sennett, R. (2008) *The Craftsman.* New Haven, CT: Yale University Press.
Seoul Development Institute (2000) *Maps of Seoul.* Seoul: Seoul Development Institute.
Seoul Development Institute (SDI) (2000) *Woldeukeop jeolryak jiyeok jangso maketing – Hong-da jiyeok munhwahwalseonghwa bangan.* Seoul: SDI.
Seoul Metropolitan Government (SMG) (2006). Available at: http://www.seoul.go.kr/2004brief/2020/citymain.html (accessed 17 January 2006).
Seoul Metropolitan Government (SMG) (2010). Available at: http://stat.seoul.go.kr/?SSid=202_08 (accessed 20 July 2010).
Sewell, W.H.J. (1999) 'The Concept(s) of Culture', in V.E. Bonell and L. Hunt (eds) *Beyond the Cultural Turn: New Directions in the Study of Society and Culture.* Berkeley, CA: University of California Press, 35–61
Shackleton, L. (2007) *Asian Film Commissions to Jointly Develop Incentives System.* Available at: http://www.screendaily.com/festivals/pusan/asian-film-commissions-to-jointly-develop-incentives-system/5006788.article (accessed 1 August 2010).
Shenzhen Government Online Statistics (n.d.) (http://english.sz.gov.cn/iis/201009/t20100926_1587313.htm).

Shenzhen Planning Bureau (2009) *Internal Circulation Document on Hua Qiang Bei*. Shenzhen: Shenzhen Planning Bureau.

Shim, D. (2008) 'The Growth of Korean Cultural Industries and the Korean Wave', in B.H. Chua and K. Kocihi Iwabuchi (eds) *East Asia Pop Culture: Analysing the Korean Wave*, Hong Kong: Hong Kong University Press.

Shin, C.-Y. and Stringer, J. (2005) *New Korean Cinema*. New York: New York University Press.

Shin, H.J. and Ho, T.H. (2009) 'Translation of "America" During the Cold War Period: A Comparative Study of the History of Popular Music in South Korea and Taiwan', *Inter-Asia Cultural Studies* 10: 83–102.

Shin, J.S. and Chang, H.J. (2003) *Restructuring Korea Inc*. London: Routledge Curzon.

Shintaku, J., Tanaka, T. and Yanagawa, N. (2004) *Gêmu sangyô no keizai bunseki* [Economic Analysis of the game software sector], Tokyo: Toyo Keizai Shinposha.

Shorthose, J. and Strange, G. (2004) 'The New Cultural Economy, the Artist and the Social Configuration of Autonomy', *Capital and Class*, 84: 43–59.

Singapore, Ministry of Trade and Industry, Economic Review Committee Reports.

Smith, M.P. (2001) *Transnational Urbanism: Locating Globalization*. Oxford: Blackwell.

Soja, E. (2000) *Postmetropolis: Critical Studies of Cities and Regions*. Oxford: Blackwell.

Son, J.M. (1999) 'The Impact of the Three Urban Core Ideas to the Growth and Development of Kang Nam area. *Land*. Korea Research Institute of Human Settlement 216(8): 100–111.

Sotamaa, O. (2005) 'Creative User-Centered Design Practices: Lessons from Game Cultures', in Haddon, L., Mante, E., Sapio, B., Kommonen, K.-H., Fortunati, L. and Kant, A. (eds) *Everyday Innovators: Researching the role of users in shaping ICTs (CSCW: Computer Supported Cooperative Work)*. London: Springer: 104–116.

Storper, M. (1995) 'The Resurgence of Regional Economies, Ten Years Later: The Region as a Nexus of Untraded Interdependencies' *European Urban and Regional Studies* 2(3): 191–221.

Storper, M. (2000) 'Globalization, Localization, and Trade', in G.L. Clark, M.P. Feldman and M.S. Gertler (eds) *The Oxford Handbook of Economic Geography*. Oxford: Oxford University Press, 146–168.

Storper, M. and Scott, A.J. (1992) 'Regional Development Reconsidered', in H. Ernste and V. Meier (eds) *Regional Development and Contemporary Industrial Response: Extending Flexible Specialisation*. London: Belhaven Press.

Storper, M. and Scott, A.J. (2009) 'Rethinking Human Capital, Creativity, and Urban Growth', *Journal of Economic Geography* 9: 147–167.

Storz, C. (2006) 'Pfadabhängigkeit und Pfadgenese – Die japanische Spieleindustrie', in Pascha, W. (ed.) *Herausforderung Ostasien*, Wiesbaden: Gabler Verlag, *ZfB Special Issue* (3) 2006.

Storz, C. (2008a) 'Innovation, Institutions and Entrepreneurs: The Case of "Cool Japan"'. *Asia Pacific Business Review* July 2008: 401–424.

Storz, C. (2008b) 'Dynamics in Innovation Systems: Evidence from Japan's Game Software Industry', *Research Policy Reference, Research Policy* 37: 1480–1491

Storz, C. (2009) *The Emergence of New Industries Between Path Dependency and Path Plasticity: The Case of Japan's Software and Biotechnology Industry*. Frankfurt Working Paper on East Asia No. 2, Interdisciplinary Centre of East Asian Studies.

Storz, C. and Frick, S. (1999), 'Sponsored spin-offs in Japan (Anregungen für die deutsche Mittelstandspolitik)?', *List-Forum*, 25 (3): 310–327.

Storz, C. and Schäfer, S. (2011): *Institutional Diversity and Innovation. Continuing and Emerging Patterns in Japan and China* (with a guest contribution of Markus Conlé and a preface of Richard Whitley). London: Routledge.

Strange, S. (1994) 'From Bretton Woods to the Casino Economy', in S. Corbridge, R. Martin and N. Thrift (eds) *Money, Power and Space*. Oxford: Blackwell, 49–62.

Streeck, W. and Thelen, K. (2005) 'Introduction: Institutional Change in Advanced Political Economies', in W. Streeck and K. Thelen (eds) *Beyond Continuity: Institutional Change in Advanced Political Economies*. Oxford: Oxford University Press: 1–40.

Stringer, J. (2001) 'Global Cities and the International Film Festival Economy', in M. Shiel, and T. Fitzmaurice (eds) *Cinema and the City: Film and Urban Societies in a Global Context*. Oxford and Malden, MA: Blackwell.

Sun, M. (2005) 'Reshuffle of securities companies gathers pace', *China Daily*, 24 January. Available at: http://www.chinadaily.com.cn/english/doc/2005-01/24/content_411557.htm (accessed 27 August 2010).

Sunagawa, K. (1997) 'Nihon gêmu sangyô ni miru kigyôsha katsudô no keiki to gijutsu senryaku [Development and technical strategies of Japanese entrepreneurs in the game software industry]', *Keieishigaku* (Japan Business History Review) 32(3): 1–27.

Sundbo, J. (2000) 'Organization and Innovation Strategy in Services', in M. Boden and I. Miles (eds) *Services and the Knowledge-based Economy*. London, New York: Continuum, 109–128.

Surborg, B. (2006) 'Advanced Services, the New Economy and the Built Environment in Hanoi', *Cities* 23: 239–249.

Suzuki, S. (2009) 'Chinese Soft Power, Insecurity Studies, Myopia and Fantasy', *Third World Quarterly* 30 (4) 779–793.

Tan, E. (2006) 'An Appreciation of the Social Constructs in the Making of the Local Shophouse', *Journal of Southeast Asian Architecture* 8: –51.

Tan, L. (2005) 'Revolutionary Spaces in Globalization: Beijing's Dashanzi Arts District', http://www.yorku.ca/topia/docs/conference/Tan.pdf.

Taylor, P.J. (2004) 'Leading World Cities', in *Global and World Cities*. Loughborough: Loughborough University.

Teo, S. (2008) 'Promise and Perhaps Love: Pan-Asian Production and the Hong Kong-China Interrelationship', *Inter-Asia Cultural Studies* 9: 341–358.

Teo, S. (2009) 'Asian Film Festivals and Their Diminishing Glitter Domes: An Appraisal of PIFF, SIFF and HKIFF', in R. Porton (ed.) *Dekalog 03: On Film Festivals*. London: Wallflower, 109–121.

Terkenli, T. (2002) 'Landscapes of Tourism: Towards a Global Cultural Economy of Space', *Tourism Geographies*, 4(3) 227–254.

Terkenli, T. (2006) 'Landscapes of a New Cultural Economy of Space: An Introduction', in T.S. Terkenli and A. M. d'Hauteserre (eds) *Landscapes of a New Cultural Economy of Space*. Dordrecht: Springer.

Thant, M., Tang, M. and Kakazu, H. (eds) (1998) *Growth Triangles in Asia: A New Approach to Regional Economic Cooperation*. Oxford: Oxford University Press for the Asian Development Bank.

The Independent (2007) 'Lloyd's Sets up Shop in Shanghai as Chinese Head for UK to Clear the Air', 15 April. Available at http://news.independent.co.uk/business/news/article2449863.ece (accessed 27 August 2010).

Thomke, S.H. (2003) *Experimentation Matters. Unlocking the Potential of New Technologies for Innovation*. Boston, MA: Harvard Business School Press.

Thrift, N. (1994) 'On the Social and Cultural Determinants of International Financial Centers: The Case of the City of London', in S. Corbridge, R.L. Martin and N. Thrift (eds) *Money, Power and Space*. Oxford: Blackwell, 327–355.

Thrift, N. (1996) *Spatial Formations*. London: Sage.
Thrift, N. (1998) 'Always Here and There: The City of London', in T. Unwin (ed.) *A European Geography*. Harlow, Essex: Addison Wesley Longman: 199–202.
Throsby, D. (1994) 'The Production and Consumption of the Arts: A View of Cultural Economics', *Journal of Economic Literature* 32: 1–29.
Tickell, A. (2000) 'Finance and Localities', in G.L. Clark, M.P. Feldman and M.S. Gertler (eds) *The Oxford Handbook of Economic Geography*. Oxford: Oxford University Press, 230–247.
Ting (2006) Manager 798 Space gallery. Interview with author – conducted in Chinese (7 June).
Tioseco, A. (2007) 'Shifting Agendas: The Decay of the Mainstream and Rise of the Independents in the Context of Philippine Cinema', *Inter-Asia Cultural Studies* 8: 298–303.
Tongzon, J.L. (2002) *The Economies of Southeast Asia: before and after the crisis*, 2nd edn). Cheltenham, UK: Edward Elgar.
Towse, R. (2010) *A Textbook of Cultural Economics*. New York: Cambridge University Press.
Turan, K. (2003) *Sundance to Sarajevo: Film Festivals and the World They Made*. Berkeley, CA: University of California Press.
Turner, S. (2009) 'Hanoi's Ancient Quarter Traders: Resilient Livelihoods in a Rapidly Transforming City', *Urban Studies* 46: 1203–1221.
Uhde, J. and Uhde, Y. N. (2009) 'Reviving Singapore Cinema: new perspectives', in Welsh, B., Chin, J., Mahizhnan, A. and Tan, T.H. (eds). *Impressions of the Goh Chok Tong years in Singapore*, Singapore: NUS Press.
UNCTAD (2008) *The Challenge of Assessing the Creative Economy: Towards Informed Policy Making (Creative Economy Report 2008)*. Geneva: UNCTAD.
UNESCAP (2010) *Statistical Yearbook for Asia and the Pacific 2009*. Bangkok: United Nations Economic and Social Commission for Asia and the Pacific.
UNESCO (2005) *Asia Pacific Creative Communities: A Strategy for the 21st Century*. Bangkok: UNESCO.
UNESCO (2009) *Shenzhen City of Design*. Paris: UNESCO.
UNESCO (2011) The Creative Cities Network. Available at: http://portal.unesco.org/culture (accessed 25 January 2011).
Urry, J. (2002) *The Tourist Gaze*. London: Sage
Valck, M.D. (2007) *Film Festivals: From European Geopolitics to Global cinephilia*, Amsterdam: Amsterdam University Press.
Van de Berg, L. and Braun, E. (1999) 'Urban Competitiveness, Marketing and the Need for Organizing Capacity', *Urban Studies* 36: 987–999.
Van Elzen, S (2010) *Dragon and Rose Garden: Art and Power in China*. Beijing: Modern Chinese Art Foundation.
Velayutham, S. (2007) *Responding to Globalization: Nation, Culture and Identity in Singapore*, Singapore: Institute of Southeast Asian Studies.
Venturi, R., Scott-Brown, D. and Izenour, S. (1978) *Learning from Las Vegas*. Boston, MA: MIT Press.
Vick, T. (2007) *Asian Cinema: A Field Guide*. New York: Collins.
Vickers, A. (ed.) (1996) *Being Modern in Bali: Image and Change*. New Haven CT: Yale University Council on Southeast Asian Studies.
Vitali, V. (2005) 'Hou Hsiao-Hsien reviewed', *Inter-Asia Cultural Studies* 9: 280–289.
Vogel, A. and Petrovic, M. (2010) 'A Socio-economic Perspective on Festivals: Film Festivals as Market-makers. Conference paper given at 4th Annual Conference 'Cultural Production in a Global Context: The Worldwide Film Industries', in Grenoble, on 4 June 2010.

Vogel, E.F. (1991) *The Four Little Dragons: The Spread of Industrialization in East Asia*. Cambridge, MS: The University of Harvard Press.
Wang, H. (2003) 'National Image Building and Chinese Foreign Policy', *China: An International Journal* 1(1) 46–72.
Wang, J. (2009) 'In China, a Headless Mao is a Game of Cat and Mouse', *New York Times*, 5 October.
Wang, C., Lin, G. and Li, G. (2010) 'Industrial Clustering and Technological Innovation in China: New Evidence from the ICT Industry in Shenzhen', *Environment and Planning A* 42(8): 1987–2010.
Wang, W. (2009) 'Art Scene Slumps in Dry Market', *China Daily*, 24 December.
Wei, B. (1987) *Shanghai: Crucible of Modern China*. Hong Kong: Oxford University Press.
Wei, T. (2008) 'How did Hou Hsiao-Hsien Change Taiwan Cinema? A Critical Reassessment', *Inter-Asia Cultural Studies* 9: 271–279.
West, J. and Gallagher, S. (2004) 'Key Challenges of Open Innovation: Lessons from Open Software', http://www.cob.sjsu.edu/west_j/Papers/WestGallagher2004.pdf
Whitson, D. and MacIntosh, D. (1996) 'The Global Circus: International Sport, Tourism and the Marketing of Cities', *Journal of Sport and Social Issues*, 20: 278–295.
Williams, R. (1994) *State Culture and Beyond*. Harmondsworth: Penguin.
Wilson, N.C. and Stokes, D. (2005) 'Managing Creativity and Innovation: The Challenge for Cultural Entrepreneurs', *Journal of Small Business and Enterprise Development* 12: 366–378.
Wong, P.K., Ho, Y.P. and Singh, A. (2005) *Singapore as an Innovative City in East Asia: An Explorative Study of the Perspectives of Innovative Industries* World Bank Policy Research Working Paper 3568. Washington, DC: World Bank.
World Trade Organization (2001) Report of the Working Party on the Accession of China. Available at: http://unpan1.un.org/intradoc/groups/public/documents/apcity/unpan002144.pdf (accessed 27 August 2010).
Wu, F. (2000) 'Place Promotion in Shanghai, PRC', *Cities*, 17: 349–361.
Wu, F. (2000) 'The Global and Local Dimensions of Place-making: Remaking Shanghai as a World City', *Urban Studies*, 37: 1359–1377.
Wu, F. (2003) 'The (Post-) Socialist Entrepreneurial City as a State Project: Shanghai's Reglobalization in Question', *Urban Studies*, 40: 1673–1698.
Wu, F. (ed.) (2007) *China's Emerging Cities: The Making of New Urbanism*. London: Routledge.
Wu, W. (1999) 'City Profile: Shanghai', *Cities* 16: 207–216.
Wu, W (2005) 'Dynamic Cities and Creative Clusters', World Bank Policy Research Working Paper 3509. Washington DC: World Bank.
Wyly, E. and Hammel, D. (2005) 'Mapping Neo-liberal American Urbanism', in Atkinson, R. and Bridge, G. (eds) *Gentrification in a Global Context: The New Urban Colonialism*. London: Routledge.
Xinhua News (2008) 'Beijing to Build Nine More 798-like Culture, Art Zones', 26 December.
Xinhua News Agency (2008) 'China to Allow More Foreign Banks to be Locally Incorporated', Beijing, 6 March. Available at: http://news.xinhuanet.com/english/2008-03/06/content_7734085.htm (accessed 27 August 2010).
Xinhua News report (2011) *12th Five Year Plan synopsis*.
Xu, X. (1998) *China's Financial System under Transition*. Basingstoke: Macmillan Press Ltd.

Yanagawa, N. (2004) 'The Innovation Structure Learning from the Game Industry', in J. Shintaku, T. Tanaka and N. Yanagawa (eds) *Economic Analysis of the Game Software Sector*. Tokyo: Toyo Keizai Shinposha. [Japanese: Gemu Sangyo ni Manabu Inobeshon Kozo, in Gêmu sangyô no keizai bunseki.]

Yang, J. (2010) 'Artists Leaving 798 as Rents Skyrocket' *Global Times*, 17 March.

Yang, J.-S. (2004) *An Analysis of the Spatial Pattern of Office Spaces in Seoul Metropolitan Region*. Seoul: Seoul Development Institute.

Yatsko, P. (2001) *New Shanghai: The Rocky Rebirth of China's Legendary City*. Singapore: John Wiley and Sons.

Yedes, B. (2007) 'Parleying Culture Against Trade: Hollywood's Affairs with Korea's Screen Quotas', *Korea Observer* 38: 1–32.

Yeh, A. G. O. (1996) 'Pudong: Remaking Shanghai as a World City', in Y.M. Yeung and Y.-w. Sung (eds) *Shanghai: Transformation and Modernization Under China's Open Policy*. Hong Kong: The Chinese University Press, 273–298.

Yeh, A. and Wu, F. (1999) 'The Transformation of the Urban planning System in China from a Centrally Planned to a Transitional Economy', *Progress in Planning* 15: 167–252.

Yeoh, B. (1996) *Contesting Space: Power Relations and the Urban Built Environment in Colonial Singapore*. Kuala Lumpur: Oxford University Press.

Yeoh, B. (1999) 'Global/globalizing Cities', *Progress in Human Geography* 23(4): 607–616.

Yeoh, B. and Kong, L. (1995) *Portraits of Places: History, Community and Identity in Singapore*. Singapore: Times Editions.

Yeoh, B.S.A. (2005) 'The Global Cultural City? Spatial Imagineering and Politics in the (Multi)cultural Marketplaces of South-east Asia', *Urban Studies*, 42: 945–58.

Yeoh, B.S.A. and Peng, L.W. (1995) 'Historic District, Contemporary Meanings: Urban Conservation and the Creation and Consumption of Landscape Spectacle in Tanjong Pagar', in B.S.A. Yeoh and L. Kong *Portraits of Places: History, Community and Identity in Singapore*. Singapore: Times Editions.

Yeung, H.W.C. (2005) 'Rethinking Relational Economic Geography', *Transactions of the Institute of British Geographers* 30(1): 37–51.

Yeung, Henry W.-C. and Lin, George C.-S. (2003) 'Theorizing Economic Geographies of Asia', *Economic Geography* 79: 107–128.

Yeung, H.W.-C. and Savage, V. (1995) 'The Singaporean Image of the Orchardscape', in B.S.-A. Yeoh and L. Kong (eds) *Portraits of Places: History, Community and Identity in Singapore*. Singapore: *The Straits Times*.

Yeung, Y. M. (1996) 'Introduction', in Y.M. Yeung and Y.-w. Sung (eds) *Shanghai: Transformation and Modernization Under China's Open Policy*. Hong Kong: The Chinese University Press, 2–23.

Yeung, H.W.C. and Lin, G. (2003) 'Theorizing Economic Geographies of Asia', *Economic Geography* 79: 107–128.

Yim, S. (1993) *90 nyŏndae saeroun sobichuŭimunhwaŭi sŏngyŏk*. MA dissertation, Seoul: Seoul National University.

Yonehara, Y. and Fujita, A. (2008) *Kyoto Shinise (a shop of long standing), the heart of Noren*. Tokyo: Suiyosha.

Yoshimoto M. (2009) 'Creative Industry Trends – The Creative-Industry Profiles of Japan's Ordinance-Designated Cities', in NLI Research Report: Tokyo.

Young, K. (1999) 'Consumption, Social Differentiation and Self-definition of the New Rich in Industrializing Southeast Asia', in M. Pinches (ed.) *Culture and Privilege in Capitalist Asia*. London: Routledge.

Young, M. and Willmott, P. (1957) *Family and Kinship in East London*. London: Routledge and Kegan Paul.

Yue, A. (2006) 'Cultural Governance and Creative Industries in Singapore', *International Journal of Cultural Policy* 12(1): 17–33.

Yukawa, K. (2003) *A Cluster of Internet Companies in Tokyo – Review of Bit Valley (Fujitsu Research Center)*. Available at: http://www.fri.fujitsu.com/en/erc/people/yukawa/no3.pdf). (See also *Journal of Korean Regional Science*, 18 (3): 111–126.)

Yushi Uehara (2008) 'Unknown Urbanity: Towards the Village in the City', in L. Liauw (ed.) *AD New Urban China*. Upper Saddle River, NJ: Wiley.

Yusuf, S. and Nabeshima, K. (2005) 'Creative Industries in East Asia', *Cities* 22(2): 109–122.

Yusuf, S. and W. Wu (2002) 'Pathways to a World City: Shanghai Rising in an Era of Globalization', *Urban Studies* 39: 1213–1240.

Zhang, J., Wu, H.X., Sung, Y.W., Zhou, S. and Zhang, N. (2009) *A Further Study and Development of the Hong Kong Economy: Consolidation and Enhancement of Existing Core Industries and Development of Economic Areas of High Potential in Hong Kong*. Hong Kong: The Chinese University of Hong Kong (for the Central Policy Unit, HK Special Administrative Region Government).

Zhang, L.-Y. (2003) 'Economic Development in Shanghai and the Role of the State', *Urban Studies* 40: 1549–1572.

Zhang, T. (2002) 'Challenges Facing Chinese Planners in Transitional China', *Journal of Planning Education and Research* 22(1): 64–76.

Zhang, Z. (ed.) (1990) *Jindai Shanghai Chengshi Yanjiu: 1840–1949* [Modern Shanghai Urban Studies: 1980–1949]. Shanghai: Shanghai People's Press.

Zhao, S. X. B. (2003) 'Spatial Restructuring of Financial Centers in Mainland China and Hong Kong: A Geography of Financial Perspective', *Urban Affairs Review* 38: 535–571.

Zhen Ye (2008) 'China's Creative Industries: Clusters and Performances', Paper presented at Annual Conference of the Chinese Economist Association, University of Cambridge.

Zhong, S. (2009) 'From Fabrics to Fine Arts: Urban Restructuring and the Formation of an Art district in Shanghai', *Critical Planning* 16: 118–137.

Zhong, S. (2010) *Industrial Restructuring and the Formation of Creative Industry Clusters: The Case of Shanghai's Inner City*. Unpub. PhD dissertation, School of Community and Regional Planning, University of British Columbia.

Zhou, M. (1992) *Chinatown: The Socioeconomic Potential of an Urban Enclave*, Philadelphia, PA: Temple University Press.

Zou, Chuanxin (2006) Director of Selling at Shenzhen Dabang Developers. Interview with author – conducted in English (28 June).

Zukin, S. (1982) *Loft Living: Culture and Capital in Urban Change*. Baltimore, MD: The Johns Hopkins University Press.

Zukin, S. (1988) *Loft Living: Culture and Capital in Urban Change*. London: Radius.

Zukin, S. (1995) *The Cultures of Cities*. Oxford: Blackwell.

Zukin, S. (1998) 'Urban Lifestyles: Diversity and Standardisation in Spaces of Consumption', *Urban Studies* 35: 825–839.

Zysman, J. (1977) *Political Strategies for Industrial Order: State, Market, and Industry in France*. Berkeley, CA: University of California Press.